蛇妖、賽蓮、漩渦

來自海洋的冒險與神話

Serpent, Siren, Maelstrom & Myth:
Sea Stories & Folktales from Around the World

給史黛西（Stacey），在海邊

前頁圖：瑞斯・惠斯勒（Rex Whistler）插畫，《神話與傳說》（*Fairy Tales and Legends*），
漢斯・克莉斯汀・安德森（Hans Christian Andersen）著（1935），YA.2002.a.30548

蛇妖、賽蓮、漩渦

來自海洋的冒險與神話

格里・史密斯（Gerry Smyth）著
羅亞琪 譯

J. de Ficho
Bela groya
S. Julian
P. de S. Ioan
J. de Fogo
J. de S. Barbora
J. de Ayes
J. de Orques
J. de Frelins
C. de Bonavista
B. de S. Eiria
J. lha dos Bacalhaos
B. da Conceicam
S. Ioan
C. de Spera
J. de Spera
Farilhon
Arenhosa
C. Raso
A. Roca

Fuhgo
C. Rey
As Virgines
J. de S. Paulo
J. de S. Lourenco
Colmet
C. de Pena
P. da Cruz
C. de S. Maria
C. de Bertan
J. Ilha Roxa
S. Cruz
C. de Sablon
S. Brandan

Fagunda al: de
Jan Alvarez

47
46
45
44
43
42
41
40

arca   J:del Corvo   J:Graciosa
              J:S.Geor
   J:de Flores gij   Tercera

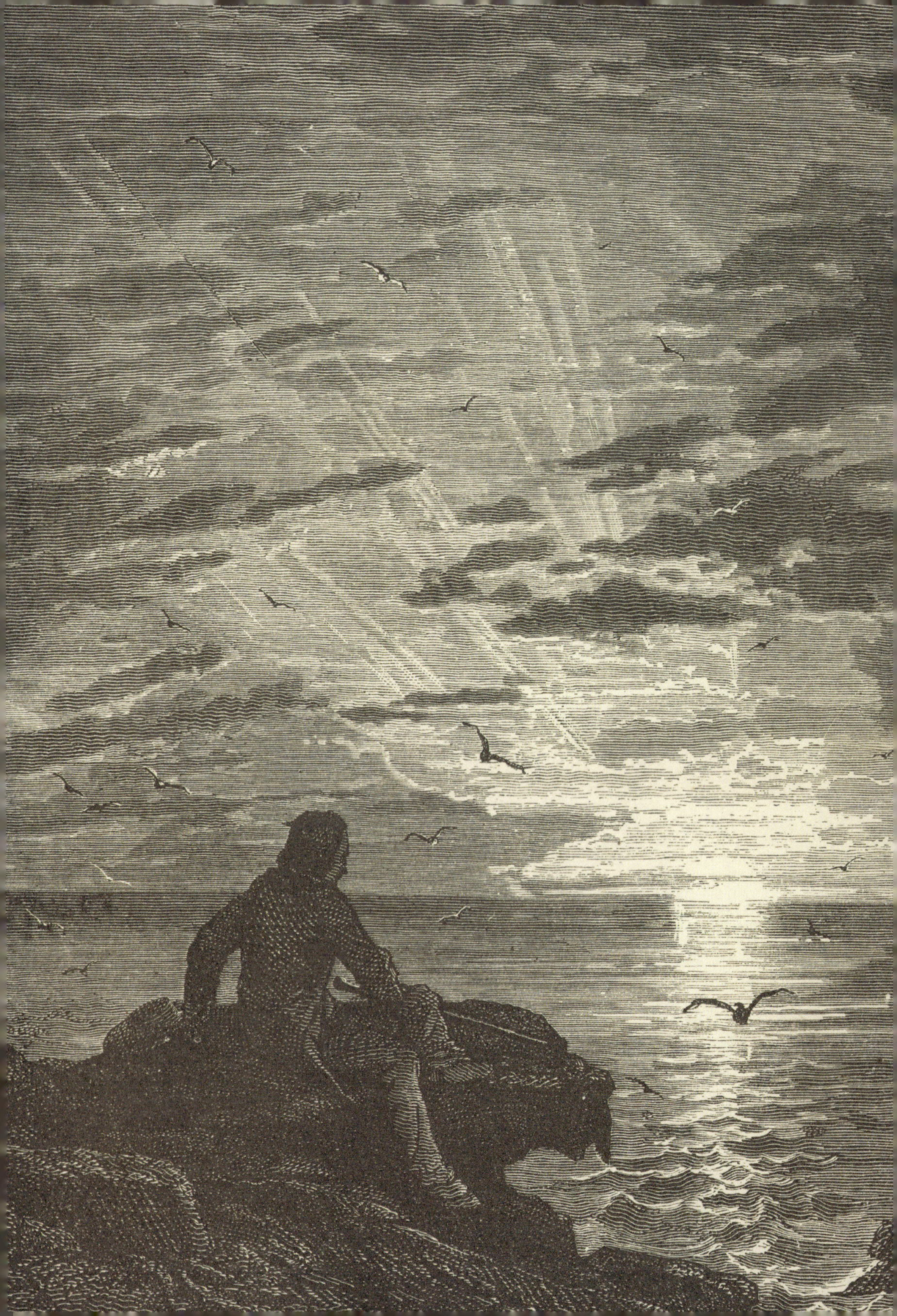

目錄

導論
13

創始故事
27

引言 28

天空、海洋與陸地 31

海水為什麼是鹹的？ 36

絲卡蒂與尼約德的短命婚姻 42

不願嫁人的女孩 48

神與人類
55

引言 57

毛伊和哥哥一起出海捕魚 65

赫洛與勒安得耳 71

海洋的女兒 78

約拿 86

前跨頁：捕鯨場景，來自十六世紀「新法蘭西亞」（Nova Francia）地圖的細節，地圖 C.2.a.3.(2)

對頁：來自「天體空間與熱帶自然」
（*L'Espace céleste et la nature tropicale*）的插圖（1866 年），10003.d.10

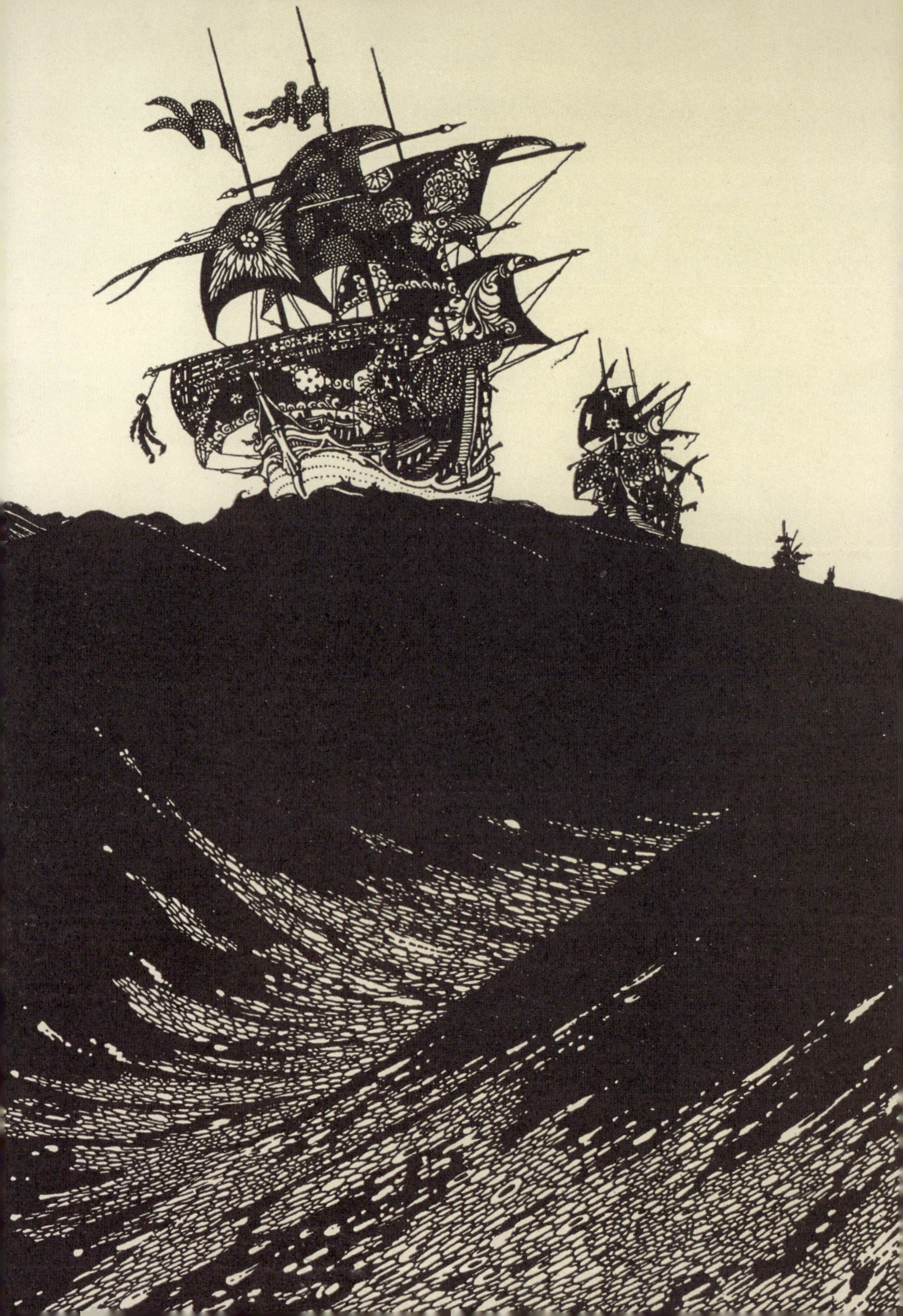

冒險航程
93

引言 94

聖布倫丹和不開心的猶大說話 100

水手辛巴達的首航之旅 111

庫佩航向奧特亞羅瓦 118

海洋之星 124

失落的地方與虛構的空間
135

引言 137

青春國度的莪相 140

失落的島嶼亞特蘭提斯：一場爭議 146

流入無日之海 153

海邊野餐 162

氣候和自然
169

引言 171

布拉孔王子與科立夫里坎的巫婆 176

「窮」木匠的故事 182

「哥倫布航行於藍色海洋」 192

妖精摩根 200

對頁圖：E. J. 布萊迪（E. J. Brady）為〈船長之歌〉（A Ballad of the Captains）繪製的插圖，選自《春天的一年：近代詩歌選集》
（*The Year's at the Spring: An Anthology of Recent Poetry*）（1920），11603.h.21

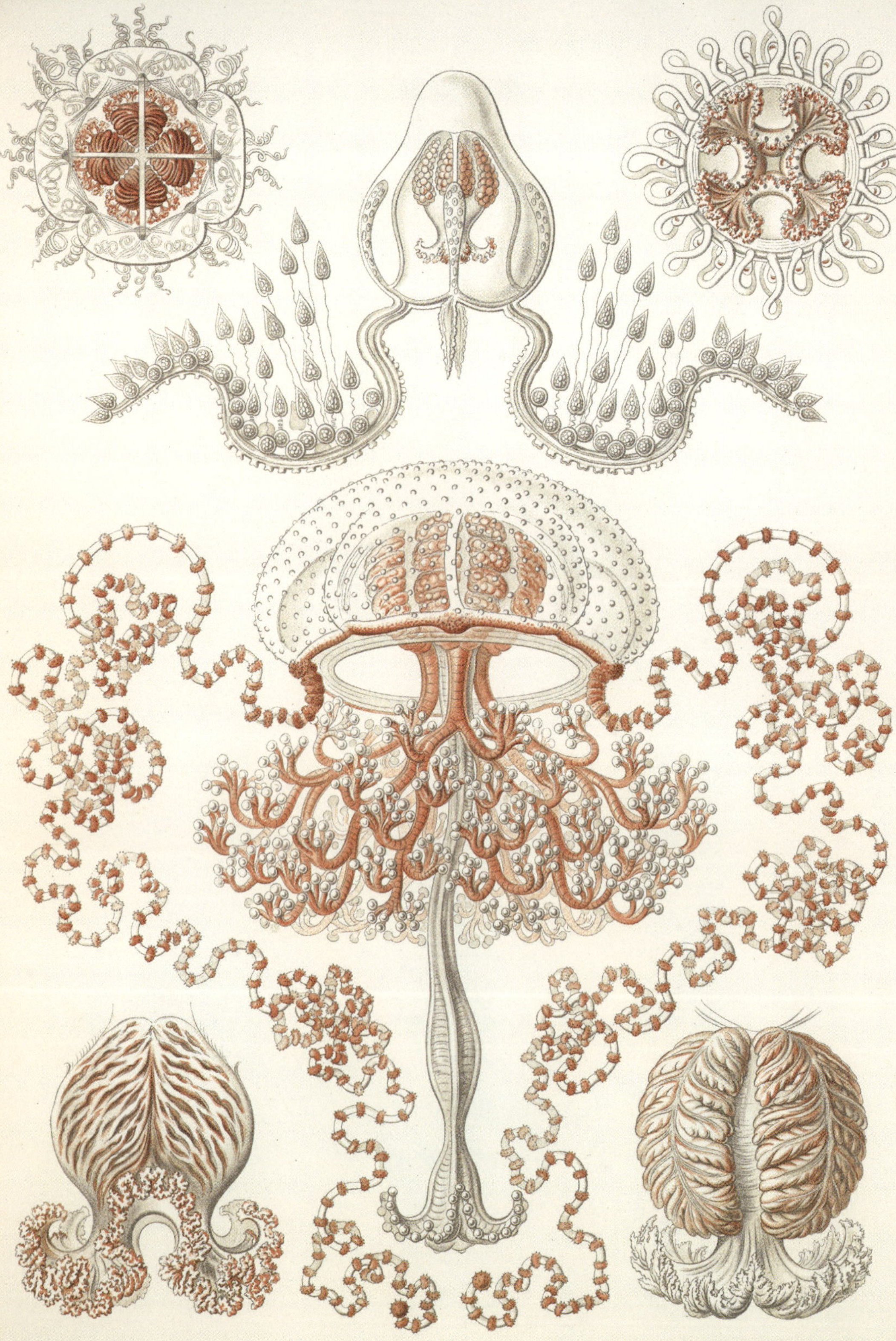

乘船出海
207

引言 209

卡萊巫切號拯救落難水手 216

魔鬼與深海之間的取捨 223

飛天荷蘭人 233

出航 241

海中奇獸
249

引言 250

阿里翁與海豚 254

格洛斯特灣的海怪 262

最後一名賽蓮海妖 270

漁夫與屍鬼 276

參考書目 287

謝辭 291

圖片來源 292

對頁:水母(Jellyfish),取自恩斯特・海克爾(Ernst Haeckel)《自然界的藝術形態》
(*Kunstformen der Natur*),1914,Wf1/1811

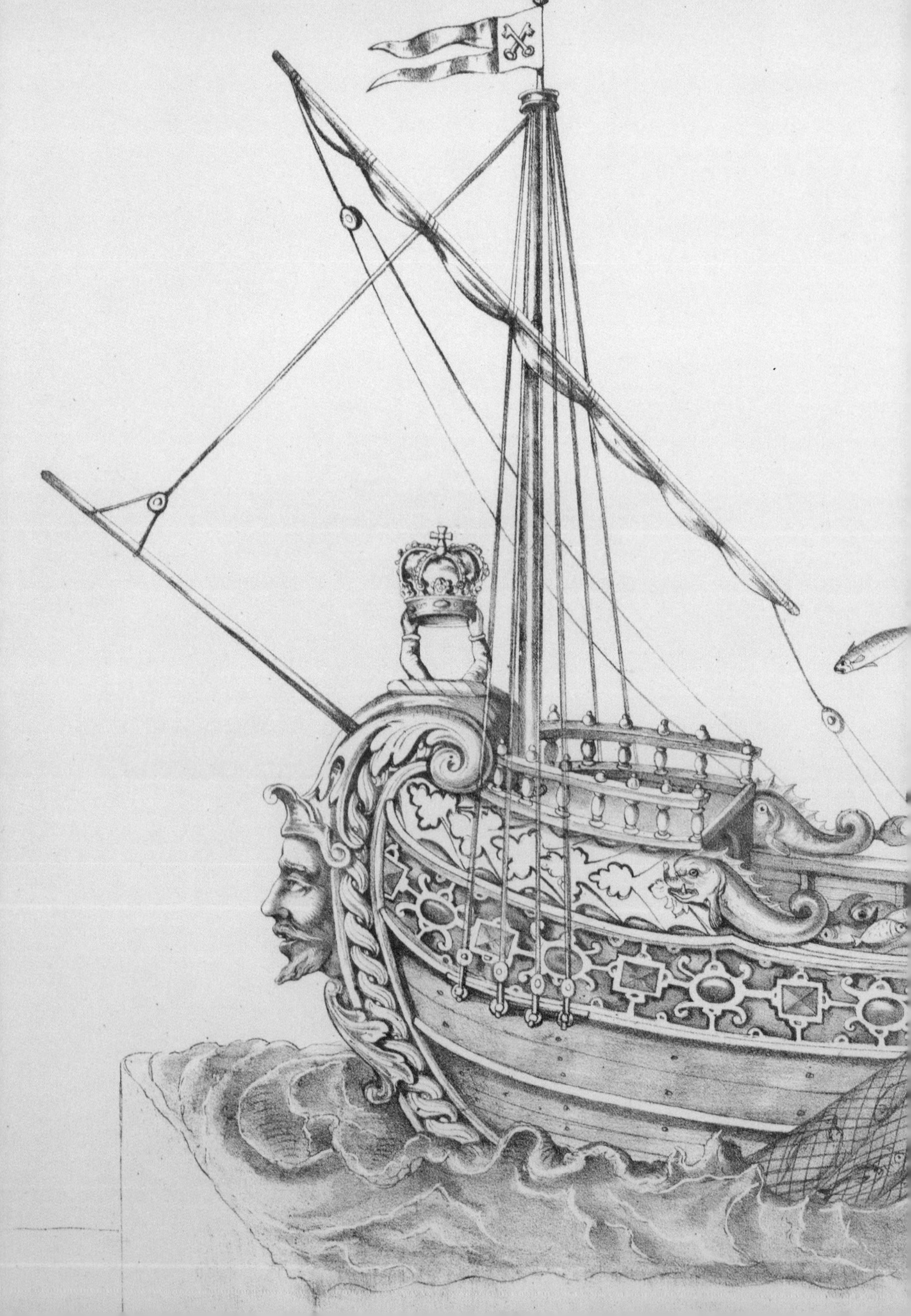

導論

我得重返大海，回到漂泊不定的流浪日子，
回到鷗與鯨的生活，感受剛磨好的刀子那般銳利的海風；
我只希望過程中，能聽見其他浪人笑談自己的冒險奇遇，
並在漫長的旅程後，安穩入眠，做個美夢。

約翰・麥斯菲爾（John Masefield），〈戀海〉（*Sea Fever*）

現在回想起來，我發覺自己始終住在大海附近，或直接與大海為鄰：都柏林、克魯斯港、利物浦、荷雷克。大海始終耐心等候，有時在視野內，有時只要走路，或是開車或搭乘公共運輸一小段路，就會抵達。其實，在看到海之前，通常會先聞到或聽到海。走過幾條街、翻過一個小丘、轉過一個彎，它就在那裡，整個樣貌跟剛剛行經的陸地截然不同，某些方面卻又有說不上來或難以理解的熟悉。

海洋又大、又寬、又深。
以前，人們相信大海的蔚藍是天空倒映在水中的結果。儘管這是原因之一，但是海洋的顏色其實主要是由吸收陽光和水深等複雜的效應所造成的錯覺。藍色固然帶有詩意，但實際上大海除了藍，還有褐、黑、白、灰、紫、粉，以及其他各式各樣不具名的色彩。

全部總和起來，地球上的海洋大約涵蓋了這顆星球四分之三的表面積。儘管估計數字不一，但海底地貌可能只有約百分之五被測繪出來，因此常常有人說，我們對火星表面的認識比對海床的認識還多。根據目前為止的發現，大海最深處位於馬里亞納海溝，靠近西太平洋的關島。該點位於海平面下將近十一公里處。由於地球現在面臨重大的環境挑戰，有些人覺得，在我們發展出相關科技，能夠完全探索海洋或認識其完整的多樣性之前，我們可能就已滅絕。換句話說，我們很有可能永遠無法解開海洋的奧祕。

「海」（the sea）和「洋」（the ocean）在專業領域裡其實存在明確的差異，但是很多時候都被當作同義詞使用，包括這本書。

雖然有些哺乳動物適應了嚴峻的海洋環境，但對人類來說，大海是很不

前頁滿版：漁船與漁人，取自 1616 年《倫敦城市長節的魚販遊行》
（*The Fishmongers' Pageant on Lord Mayor's Day*），1859 年，HS.74/1989

對頁：裝飾插圖，取自《深海圖說編年史》
（*Pictorial Chronicles of the Mighty Deep*），1887 年，W46/5296

導論

利於生存的;儘管我們從古至今都會利用和仰賴它,那裡怎麼樣也稱不上是「家」。即便如此,大海仍十分美麗、充滿魅惑,如約瑟夫・康拉德(Joseph Conrad)在短篇故事〈青春〉(Youth)所描述的:

> 大海是透光的、藍色的、清澈的,閃爍如寶石,朝四面八方不斷延伸到天際線,彷彿整個地球就是一顆珠寶、一顆龐大的藍寶石、一顆被刻成星球模樣的寶石。

此外,它也是地球上最危險的環境,充斥著壞心和恐怖的事物,會導致心靈死沉、肉身死亡。

大海除了上面提到的這些,但有更多更多,這是科學告訴我們的。但,最具人性的問題依然存在:這代表什麼?這一切究竟代表什麼?偉大的美國海洋生物學家瑞秋・卡森(Rachel Carson)在二十世紀中葉出版了備受讚譽的海洋三部曲,她在第一本《海風下》(Under the Sea-Wind)的開端便寫道:

> 站在海之濱,感受潮起潮落,感覺霧氣飄過一大片鹽沼的輕撫,觀看成群的濱海鳥類沿著大陸的海岸線,上上下下飛行了不知幾千幾萬年,看見古老的鰻魚和年輕的西鯡奔向大海──這便是知悉了跟任何陸地生命一樣幾乎永久存在的事物。早在人類站在海邊驚奇地望著大海之前,這些事物便已存在;它們年復一年走過漫長的歲月,經歷人類王國的興衰。

卡森在早年生涯致力於了解海洋的科學,例如大海在地球初期形成的過程、影響大海的各種自然力量、極為多樣的海洋生物等。簡單來說,她對海洋變成地球上最重要的生態系之一的這個演變過程很感興趣。但,她也很想知道大海為何能夠如此牢固持久地盤據人類的想像。她在其他地方曾寫道:「我們的知識被限制在某個範圍之內,在那之外有著浩瀚無垠的未知領域。」海洋三部曲(包括1951年的《大藍海洋》〔The Sea Around Us〕和1955年的《海之濱》〔The

Edge of the Sea〕）裡面寫到的科學資訊很多已經被推翻，但是卡森對於大海的奇異本質所表達的驚奇卻未曾改變，像一股看不見的暗流，悄悄流過她的論述。

卡森看待海洋是以科學家的視角，但也是以詩人的視角，或者說像是第一次看見大海的孩子。她認為，這是在面對比自己龐大、古老、強大許多的現象時，人類會有的反應。海洋很神祕，是因為我們對海裡發生的許多事所知甚少，同時也是因為大海違反了人類文明所奠基的那些事實，如擁有固定不變的特性、擁有自然棲地、甚至是跟時間本質有關的事實。此外，大海違反這些事實的規模非常「了不起」——我指的不單單是「驚人」、「叫人佩服」或「厲害」，還是真正的「令人油然升起崇敬之心」。這對我們的祖先是這樣，對今天的我們也是這樣；思索海洋會讓我們脫離自我，重新理解（就算只有一下下）我們跟整個星球以及跟人類意識這個不可能的奇蹟之間的關係。

正是這樣的崇敬體驗，才會使人類從很久很久以前就一直受到大海的吸引。對，大海是生活在這個星球上既定的事實之一，但我們還是要問：這代表

海蛇，皮埃爾・貝龍（Pierre Belon）所繪，《論水生世界》（*De Aquatilibus*），1553 年，446.a.6

πριστίς

κριός

ζύγαινα

φύσαλος

什麼？卡森寫到，這個問題的答案「始終縈繞不去，卻又無法解開。在追尋答案的過程中，我們慢慢接近生命本身的終極謎團。」我們在尋找解答時所採取的主要形式之一，就是敘事，也就是說故事。故事讓我們的祖先有辦法理解自然界，並與之互動。這些故事儘管是以大自然為靈感，卻常常包含體現各種人類特質的角色。換言之，大自然跟想要述說自然故事的人類之間，存在一種互惠的關係。因此，只有在人類（或人類的化身）在場觀察和經歷大自然的時候，大自然才有意義。

漸漸地，這些故事融入世界神話的體系裡。海洋如此龐大，歷史上的每一個神話體系固然都有海洋的蹤影，連我們不認為海洋會發揮影響的內陸地區也是。古老神話的殘跡今天是以信仰、諺語、迷信和民間故事的形式存在，這些全部都象徵「神話掛毯一條條鬆脫的絲線，儘管我們現在已認不出來掛毯的完整樣貌，但是這條掛毯可能比巨石時代還要久遠。」（以上引用民俗學者赫拉斯・貝克〔Horace Beck〕的話）

海洋與故事從古至今都有匯流交集的時候，海洋敘事的傳統既悠久又複雜。這項傳統有一個重要的分支，那就是由下列作家確立的現代海洋小說：詹姆士・菲尼莫爾・庫珀（James Fenimore Cooper，美國）、弗雷德里克・馬里亞特（Frederick Marryat，英國）、歐仁・蘇（Eugène Sue，法國）、康斯坦丁・史坦尤科維奇（Konstantin Staniukovich，俄羅斯）、貝尼托・佩雷斯・加爾多斯（Benito Pérez Galdós，西班牙）及許多許多人。赫爾曼・梅爾維爾（Herman Melville）和約瑟夫・康拉德是普遍為世人所公認的兩位海洋小說大師，他們都因為年輕時在船上工作過而受到深遠的影響；都把文學海洋光鮮亮麗的外衣（即康拉德所說的「幻覺的浪漫」）脫掉，揭露在十九世紀的船上生活的殘酷現實；

對頁：四條魚，取自曼努埃爾・菲萊斯（Manuel Philes）的手稿《動物的屬性》（*De animalium Proprietate*），十六世紀 Burney MS 97, f. 31v

也都產出一份（橫跨許多文本的）記述，描寫人類遇見大海的遭遇，對後世帶來長久的影響。

在《白鯨記》（*Moby-Dick*，1851 年）這本書裡，梅爾維爾描述了人類（亞哈）、自然（大白鯨）與文化（捕鯨船皮廓號）受困在永恆存亡爭鬥中的戲碼。那隻鯨魚永遠懷有惡意，那個人類永遠不願屈服，那個社群（由敘事者以實瑪利象徵）則對鯨魚與人之間的衝突懷抱著既敬佩又擔憂的心情。

在《海洋之子》（*The Children of the Sea*，1897 年）、《吉姆爺》（*Lord Jim*，1900 年）和《颱風》（*Typhoon*，1902 年）等故事裡，康拉德筆下的大海既是真實的、又是隱喻的深淵，人類會將自己迫切渴望擁有重要意義的心念傾注其中。然而，如同他在《海洋之鏡》（*The Mirror of the Sea*）寫到的，不容平息的大海不會去管這些渴望：

> 無論有多少人說到對其某些本質（在岸上）的愛有多大，無論它在散文或詩歌中受到多大的頌揚，海洋對人類從來就不友善……〔海洋〕的善變跟人類特質相符的地方，就只有那無畏的決心，還有那不眠不休、始終武裝和嫉妒的戒備，其中恐怕一直是恨多於愛……海洋不可理解且冷酷無情，從不曾將自己的任何一部分獻給仰慕者。跟陸地不同，海洋是無論人們付出多少耐心與辛勞都無法屈服的。儘管對它的迷戀致使這麼多人面臨殘暴的死亡，海洋的龐大卻從不曾像大山、平原和沙漠那樣被愛……海洋……不知何謂慷慨。人類無論展現何種特質，勇氣、膽大、堅忍或忠誠——都不曾觸動其力量中不負責任的意識。海洋最令人驚嘆的驚異之處，就是它難以理解的殘酷。

儘管康拉德鄙斥將大海浪漫化，自己卻也難免將它多多少少人性化了——不友善、善變、冷酷無情、不慷慨、不負責任、殘酷，這些全都是人類的特質。康拉德筆下的水手總在幻覺和迷戀之間擺動。他的故事總是以戲劇化的方式，描寫人類的本質與大海的本質之間的衝突；康拉德作品最核心的議題就是，這些「本質」會不會有哪一個是另一個的投射或倒映。

從梅爾維爾和康拉德等作家寫出的那種海洋小說，可以看見早期敘事體系的蛛絲馬跡，也就是前面所說的神話。神話是早期歷史的文化產物，因此當中蘊含許多語言、思想和「常識」，是二十一世紀的我們無法認同的。為了「科學研究」，捕鯨以及國際偷獵的行為雖然依舊存在，但今日大體上已基於環保意識而遭禁。我之所以刻意不提康拉德某本小說的書名（而是選擇美國初版時使用的名稱），便是因為當代對於語言政治十分敏感。

故事的「所有權」也是另一個敏感話題。本書收錄的故事是從世界各地許多不同的國家和民族傳統中改編和重述的。這些傳統很多都是在發展程度不一的情況中興起和存在的：很多傳統都曾在某個時期遭到侵略和剝削，無論是經濟、政治、軍事和文化方面，或是上述這些不只一種的組合（這更常見）。時間推近一點，這些傳統已經出現各種「身分認同」，隨之而來的是一種「認同政治」的論述，鼓勵人們頌揚自己獨特的文化遺產。「文化挪用」這個概念是「身分認同」這個概念所帶來的副產物，認為獨特的風俗傳統（如故事）屬於一種社群「財產」，應該加以保護，不被任何人剝削或挪用。

「文化挪用」的陰影籠罩在現代世界的許多地方。所謂的「文化挪用」是指一個文化運用普遍被認為屬於另一個文化的文化材料，包括服飾、舞蹈、語言和菜餚等一切事物。文化挪用相關的辯論造成了哲學和政治方面的影響，有些評論家指出，所有的「文化」其實或多或少都是抄襲而來的，有些評論家則深信文化挪用確實存在。我個人比較同意前者的觀點，但是我也承認後者言之有理。

在我看來，有關海洋的故事是源自一個共同的古老敘事寶庫，呈現的是我們的共通性，不是我們的差異性。不管歷史有多少燒殺擄掠，海洋的故事應該能使我們凝聚在一起。還有一件事，那就是敘事張力（我們在這本書的許多故事都找得到）往往是在遇見「他者」時出現的。因此，說故事不但是人們表達自我認同的方式，也是人們理解差異的方式：我尊重「這個東西」屬於你，無論你是誰，但請讓我自由發揮想像。

最後，大海確實仍會被捲入充滿貪婪可怕事件的人類歷史——以這顆星球存在的時間來說，極為短暫的歷史。然而，大海也一直都是使這顆星球可能存在生命的關鍵環境，但現在這個環境面臨巨大的威脅。我感覺我們需要一個海洋的故事慶典，好提醒自己大海的重要性，重視我們共同的危機。

畢竟，海洋不需要我們，我們卻需要海洋。

2019年9月，政府間氣候變化專門委員會（Intergovernmental Panel on Climate Change）發表了一份〈氣候變化中的海洋特別報告〉，認為海洋受到全球暖化和氣候變遷過程的重大影響，導致各種問題出現，如酸化、汙染、海岸侵蝕、海平面上升、漁獲銳減，以及珊瑚礁和海底草原等重要海洋棲息地遭破壞。大海長久深植於人類的文化意識，現在也跑到跟地球健康與存亡有關的議題最前端。

這些關於海洋的新舊敘事之間的連結，促成了「藍色生態批評」（Blue ecocriticism）這個新學術領域，是「藍色人文」（blue humanities）這個發展較久的領域底下的分支。藍色人文探討的焦點是大海在人類文化中呈現的多元型態，如同該領域的學者西德尼・多布林（Sidney I. Dobrin）所說的，「代表海洋的文本幾乎毫無止盡」。藍色生態批評則把這個焦點導到環境主義的方向，強調我們跟世界海洋之間的親密互依關係，並試著點出陸地思維的限制，點出我們傳統上試圖理解世界時所使用的陸地譬喻是多麼侷限。最重要的是，藍色生態批評鼓勵我們跟海洋文本互動，把海洋看得很重要。確實，從根本上、和急迫性來說海洋都很重要。

這本故事集顯然就是在跟藍色人文所聚焦的海洋傳統互動。正如同我在這篇導論的前面所說的，以及之後在佔據本書大量篇幅的二十八則故事與反思中會看到的，人類在這顆快速飛越太空的孤獨岩塊上生活時，海洋故事代表了這個生活經驗極為重要的層面。但是我也想要結合藍色生態批評的理念與目標：認同大海是這顆星球能夠出現生命的關鍵因子；接受大海在過去一萬年來對人

描繪太平洋月光的明信片（二十世紀初），紐約公共圖書館

類文明的發展有多重要;承認大海的力量與美麗,是人類終究無法理解的;明白大海的狀態是這顆星球整體健康的指標之一,並知道這裡所說的整體健康,也包括在整個生物圈只佔據一部分的人類元素。

<big>這</big>本書共有二十八則故事,編排成七大章,每一章有四則故事。每一章的主題是從我所蒐集的素材歸結而來的。我從不同的來源蒐集這些故事時,它們很自然地就集中成一小堆一小堆,然後漸漸匯聚成不同的章節。顯然,其中必有不少重疊之處,像是聖布倫丹的故事雖然被收錄在「冒險航程」這一章,但是故事裡也有提到某種特定的船隻設計(愛爾蘭古舟),同時也非常關注人類對神祇的恐懼。此外,這則故事也模糊了真實和想像地點的界線。就如看似互不相連的水體(如「大西洋」)其實會不由自主地流入別的水體(如「太平洋」),這裡收錄的每一則故事也會融入其他的每一則故事。

故事的原始文本以許多不同的形式存在,我也在很多不同的脈絡遇見它們。有些故事我本來就很熟悉,有些我只略知一二,有些則是完全沒有聽過。我的任務是為這些故事設計一個形式,以便在重述時盡可能發揮成效並引人入勝,同時反思這些故事的原始狀態——源自哪裡、講到什麼、可能意味著什麼等等。這就需要兩種頗為不同的書寫類型了,一是想像書寫(常被錯誤地稱作創意書寫),一是描述書寫(或稱歷史書寫)。我有不少後者的經驗,前者倒是沒那麼多。

我盡量將故事的風格形塑得簡單直白,同時不減損原始素材的細微和複雜。我選擇「極致吝嗇」(scrupulous meanness)這種文學風格,因為這感覺較理想。有些故事很「稚氣」,但我指的是這個詞最正面的意涵:開放、令人欣喜若狂、令人完全入迷;有些故事比較成熟,蘊含憤世嫉俗和悲傷。敘事觀點也有列入考量,以讓故事達到最好的效果,時而運用第一人稱,時而運用第三人稱,時而運用了所謂的「自由間接論述」,也就是敘事者(和讀者)緊密存在於主角的意識中,同時又保有一定的距離。有時,我簡單直接地重述了原始的故事;有時,原始的故事被放到另一個敘事脈絡中,希望可以藉此跟最初的主題

產生共鳴。同樣地，每一則重述的語調大體上也是跟著原始的故事走，同時結合我一輩子的閱讀經驗所累積的影響。觀察敏銳的讀者肯定會找到那些影響的痕跡（但是找到當然沒有獎賞）。

每一則故事都有附上一篇反思，試圖描述故事的源頭、演變、後來發揮的影響以及長時間下來催生的一些詮釋。在跟故事有關聯且對讀者很有用的情況下，我也會提及二手資料，但這畢竟不是一本學術著作，因此這些反思比較像是長篇評註，希望能讓讀者更享受個別故事的內容。

重點是，我不會為這個世界帶來什麼新的東西，而是帶著愛與尊敬的心重述原本就已存在的故事──有些已經存在數百、甚至數千年。我試著在重述的過程中找到延續性，與現今建立連結。

海洋歷史學家J・H・帕里（J. H. Parry）在著作《發現海洋》（*The Discovery of the Sea*）說：「世上所有的海洋都是同一個。」這句話在瑞秋・卡森等科學敘事家和約瑟夫・康拉德等想像敘事家的作品中，都能找到蹤跡。我希望，在你現在手上拿著的這本書裡，你也找得到。這裡的每一則故事都傳達了海洋宛如奇蹟、互相矛盾、充滿流動的獨特性。大海擁有一種神奇的能力，可以壓縮時空，開啓更多空間讓人思索最根本的事物：生命、愛、恐懼、渴望、死亡。每一則故事都帶領我們踏上一段旅程，從一個大海被看得很重要的虛構世界，進入另一個大海需要被加倍重視的世界──即我們的世界。

我們很容易把海洋視為理所當然，但每次我們轉過那個彎或翻過那個小丘，只為了再次看見它無比的美麗時，腦中卻總會湧上一股難以言喻的驚奇。

Bon voyage！祝你一路順風！

Prabebe II.

Guarapucu

創始故事

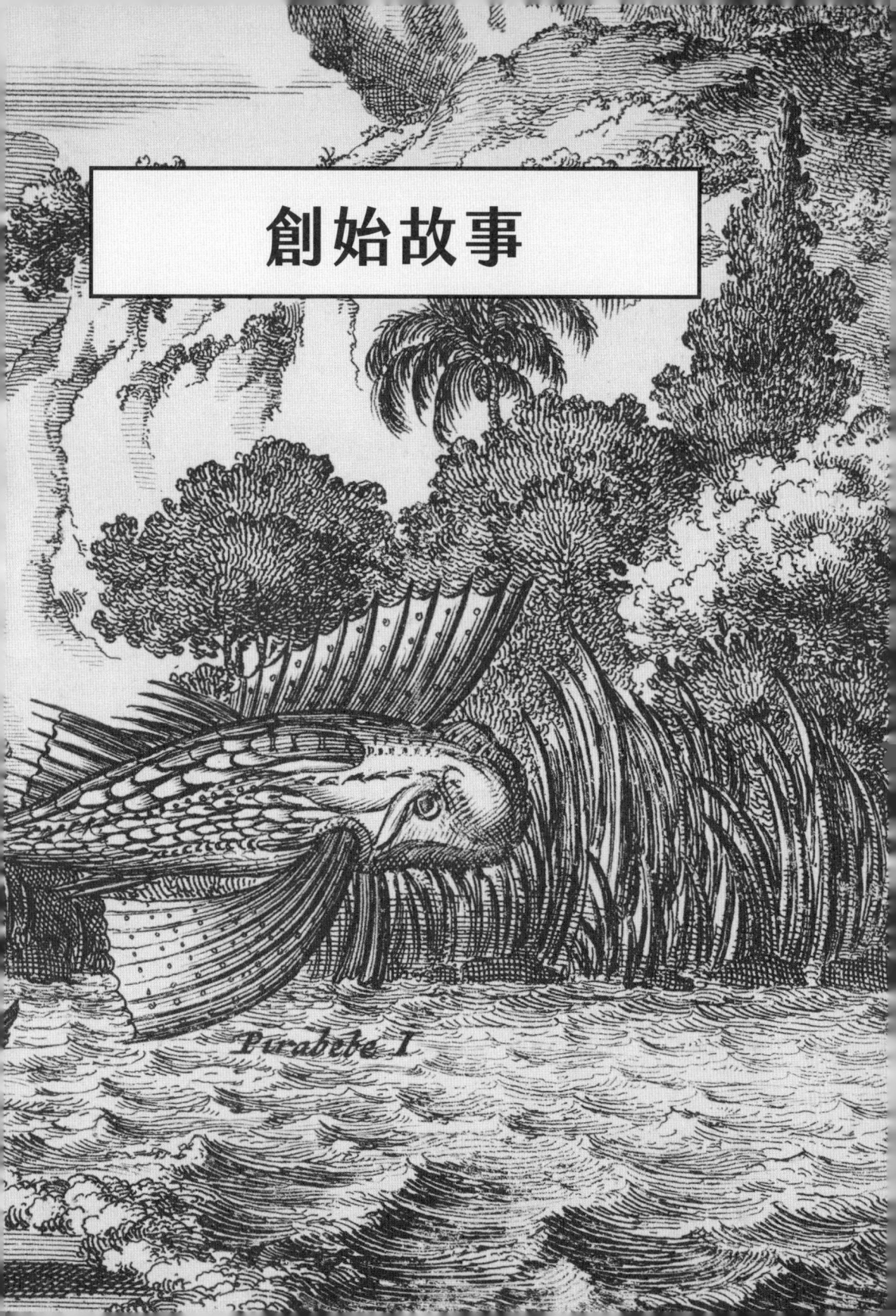

Parabole I.

想要知道地球有多老，就去觀看遭到風吹雨打的大海。無邊無際的海洋此時變得灰濛一片，朵朵浪濤像是被風吹出皺紋的臉龐，大量白色泡沫宛如隨風飛舞的銀髮，一切都讓狂風裡的大海顯得老態龍鍾、黯淡無神、缺乏光芒，彷彿在光的誕生前便已存在。

約瑟夫・康拉德，《海之鏡》(*The Mirror of the Sea*)

述說地球故事的行為，是在身為故事主角的地球存在了很久很久以後才出現的。

就我們目前所知，說故事基本上是人類特有的行為。人類能夠發展出複雜的社會（根據不同的文獻，這可能發生在五萬到三十萬年前之間的任何時候），其中一個主因便是因為他們能夠講述越來越複雜的故事，探索自己，也探索自己生活的世界。然而，在人類冒出來說故事以前，地球其實已經存在約四十五億年。山川、大海、森林、風雨，這些全都是在存在許久之後才有人類出現，賦予它們名稱、猜測它們如何運作、給予它們意義。

這些故事的原始樣貌通常是人類學家所說的「創始神話」。創始神話講述的是這個世界最初形成的過程，以及人類這種愛說故事的動物在其中扮演的角色。這些創始神話一開始是以口述形式存在，直到很後來才被加以書寫，其類型相當多元，體現了不同文化的根本特性。我們可以觀察到一件有趣的事，那

前頁滿版：「希格那蘭河魚群眾多」，取自《美洲：最新、最準確的新世界描述》(*America: Being the Latest and Most Accurate Description of the New World*)，1671年，紐約公共圖書館

對頁：裝飾插圖，取自《深海圖說編年史》(*Pictorial Chronicles of the Mighty Deep*)，1887年，W46/5296

就是海洋在創始神話的傳統中佔據十分重要的地位。導論提到了一個很好的理由：無論從最初的形成、規模和影響程度來說，大海都是地球的主要組成環境之一。沒錯，現今好像有比較多物種棲息在陸地上，但生命的基本條件起初是在大海中產生，複雜的生命型態當初也是從大海演化而來的。隨著時間流逝，在經歷很長、很長的一段時間後，這些生命型態改變自己，以適應地球多樣的生態系，包括海洋。

在這樣的背景下，大海成為理解人類經驗的重要象徵。瑞士的精神分析學家卡爾‧榮格認為，海洋有著龐大的體積以及共通和不可知的特性，因此可以用來比喻「集體無意識」這個概念，也就是解釋人類認知與行為的原型源頭。從古至今，大海一向是詩人最喜歡使用的文學手法之一，除了做為主題，更常被用來當作譬喻，描寫人類試圖釐清自身難解境況的時刻。

海洋神話在世界各地催生了非常多元的故事，當然還有眾多故事人物，我們會在整本書碰到其中幾個，包括波賽頓、瑪納南、毛伊、尼約德、賽德娜和葉瑪亞。這些文化殘遺通常擁有「雙重人生」，除了活在各國的圖書館、博物館和官方史書之中，也可以在民間傳說、迷信、傳統儀式、風俗習慣和地名找到，屬於極為深層的人類經驗，將世界各地的每一個海洋文化（儘管有所不同）連結在一起。

思考海洋會迫使我們思考誕生、意識和時間等最早存在的東西，也會連帶迫使我們思考死亡、永恆與遺忘等最後來臨的事物。

THE BEGINNING OF THE PRESENT WORLD AND ALL
THE LIVING THINGS AS THEY ARE NOW

蛇妖、賽蓮、漩渦

天空、海洋與陸地

從前從前，天族住在雲端的一座島上。那是一個承平的時代、靜謐的地方，每天晚上人們都會聚在村落中央的大蘋果樹下聽故事、討論事情。

酋長的女兒懷孕了。有天，她突然生起重病，村裡的醫生盡了全力，但常見的藥物沒有一種起得了作用。酋長悲痛萬分，全村的人都準備接受公主的離世。然而，一名老醫生（先前沒有人請教她）來到酋長的木屋，告訴他，他的女兒還有救。她說，村民必須將生長在村子中央的蘋果樹連根拔起、倒放在地上，接著把生病的公主放在枝椏間。要失去這棵聖樹雖然令酋長難過，但他無計可施，只得叫村民遵照老醫生的指示。

女孩被放在樹枝上後，大樹竟開始往把它挖出來的那個洞滑行。一開始原本很慢，但是接著速度越來越快，樹根、樹幹和樹枝依序從洞口滑落，最後整棵樹連同酋長的女兒都「呼」的一聲滑了下去。當她從病中甦醒過來，發現自己卡在一棵樹的樹枝上，而且這棵樹正飛快下滑！她抬起頭，看見上方的雲朵；低下頭，則看到一大片水域，似乎朝四面八方無止盡地延伸。那，就是大海。

有兩隻天鵝浮在水面上，被輕柔的海浪上下推動。牠們突然看見令人驚奇的一幕：一棵大樹從天而降，還有一名年輕女子緊緊抓著樹枝。牠們遂趕緊飛上前，試著說服女孩跳到牠們寬大的背上。她才剛成功跳過去，大樹便墜入水中，激起巨大的水花。

其中一隻天鵝對另一隻說：「我們把這名天女帶去巨龜那裡吧，他會知道

對頁：「今天這個世界和所有生物的起源」，傑希・J・玉米種植者（Jesse J. Cornplanter）創作，取自《長屋的傳說故事》（*Legends of the Longhouse*），約 1938 年，YD.2006.a.1814

創始故事

該拿她怎麼辦。」

兩隻天鵝迅速游過汪洋波浪。當他們看到巨龜祥和地在水面下悠游時，便游下去將女孩放在他的背上。巨龜看見她，非常喜悅。

他說：「這名天女來到我們身邊，是個好兆頭。但她不像我們一樣是大海的生物，必須有一個住的地方。把所有動物叫來，一起討論該怎麼做吧。」

兩隻天鵝飛到很遠的地方，四處散布開會的消息。

當這世上所有的動物都聚在一起後，他們輪流建議天女可以住在哪裡，可是所有的建議似乎都行不通。最後，巨龜說話了：

「我有一個點子。你們兩隻天鵝，帶我們到大樹掉進海裡的地方。」

天鵝帶領動物們到那個地方。

巨龜說：「我們必須取得黏在樹根上的土壤，誰願意潛水去拿？」

水獺說：「我願意。」說完，她深吸一口氣，潛入水中。經過很長一段時間後，她的遺體浮出水面——她沒能找到那棵樹。

麝鼠說：「換我試試。」他潛進黑暗的水底。

然而，他也失敗了，沒有活著回來。

海狸說：「換我。」其他動物等啊等，卻等不到海狸歸來。巨龜不知所措，覺得他們可能得放棄這個計畫。

此時，一隻癩蛤蟆游上前，說：「我很老了，沒辦法像從前游得那麼好，但我會試著帶回天空樹根部的一些土壤。」老蛤蟆不斷游向大海深處，過了好長的一段時間，她奮力游出水面，臨死前將土壤吐在巨龜的背上。這隻癩蛤蟆姥姥找到那棵樹了！

這一點點土壤立刻開始增長變多，形成一塊地。土地不斷向外和向下擴張，向下和向外擴張，最後變成一座很大的島嶼，延伸到遠方，連眼力很好的老鷹也看不見盡頭。他們決定叫它陸地（Earth）。

巨龜說：「這陸地很好，但是我們還有一個問題。天女很快就要生了，她的孩子恐怕會在黑暗中誕生。我們必須想辦法為這個新世界帶來光明。」

他們做到了。兩隻天鵝帶著小龜到散落在天空各處的雷雲蒐集閃電。蒐集到足夠的閃電後，動物們做出一團巨大的火焰光球，拋到空中。然後，他們發

現還剩下一些閃電，便用這些做成另一顆較小的光球，同樣拋到空中。大球是太陽，小球是月亮。

接著，一些小型動物將天空的一角鑽出洞，這樣太陽和月亮有需要時就能從洞口離開或回來。於是，白天和黑夜被創造出來，一年四季也是。

天女產下一對雙胞胎後便過世了，遺體被埋在陸地的土壤中。她的兩個兒子在各個方面都彼此相反。一個兒子冷靜沉默，成為掌天者，是善良、夏天、光明與生命的靈體；另一個兒子火爆嘈雜，成為打火石，是邪惡、冬天、黑暗與死亡的靈體。這兩個靈體活在陸地上所有子子孫孫的身體裡，形成微妙的平衡，總是想要支配對方。一切便這樣定了，自此不曾改變。

烏龜，取自《托勒密地理學地圖集》
(*An Atlas to Ptolemy's Geography*)，1478 年，Maps C.1.d.15, f.35v 其中一張地圖的細部插圖

創始故事

反思

人類學家和神話學學生將這種故事類型稱作「大地潛水者」(earth diver)。大地潛水者神話的基本模型是，在某個民族的早期歷史，天族（屬於神或半神的民族）有一個成員降落到海床取得一點點土壤，後來這些土壤長成人類居住的大地。

大地潛水者神話的特殊之處在於，它觸及的地理範圍極廣。根據人類學家厄爾‧W‧康特（Earl W. Count）所說，這種神話「肯定是最多人類共同擁有的概念之一」。非洲、美洲、亞洲和歐洲都找得到這種神話的不同版本。比方說，有一個理論認為，聖經的諾亞方舟故事其實是從大地潛水者神話改編而來的。這可能表示這種神話的源頭非常古老，反映了早期人類的遷移模式；或者，基於其原始本質，這可能表示同樣的根本敘事同時出現在世界上不同地區的不同文化。無論如何，有一點不用感到訝異，那就是儘管基本架構保持不變，故事卻會因為不同的文化經驗和風俗而出現變化。

數百年來，評論家一直在猜測大地潛水者神話究竟想傳達什麼。可能的解讀方式很多，例如：從微不足道的東西（一點點土壤）創造出龐大美麗的東西（陸地）；生物存在於不同的「界」（海床、海面和天空）；一個陽物形狀的東西（樹木）從天而降，貫穿原始的海洋，接著從中誕生陸地；母親女神（天女）現身，人類從她體內誕生。這個故事還有透過象徵善與惡的雙胞胎引進二元概念，所以更進一步擴充了故事的內涵（在歐洲的某些版本，陸地的形成甚至只是神魔交戰的次要主題）。世界各地的文化都找得到這些主題的影子，它們探討了跟人類演化有關的最根本概念。

大地潛水者神話在北美原住民當中特別常見，呈現出許多不同的形式。此處收錄的版本來自易洛魁人（Iroquois）的神話；他們是原本住在現今美國東北部和加拿大的好幾個原住民族。易洛魁聯盟的源頭最遠可以追溯到十五、甚至十二世紀，由五個（後來變成六個）部落所組成，他們共同遵守一個「大和平法」(Great Law of Peace)。莫霍克人的領袖海華沙（Hiawatha）是孕育這套法律的核心人物，他的名號後來被美國詩人朗費羅（Henry Wadsworth Longfellow）用在自己 1855 年的史詩作品，成為史詩中那位英雄的名字。這首詩完全是虛構的，但是由真正的海華沙協助設計

的大和平法，其實納入不少後來長久存在於美國人想像之中的概念，包括平等、獨立與合作。

易洛魁聯盟還擁有相當高超的政治手腕，需要面對殖民時期變幻莫測的戰爭、疾病、農業以及不斷更改的盟友關係。在十七和十八世紀的殖民政治中，這個聯盟成為一個強大的角色，直到獨立戰爭和美國建國之後，影響力才開始式微。在殖民壓迫的世界史當中，易洛魁聯盟的瓦解過程是典型令人哀傷的篇章，涉及到社會工程、酗酒、疾病、文化喪志與自然資源掠奪。

在傳統的易洛魁社會及其關於宇宙起源的想像中，動物是很重要的。從實務面來看，他們的經濟非常仰賴跟他們一起生活在這座大陸上的動物。十七世紀初漫長的「海狸戰爭」便是很好的證明，易洛魁人為了控制利潤豐厚的毛皮貿易，跟其他原住民部落和法國殖民者打仗。從文化面來看，動物跟易洛魁人的世界觀緊緊相扣，包括他們對醫學、身分認同（對部落和自我的認同）和生命的理解。

我們可以把這裡收錄的故事看作三個互有關聯的橋段，一個很長，另外兩個較短。首先是天女墜落、她與動物們相遇以及陸地形成的橋段。從和平的世界降落到充滿糾紛與死亡的世界，是許多宇宙起源神話都會出現的情節，包括基督教故事。潛入水中的動物紛紛死亡，是另一個議題。這些動物為什麼非得死去我們並不清楚，但是大部分的版本都包含這個元素，為看起來很像童話的故事增添了一絲大人的現實主義。

再來是太陽與月亮形成的橋段，這在全世界的神話體系中非常典型。在最後一個橋段中，雙胞胎誕生，象徵生命在道德和存亡方面有盛有衰的二元體制出現了。從這時候開始，故事想要傳達的訊息似乎是：善良、夏天、光明與生命必須跟邪惡、冬天、黑暗與死亡維持不言而喻的共存關係。此外，快速變換到不同的橋段以及種種會讓「現實主義」敘事顯得不合理的地方（如果沒有陸地，水獺、麝鼠、海狸和癩蛤蟆要住在哪裡？），也是這類故事的典型特色；在這裡，這些只不過是充滿魔法的世界觀的一部分。

海水為什麼是鹹的？

「可哩？」

「可啦！」

「很好，現在你們把注意力給我了，我來告訴你們海水為什麼這麼鹹。」

「你們可能會很訝異，海水以前並不像現在這樣鹹得不得了。曾經，海水喝起來十分甜美，就像山上流下來的清澈小溪。」

「現在不一樣了。你也知道，在海裡游泳有時大浪一來，把你打進海裡，吞下一大口海水，然後你就會嚐到海水的鹹味，於是你會不斷吐水出來，把海水全部吐掉，對不對？我的建議是：不管你有多渴，都不要喝海水！有一次，我搭乘的一艘大船擊中岩石，因此沉沒。我跟另外幾個水手坐上小艇逃生，但小艇上沒有飲用水。過了三天，大家都像沙漠一樣缺水。但，我們都知道絕對不能喝海水，只有一個人除外，因為他不是水手，而是乘客。他渴得快發瘋，最後說：『你們看，我們四周都是水啊！不必再口渴了！』我們卯足全力阻止他，但是那天晚上我們睡著後，他還是跑去喝了海水。原本已經發狂的他，這下更加發狂了。大家都被他的尖叫、喊叫和哭鬧聲給吵醒。他跑來跑去，差點把小艇打翻，好像魔鬼掐著他的脖子似的。接著，砰！他就這樣在小艇中央暴斃身亡。我告訴你，就是鹹鹹的海水纏繞他的內臟、翻攪他的腦袋。所以，別不聽我的話：永遠不要喝海水！可哩！」

「可啦！」

「好，很久以前，海邊有一棟小小的簡陋木屋。屋裡住著一男一女，我們就叫他們阿莫斯和珍妮吧。阿莫斯和珍妮相處得還不錯，但問題是他們一貧如

洗。天啊,他們真的很窮!窮得就像剛被一群小混混搶劫的乞丐一樣。」

「差不多就在我所說的這個時期,阿莫斯實在受夠了永遠這麼窮困的日子。有一天,他對珍妮說:『我們今晚不如吃烤火腿吧?』珍妮回答:『我們哪裡有錢買烤火腿呀?我們就只有這小小一塊香腸。』可是,阿莫斯生氣地跺著腳,說他晚餐想吃烤火腿,要是吃不到就麻煩大了。於是,珍妮說她得去海邊散步,好好思索要從哪裡拿到烤火腿,而且她要把那塊小小的香腸帶去當午餐吃,好幫助她思考。

「珍妮來到岸邊,開始沿著海濱走,心裡想著身上沒有半毛錢的人,要怎麼得到需要很多錢才買得到的東西。她邊走邊想,注意到有一名男子坐在岩石上,頭戴一頂很大的禮帽,抽著菸斗望向大海。珍妮客氣地點點頭,準備經過此人,他卻叫住她。他說:『朋友,妳好像有心事。我今天下午無所事事,妳不如告訴我妳怎麼了,我們一起想想如何解決。』」

「於是,珍妮告訴這位陌生人她的煩惱。男子繼續抽了一會兒菸斗,仍看著大海。最後他說:『嗯,真是棘手,但我覺得我有一個辦法。我是魔鬼,你知

土著的房屋,取自《西印地安人的日常風景與事件》
(*Scenes and Incidents of West Indian Life*),1876 年,紐約公共圖書館

道,我只是來地球度個假。我想我在地獄有一台機器應該可以幫助妳。如果妳想報答我,可以把那塊妳要當午餐吃的小香腸送我,因為我非常愛吃香腸,可是地獄沒有香腸。』」

「珍妮很驚訝眼前的男子竟然是名魔鬼。可是,阿莫斯在等她,她也沒有別的辦法。於是,她把香腸遞給魔鬼,魔鬼收進口袋。他說:『在這裡等。』然後就消失了。但,他瞬間就回來了,手上拿著跟牛奶桶一樣大的研磨機。他對珍妮說:『這是一個神奇的研磨機,如果你想製作火腿,就說:『磨火腿。』機器會一直磨出火腿,直到妳說:『停止磨火腿。』妳來試試看。」珍妮把研磨機放在面前的沙灘上,說:『磨火腿。』研磨機開始攪動,接著,砰!掉出一塊美麗的火腿。機器繼續運轉,三十秒後,砰砰!又掉出一塊火腿。這下,珍妮有兩塊火腿了!機器準備製作第三塊火腿,她趕緊說:『停止磨火腿。』研磨機戛然而止。魔鬼鞠了躬,點了點禮帽,然後便消失了,沒有再出現。」

「珍妮帶著研磨機和兩塊火腿跑回家給阿莫斯看。她告訴他遇見魔鬼的事,說他們所有的煩惱現在都消失了。阿莫斯說:『兩塊火腿!我們可以邀請

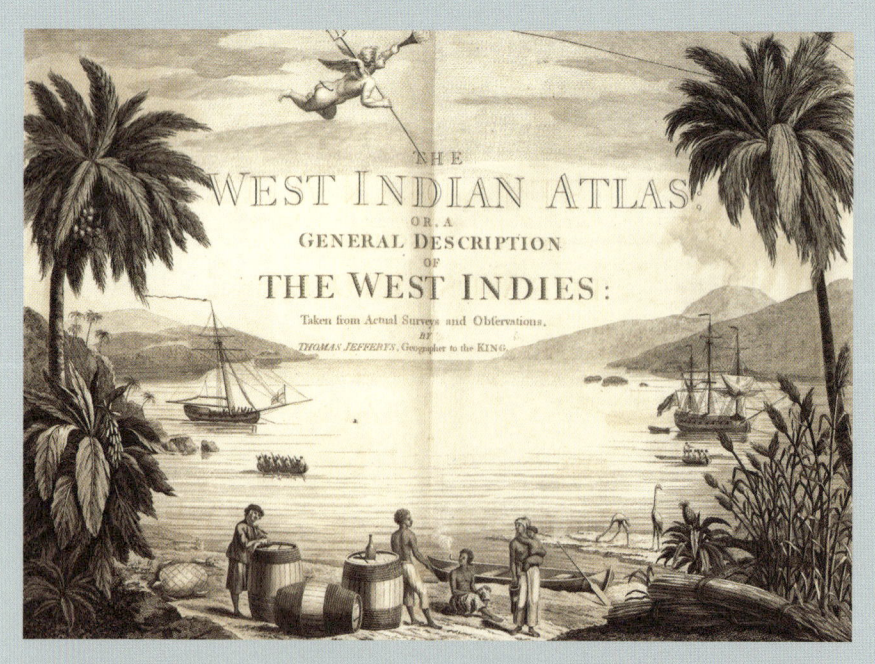

《西印度群島地圖集》(*The West Indian Atlas*,1775 年)的扉頁,華盛頓特區國會圖書館

我哥哥嫂嫂一起過來吃晚餐！我去找他們來，妳負責磨出一些馬鈴薯和青菜。既然都要弄了，不如也磨出一些啤酒！』

「一切就如阿莫斯所要求的那樣。他的哥哥吉姆和嫂嫂喬西過來吃晚餐，每個人都有一塊火腿，還有想吃多少就有多少的馬鈴薯和青菜。他們還喝了一大桶啤酒，而這或許就是為什麼後來會發生那件蠢事。吉姆是一名漁夫，他問珍妮研磨機可不可以借他，隔天帶著一起出海，因為他相信這肯定會很有用處。珍妮這時候已經很醉了，便答應了他。她甚至記得告訴吉姆這神奇的研磨機是怎麼運作的，也就是叫它磨出他想要的東西。可是，她忘記跟他說怎麼讓機器停止。我知道你們一定知道這件事很重要。」

「隔天吉姆出海捕魚時，天氣非常晴朗炎熱。我不知道他是純粹幸運，還是研磨機發揮了魔力，但他捕到的魚竟然比他這輩子捕過的都還要多。一條條的魚快速裝滿小船的空間，他開始擔心在這大熱天底下，要怎麼保存這些魚。他自言自語地說：『鹽巴！我可以給這些魚抹鹽，這樣在我送到市場之前都不會壞。』他拿起研磨機說：『磨出鹽巴。』機器真的做到了，開始磨出鹽巴，速度不會太快，也不會太慢，就這樣穩穩地磨呀磨。沒多久，吉姆就有抹魚所需要的鹽巴分量了。」

「這時，他發覺一個問題：他沒辦法讓機器停止。他試了所有的方法，無論是對機器大吼、坐在機器上、把機器關進櫃子，機器還是不停地運轉。他叫機器停止、暫停、中止、結束，機器還是不停地運轉。研磨機就這樣不斷磨出鹽巴，速度不會太快，也不會太慢，就這樣穩穩地磨呀磨。此時，船上的鹽巴多到快要使船沉沒。吉姆嚇壞了，便把研磨機扔進海裡，完全沒有想到這不是他的東西，也完全沒有想想研磨機會繼續運轉，因為沒有人告訴它：『停止磨鹽巴。』」

「所以，如果你們想知道海水為什麼這麼鹹，就讓我告訴你們。那是因為研磨機還在海底，日復一日、週復一週、年復一年，不斷磨出鹽巴，速度不會太快，也不會太慢，就這樣穩穩地磨呀磨。我的故事就講到這裡，可哩！」

「可啦！」

反思

這個故事講到大海最重要的特徵之一。海洋在這顆星球的初期形成時，許多不同的作用（侵蝕、火山、降雨）合力將地球岩塊所蘊含的各種礦物質輸送到海裡。自此之後，海裡的鹽分都維持得很穩定，因為儘管有所流失，卻也一直有新的鹽分被加進來。故事的敘述者說海水曾經可以飲用是不對的，但他說鹽化作用還在持續則是正確的。這裡所說的鹽可多了！瑞秋·卡森在著作《大藍海洋》（1951年）中推測，光是一立方英里的海水，就有大約一億六千六百萬噸的鹽溶解在裡面，而全世界所有的海洋總共含有五京噸！

敘述者說飲用海水很危險，這當然是正確的。海水看起來、摸起來很熟悉，運動形式也像一般的水，但是喝下去很快就會對你造成嚴重的傷害。

首先，海洋是地球上最大的垃圾場，因此海水不可能是乾淨的。塑膠、臭氣沖天的排放物、排泄物、石油、核廢料……海裡有什麼根本連想都不敢想（但是當然我們還是想像得出來）。然而，最主要的原因是，鹽會使人體脫水。海水中蘊含的鹽量會對腎臟造成極可怕的影響，因為腎臟是人體調節鹽分的主要機制。攝取海水致死會是一幅非常恐怖的景象：起初，你會變得更渴；再來，你會劇烈頭痛、肌肉痙攣；心律會開始飆高；你很快就會感到噁心，接著出現譫妄現象；最後，器官衰竭後，你會陷入昏迷，然後死亡。所以，就像敘述者所說的，絕對不要喝海水！

根據赫拉斯·貝克所說，故事中使用的「可哩／可啦」（crick/crack）手法是加勒比海地區的人在說故事時吸引聽眾注意力的方式，就像在說：「大家準備好了嗎？大家都在聽嗎？」「有，我們準備好了，我們在聽。」這是一種「社交」（phatic）裝置，世界各地的說話者都會使用，包括口述故事的敘述者。「社交」這個詞在這邊指的是不包含任何實用資訊的話語，目的只是要確定溝通已經確立好且在運作中。

這個故事屬於一種歷史悠久、地理分布範圍很廣的民間故事類型。其中，最為人所知的版本或許是迪士尼的電影《幻想曲》（Fantasia，1940年）當中的一個段落〈魔法師的學徒〉：可憐的米老鼠想用咒語把師

父的工作室整理乾淨，但成果卻比預期的還要過頭。這種故事的起源可從法國作曲家保羅・杜卡（Paul Dukas）和德國作家歌德（Johann Wolfgang von Goethe）一路回溯到中世紀和古代世界。有兩個層面值得注意：第一，這講到了創造者對自己所創造的東西失去控制的概念；第二，這呈現了創造者原先的意圖被改變之後的結果。許多廣為人知的神話都蘊含這些層面，包括所有神話當中最根本的那個：人類跟創造人類的神祇之間的關係。這類神話想要提出的問題是：創造物虧欠創造者什麼？子女虧欠父母什麼？忠誠？服從？還是愛？《創世記》、《失樂園》、《科學怪人》、《銀翼殺手》（Blade Runner）及其他數也數不清的故事，都有問過這些問題。

不過，這些哲學思考離這個以加勒比海窮苦漁民為主角的單純故事太遠了。故事人物過著令人不滿的現實生活，因此在意外接觸一個魔法體系後，起初好像得到很多好處。然而，這個故事其實是要告誡讀者，亂碰你不了解的事物會帶來危險。在歌德創作的〈魔法師的學徒〉民謠版本（1797年）中，學徒怨道：「請神容易送神難。」這句話後來變成德文俗諺。

你會發現一件相當有趣的事，那就是魔鬼很常出現在民間傳說中。這顯示，人類從古至今都對魔鬼充滿了好奇（與恐懼）。魔鬼有時候是邪惡的（如第一段比喻的那樣），有時候則親切和善得令人覺得好笑，例如我們讀到一個正在度假的魔鬼決定幫助一個不知所措的人類，卻只要求一塊香腸做為回報。相形之下，在歌德另一個比較知名的文本《浮士德》中，想要魔鬼出手幫忙，代價卻是你的靈魂。

最後還有一件事情值得注意。我在最開始的地方提過，這是大海故事最重要的特徵之一。然而，這其實也是有關你我的故事，因為我們體內的血液含有鈉、鉀、鈣，比例幾乎跟海水一模一樣。或許，我們會受到海洋的吸引，是因為從分子的層次來看，我們感覺自己也是由同樣的東西製成的，會受到同樣的作用所影響。

可哩！

絲卡蒂與
尼約德的短命婚姻

一名女子站在於阿斯嘉大殿集合的眾神面前。名叫奧丁的神祇起身對她說：

「夏基之女絲卡蒂，告訴眾神妳為什麼來此，還穿著戰甲、手持巨弓。」

「阿斯嘉的眾神，你們十分清楚我來這裡的原因。」她回答，兇狠地看著齊聚一堂的神祇。「我是來報殺父之仇的。」

奧丁說：「告訴我們整件事的來龍去脈，這樣大家都能清楚事情的始末，再做出決定。」

絲卡蒂說：「眾神之父，您、海尼爾和詭計之神洛基，有天來到先父的土地，在那裡宰殺一頭牛當晚餐。先父化身老鷹，要求分食，卻遭到洛基拿棍棒攻擊。先父拖著這個騙子穿山越林，直到他的身體幾乎就要被破壞，因此他哀

絲卡蒂思念森林（Skadi yearning for the forests），W・G・科林伍德（W. G. Collingwood）所繪，取自《舊或詩體埃達》（The Elder or Poetic Edda），1908年，W19/2038

求饒命。先父告訴洛基,他必須發重誓,答應把女神伊登的珍貴蘋果帶來給他,也就是阿斯嘉的居民維持青春美麗所仰賴的果實。詭計之神答應了。

「洛基告訴伊登,他在約頓海姆附近的果園發現了比她的蘋果更好的蘋果。她跟著他去那裡,於是我的老鷹父親抓住伊登,將她和她那些神奇的蘋果帶回雷鳴家園,也就是我們座落在雪山裡的居所。這些是他告訴我的。」

奧丁說:「我可以繼續說下去。這裡的眾神得知伊登的蘋果不見了,全都很震驚。我們快速老去,無法想像的死亡步步逼近。我們做了每當遇到麻煩一定會做的事情:把洛基叫來。」

「在被脅迫之後,他才招了我們剛剛聽妳說的故事。我嚴峻命令他想辦法把女神和她那些賦予生命的蘋果帶回阿斯嘉。」

洛基接續故事:「我借走女神芙蕾亞的鷹隼羽衣——反正她又沒有要用!我趕緊飛去約頓海姆,發現巨人夏基不在,便將伊登變成麻雀,跟她(和她的神奇蘋果)一起準備飛回阿斯嘉。」

絲卡蒂說:「我和先父狩獵回來,發現戰利品不見了。我們看見遠方有一隻鷹隼,爪子握著一隻麻雀,正迅速飛向眾神的國度。先父立刻化身為老鷹,追趕上去。」

尼約德思念大海(Njord yearning for the seas),W·G·科林伍德所繪,取自《舊或詩詞體埃達》,1908 年,W19/2038

奧丁說：「我們在阿斯嘉的城牆上看見洛基帶著伊登和蘋果飛近，也看見夏基緊追在後。我們顯然會遭到攻擊，因此我們想出一個防禦計畫，在牆上放置一堆堆的木頭，並施予咒語。洛基一飛進來，木堆就熊熊燃燒起來。然而，緊追在後的老鷹沒有及時停住，羽毛著火後掉進堡壘，我們便把他殺了。」

絲卡蒂握緊她的弓，說：「因此我來這裡報仇。」

奧丁說：「等等。我們並不否認我們在這哀傷的故事中應該負起一些責任。我們已商討過，決定給妳兩樣東西做為彌補。第一，我會將令尊的雙眼放在夜空中，像星星一樣發出明亮的光芒，讓世人永遠不會忘記他的名字和事蹟。第二，妳可以在齊聚於此的眾神之中挑選一位當丈夫，但有一個條件：妳只能憑他們的腳選出妳的丈夫。妳接受這些禮物和條件嗎？」

絲卡蒂看了看面前站著的神祇，有一個外貌她蠻喜歡的，是奧丁的二兒子。他叫作巴德爾，是阿薩神族中最有智慧、最懂口才、最俊美的神。

她眼神熾熱地盯著巴德爾，說：「我接受這個條件。」

事前準備完成，絲卡蒂在看過所有的腳之後，選了她感覺肯定是屬於巴德爾的那雙腳。但，她猜錯了。那雙腳的主人真面目揭曉後，絲卡蒂發現自己選到的是尼約德，也就是掌管風和海、保護航海者和漁人的神祇。這位神祇和這位巨人提防地互看。尼約德說話了：

「我們兩人恐怕都不滿意這樣的安排，但是我們已經答應了，而且這能帶來和平。所以，我的新娘子，就讓我們出發前往我那萬物齊備位於諾歐通（Noatun）的濱海殿堂，享受鹹鹹的海風與浪濤的聲音吧。在那裡，我們或許能找到相敬如賓的方法。」他準備離開，但絲卡蒂叫住他：

「我的新郎，你預設太多立場了。你認為我們一定得住在你的濱海殿堂嗎？那我父親位於群山之間的雄偉城堡——雷轟家園（Thunder Home）呢？那是我繼承的財產，我想留在那裡。」

尼約德說：「不可能，我是海神，世人凡是有海洋相關的問題都會來找我，因此我必須住在那裡。」

她回答：「我是約頓巨人族的絲卡蒂，我不棲身在殿堂裡！」

奧丁嘆了口氣，說：「有一個解決辦法，你們兩個必須住在山中的雷轟家

園九天，接著到船隻的避風港諾歐通居住九天。之後，你們就回來這裡回報。現在就去吧。」

一切按照眾神之父的要求執行了。絲卡蒂和尼約德先到白雪靄靄的高山上，住在高聳的城堡裡，接著前往在海邊被浪花沖打的殿堂。時間過去後，他們再次來到阿斯嘉特。奧丁對海神說：

「尼約德，你喜不喜歡住在雷轟家園？」

尼約德回答：「一點也不喜歡，您聽我說：

我在那裡僅僅九晚，
但我卻恨透了山巒。
在聽過
天鵝美麗的歌聲後，
誰喜歡陰森的狼嚎？」

奧丁說：「嗯，真是遺憾。那妳呢，絲卡蒂？妳喜歡諾歐通嗎？」

她答道：「不喜歡。我是這麼想的：

因為海鳥尖銳的叫聲
我在那個糟糕的地方難以入眠。
儘管我努力試過
每個早晨海鷗的嗷叫
仍然使我分心。」

奧丁說：「這樣不好，我們該如何解決意見的分歧？」

絲卡蒂說：「沒必要解決，眾神之父。諾言已經履行，但我現在明白，婚姻──或至少這段婚姻──不適合我。就讓海神回去他的居所，我要回到先父位於雪山之中的宅邸。回去後，我不會再回到眾神的領域。我要穿上雪輪，帶著我的弓狩獵高山鹿。」

事情就如她所說的那般。在遙遠的北方大陸，人們依然謠傳絲卡蒂穿著雪輪溜過冰凍高山，手持巨弓狩獵高山鹿，而尼約德則繼續住在海邊的諾歐通，嗅聞鹹鹹的海風，日夜聆聽浪濤的聲音。

反思

這則故事源自世界上偉大的神話體系之一。在北歐民族口述這些故事數百年後，十三世紀的冰島終於有人將之彙整書寫下來。有兩個主要的史料流傳至今，分別是《散文體埃達》(Prose Edda，作者可能是一位名叫斯諾里‧斯蒂德呂松〔Snorre Sturleson〕的學者）和《詩詞體埃達》(Poetic Edda，這是一部作者不詳的敘事詩合集，保存在一份手稿中，直到十七世紀中葉才被發現）。在押韻和格律等各種文學技巧方面，這些史料對後世產生很大的影響。此外，這些史料也介紹了眾多的人物和意象，諸如奧丁、索爾、芙蕾亞、布倫希爾德、諸神黃昏和瓦爾哈拉，這些都在後來的世界文化中蓬勃發展。

在整個斯堪地那維亞地區，很多地名都是以尼約德的名字命名。他不時現身在中世紀的各種文學殘遺（在《詩詞體埃達》也曾短暫出現），顯示他在大量的口述傳統中有很活躍多樣的存在。《散文體埃達》（即這則故事的改編參考）告訴我們，尼約德「住在一個叫諾歐通的天上地帶。他負責掌管風，會抑制狂暴的大海和火焰，因此航海者和漁人都會祈求他的庇護。」直到十九世紀，該地區的漁業社群仍會祈求尼約德的保佑，或在漁獲滿滿時感謝他。

絲卡蒂和她的父親夏基被稱作「約頓」，這個詞通常翻譯成「巨人」。有時，他們會被說成是「山怪」，但是這也不太準確。其實，約頓沒有被定義成山怪，他們非人非神，只是充斥在這些神話裡的超自然種族當中的一支，就好比精靈或矮人。跟那個神話世界的其他居民一樣，約頓的影響力後來因為基督教的推進而漸漸遭到壓抑。然而，他們也曾經是相當活躍的傳統，至今仍持續在北歐地區的文化想像中縈繞不去，地名、迷信、俗諺和風俗都找得到其蹤影。

偉大的主神奧丁是那個失落的異教世界中影響最深遠的人物之一。早在羅馬人於二世紀推進該地區之前，奧丁的形象就已在日耳曼各地扎根，隨著北歐民族一起遷移、貿易、征戰或定居。他到現在仍活在英語民族的世界裡，「星期三」(Wednesday) 一詞就是以他命名，他的兒子索爾（Thor，星期四的英文 Thursday 的由來）和妻子芙

麗嘉（Frigg，星期五的英文 Friday 的由來）也是。漫威系列電影跟索爾有關的分支，也大量引用這些人物所居住的世界。

在這則故事中，奧丁跟其他令人耳熟能詳的人物一起出現，如海尼爾、巴德爾和詭計之神洛基；洛基具有變形的能力，暗示他在這整個神話體系中有著模稜兩可的定位。我們應該不要忘記這些名字在尋常百姓的生活中，曾佔據多麼重要的位置，同時問問自己：我們的文化──我們對這個世界的形狀和運作堅定不移的確信──有一天會不會也像奧丁、洛基、絲卡蒂和尼約德那樣消失無蹤？英國作家尼爾‧蓋曼（Neil Gaiman）在他的奇幻小說《美國眾神》（*American Gods*，2001 年）便提出一個問題，他思索，如果人們不再相信某個世界觀，那麼代表該世界觀的人物會發生什麼事。

海洋在斯堪地那維亞及其殖民地的神話體系中會是這麼重要的場景，實在不叫人意外。畢竟，這個民族雖然住在陸地上，卻靠海而居（這裡的「靠」既是指「比鄰」，也是指「依靠」）。在世界的那個角落生活，每一個層面或多或少都會受到大海不可抹滅的存在所驅使，無論是經濟、政治體系、科技創新等等。正是因為深深沉浸在海洋文化，維京人才得以在八世紀開啟一段遷徙與征服的時代。

在沒見到面的情況下挑選伴侶，是許多文化常見的做法，但是只從腳來選擇伴侶感覺有點怪。腳當然有某種吸引力（有些人特別這麼覺得），但是奧丁為何堅持要有這個條件，或者他為何選擇腳，而非手肘或肚臍等其他同樣難以想像的部位，故事並沒有多加說明。

在這個故事中，絲卡蒂偏好山巒、而非大海，某種程度上襯托了她的怪異，也顯示這對新婚夫妻本質上毫不相容。每段感情說到底，大概就是在相似與相異之間、喜好與厭惡之間找到平衡（絲卡蒂討厭海鷗的這點，在這本書的其他故事也有被反覆提及）。因為不知道該住在哪裡而分開的伴侶，絕對不只有絲卡蒂和尼約德。不過，我可以很喜悅地說，根據某些文獻，這兩個人在這短暫而遺憾的婚姻後，後來都有各自找到充滿意義的歸屬。

創始故事

不願嫁人的
女孩

賽德娜跟父親一起住在遙遠的北國，她的母親在賽德娜還是個嬰孩時便去世了。她漸漸長大成人，村裡的獵人開始注意她。她強健又美麗，父親是個重要人物，能娶到她是很棒的事情。

寧久庫魯・提威（Ningiukulu Teevee），《賽德娜的創造》（*Sedna's Creation*），2019 年，石雕印刷畫，由多塞特美術協會獲准重製。

蛇妖、賽蓮、漩渦

然而，賽德娜拒絕了所有提親。她會跟追求者打趣嬉鬧，盡可能和善有禮，但她從不鼓勵他們的追求。賽德娜似乎過得很滿足，白天照顧父親，晚間在村子的營火旁聆聽人們述說四季變換的故事。

賽德娜不願嫁人這件事，在村裡造成磨擦。有一天，一群長者來找她父親，說他應該逼女兒在合適的少年之間選一個。她的父親靜靜聆聽，接著回到帳篷，賽德娜正在做菜。

他問她：「妳為何不嫁人？」

她答道：「沒什麼理由，就是不想嫁。」賽德娜的父親聽見這個答案，十分不悅。

他說：「春天來臨時，妳必須選一個人。」然後他們便不再談論此事。但，父女之間從此變得冷淡。

冬天一如往常般艱苦，大家都很期待春天到來，只有賽德娜不是如此。白天越來越長，冰雪開始融化，一名陌生的獵人來到村莊。他很受歡迎，也很勇敢，雖然說話有點大聲。不久，他開始關注賽德娜。某天，他捕了十二條美麗的魚，綁在竿子上後，前去拜訪賽德娜的父親。

他把魚遞給他，說：「這是禮物，如果你讓我娶你女兒，我會送你更多。」

賽德娜的父親叫她從帳篷出來。

他對她說：「妳要嫁給這個男人，現在就去問問年長的婦女怎麼籌備。」

可是，賽德娜說她不想嫁人。獵人饒有興味地看著賽德娜的父親又是威脅、又是拐騙，無論說什麼都無法改變賽德娜的心意。最後，他叫她回去帳篷，等他進去找她。

賽德娜照做了，兩名男子繼續談話。

過了一段時間，她的父親進到帳篷。

他說：「請原諒我，孩子，我真希望妳的母親能夠在這裡告訴我該怎麼做。我們先吃點東西吧，看看明天會怎麼樣。」

吃完飯後，他準備了一些熱茶，兩人在火光中慢慢啜飲。賽德娜開始睏了。她只記得自己盯著餘火，然後就被黑暗席捲。

賽德娜醒來後，發現自己在一個奇怪的地方。她好像躺在一個用枝條和海

帶築成的巢，位於懸崖邊緣的頂端，四周有很多鳥，個個都在吱吱喳喳叫個不停。突然，一隻巨大的海鳥降落在她面前。原來是那名陌生的獵人，只是他現在變回原形——一隻暴風鸌（fulmar）。

他說：「這裡是妳的新家，而這是妳的早餐。」他把一條扭動的魚扔到她腳邊。賽德娜看看那條魚，看看這個巢，又看看在她身邊吵鬧不休的鳥兒。她雙手摀著嘴，表情相當驚恐。

那隻鳥說：「我是不是很會捕魚？嫁給我妳應該要很驕傲。」

賽德娜用頭髮摀住臉，開始哭泣。她對自己的命運——住在這個怪異的鳥類社群裡與世隔絕——感到驚愕，但更令她驚愕的是，她的父親竟然為了魚把她賣給暴風鸌。

春天漸漸變成夏天，夏天慢慢變成又冷又黑的冬天。在這整個期間，賽德娜都住在崖頂上，被冷風吹襲、遭冰雪凍僵，只有生魚可吃、吵雜的海鳥為伴。

春天再度來臨，賽德娜的父親有些良心不安，心中湧起一股很想見見女兒的念頭。他划著獨木舟，來到暴風鸌獵人帶她去的那座懸崖，接著慢慢爬上崖壁，海鳥一路圍繞著他尖叫。終於，他爬上崖頂，看見賽德娜不開心地坐在暴風鸌的巢穴裡。儘管對父親仍有埋怨，她還是跑上前擁抱他。當他看見賽德娜被迫住在那樣的環境，他很生氣，憤怒中夾雜著愧疚。

暴風鸌大叫一聲，降落在他們旁邊一個突起的海角上。

他高傲地說：「老頭子，是什麼把你帶來我的地盤？」

賽德娜的父親從懸崖上撿起一塊石頭，使盡全力擲向暴風鸌。石塊擊中他的頭部，他往後倒，接著慢慢滾下懸崖，沿路撞到突出的石頭、驚擾歇息的鳥兒。他的屍體消失在崖底的碎浪之中，幾乎沒有激起水花。

馬上開始吹起一陣風。

賽德娜的父親說：「這是鳥靈在憤怒暴風鸌之死，我們得趕緊離開。」

兩人小心翼翼爬下懸崖，風吹得更強、更狂了。他們快速爬進獨木舟，開始在洶湧的海面上奮力划槳。然而，沒多久，海浪便從小船的側邊潑了進來，好似要將它翻覆。

面對即將到來的死劫，賽德娜的父親很後悔他近日的行徑。憤怒是暫時

的，死亡卻是永久的。他知道鳥靈需要被安撫。

他在呼嘯的狂風中大吼：「女兒，我有一件事要做，但卻不敢。」

她回喊：「父親，做你必須做的吧。」

他陰沉地點點頭，站起身，把女兒從獨木舟抱起來，扔進洶湧的大海。

賽德娜緊抓著獨木舟的邊緣，手指開始凍僵。她哭道：「父親，風變弱了，你快救我。」他回答：「女兒，不行。」他從腰帶中拿出雪刀，用力砍斷她右手的食指。手指掉入久候的海浪之中。但，她仍繼續緊抓著。

她又喊：「父親，快將我拉回獨木舟。」

他回答：「女兒，我不想。」他再次用力一砍，砍斷同一隻手的中指。這和第一根手指一樣緩緩沉到冷冰冰的深海。

賽德娜喊道：「父親，我不得不鬆手了，但你還是可以救我！」「女兒，放手吧，我救不了妳，也救不了自己。」語畢，他再次揮刀一砍，砍斷她右手的小指頭。

賽德娜真的放手了，緩緩沉入海底。但，她沒有死，而是化作族人的偉大海神。從她右手砍下的那些手指則化身為北海的溫血動物，分別是海豹、海象和鯨魚，牠們的肉、皮毛、油脂、牙齒和骨頭到今日都還是賽德娜的族人賴以為生的東西。

反思

因紐特女神賽德娜的傳說遍布格陵蘭和北美洲北部的廣大北極荒原。現存的版本很多，顯示這個故事相當古老且根深蒂固，而這位女神所擁有的許多名字則告訴我們，她在文化相似但地理範圍分布很廣的不同族群中，扮演很多不同的角色。儘管有這麼多樣的存在，海洋之母的核心神話卻始終如一，這裡描述的版本便結合了賽德娜的傳說常常出現的橋段。

其中一個橋段是這則故事篇名的由來，那就是一個不願嫁人的女孩，有時候會寫成「只願為了愛而嫁人的女孩」。「愛」這個條件當然是相當有問題的。保守地說，我們其實無法確定愛在人類的婚姻制度所發揮的功能。從另一個脈絡中，我們可以想想在珍．奧斯汀的《傲慢與偏見》中，女主角伊莉莎白．班奈特、她的妹妹麗迪亞和她的朋友夏綠蒂．盧卡斯之間有什麼不同。這三個女人對於愛情和婚姻之間的關係都有很不一樣的看法。

然而，賽德娜似乎不是那一種女孩。無論是什麼原因（我在這裡刻意不加以揣測），她就是不想擁有伴侶。這就使她在傳統的社群中變得很有問題，因為對這個社群而言，婚姻是一個重要的經濟與文化制度。賽德娜發覺自己竟然被拿來跟食物交換時，感到非常震驚，但是很遺憾，這其實沒那麼令人震驚。未婚女子的污名是歷史悠久、根深蒂固的父權主義的另一個產物。

認為未婚女子會帶來問題的其中一個人，便是她的父親。我們應該可以說，整個文化史上，父女關係向來不如其他的世代關係那麼重要，諸如父子、母子和母女關係。

儘管如此，西方文學史在這個主題上給了我們一些有趣的例子。例如，我們可以想想在莎士比亞戲劇裡，李爾王和寇蒂莉亞、凱普萊特與茱麗葉、勃拉班修和苔絲狄蒙娜、巴普提斯塔與凱瑟麗娜這幾對父女之間的複雜關係。在每一個例子中，戲劇的張力都來自堅守傳統的父親與堅持自由的女兒所引起的衝突。賽德娜和她的父親雖然離莎士比亞的世界很遙遠，但是我們還是可以看出相同的動態。

「禽鳥愛人」是另一個世界各地都找得

到的神話主題。勒達與天鵝（Leda and the Swan，天鵝其實是天神宙斯的化身）的故事，就是一個相當著名且被改編多次的例子。在歐洲的民俗故事裡，禽鳥有時是被施了法術的貴族，需要美麗的女士前來解放他，使他變回人形。跟阿拉伯和中亞地區的傳統一樣，這個次領域常常形塑一個父親的角色，而施法的人就是這位父親。

美洲在被征服之前，鳥類似乎在這個地區的宗教體系中扮演了重要的角色。這在現代以前的文明是很典型的：所有的生命體──所有的動植物──都被融入一個全面的世界觀。從南方的火地島到北方的哥倫比亞角，都找得到大量的神話和傳說有鳥類扮演各種不同的角色。大部分的時候，這些角色都會反映人類認為該鳥種所擁有的性格。因此，老鷹往往是一位充滿勇氣的領袖，烏鴉則經常被描繪成無恥狡詐的騙子。暴風鸌則跟全世界的海鳥一樣，在自己的地盤上是成功的操縱者，但也相當貪婪、兇狠、為了目標毫不留情。

斷指橋段在賽德娜的許多故事版本都有出現，持有不同理論的評述者花很久的時間做了各種富有創意的揣測，想知道這代表什麼。從表面上來看，這是在對手無寸鐵的無辜之人做一件非常殘酷的事。無論如何，賽德娜的斷指會化身為對社群很有價值的動物，是在強調她的神格化。

2003年，有一支美國太空團隊發現一顆矮行星繞著太陽系最外圍運行。起初，他們把這偏遠的世界稱作「飛行荷蘭人」（因為這顆行星也很孤獨、漂流不定），但是後來他們改變了主意。2010年，一位團隊成員寫道：

> 我們最新發現的天體是太陽系已知最寒冷、最遙遠的地方，因此我們覺得將它以因紐特海神賽德娜的名字命名最為恰當，因為人們認為這個女神住在冰凍北冰洋的海底。

這無疑是一種讚美。但，其實還有另一個世界：在那個世界裡，賽德娜沒有躺在冰冷的海底，而是晚間坐在村裡的營火旁，單身未嫁、無憂無慮，聆聽四季變遷的故事。

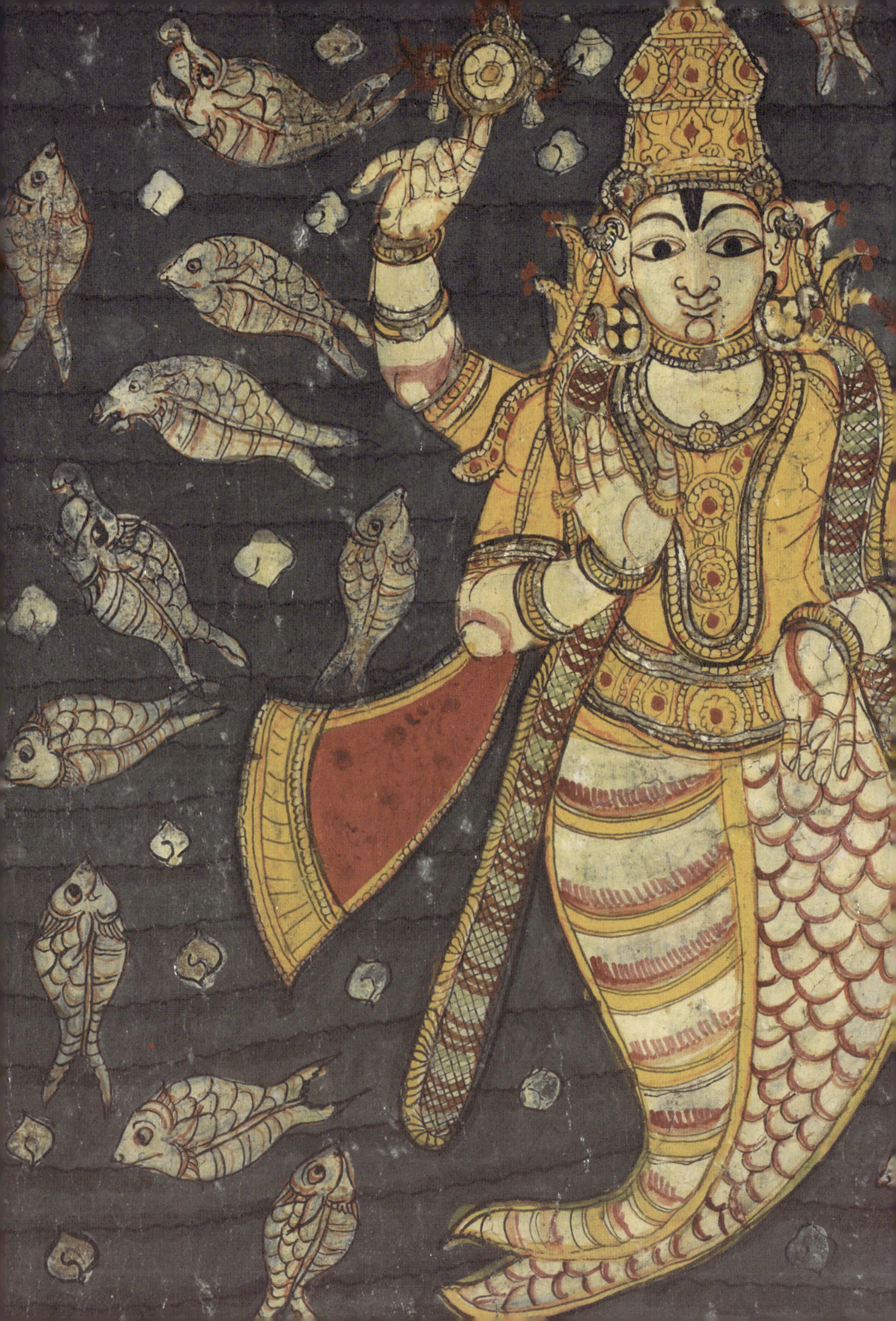

神與人類

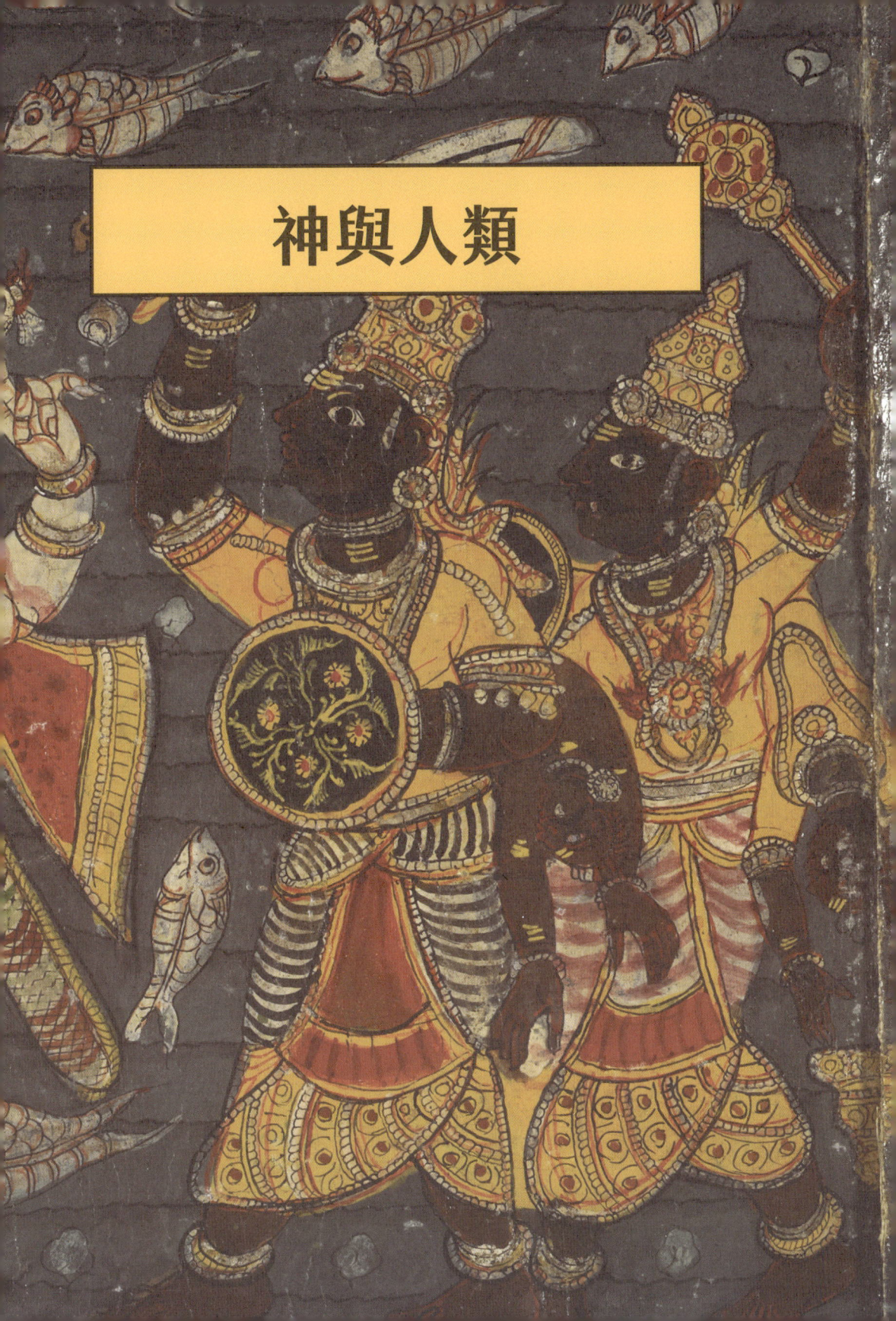

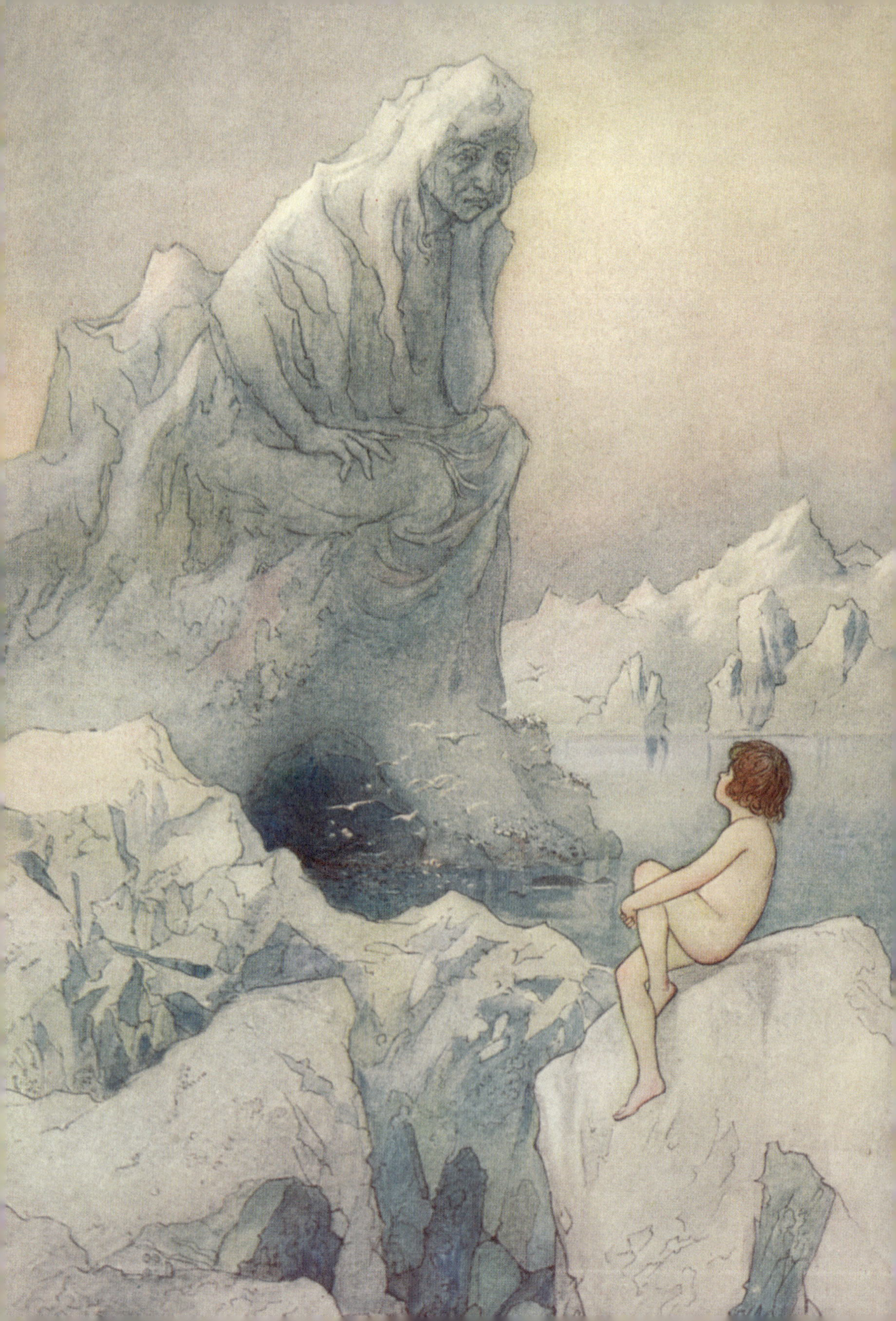

一切都發生在海裡，鹽裡
在那裡，神即是愛，只是沒有言語：
阿芙蘿黛蒂是鯨魚的快樂妻子，很快樂！
維納斯在魚群之間跳躍，是一隻雌海豚；
她是快活欣悅的鼠海豚，穿戴愛與海洋；
她是一隻雌鮪魚，在雄魚之間快樂繞圈，
流著快樂的血液，黑暗的彩虹祝福沉在海底。

D・H・勞倫斯，〈鯨魚別哭！〉(*Whales Weep Not!*)

世界各地的海神名單眾多。其範圍囊括每一個有人居住的海洋社會，如阿爾巴尼亞、澳洲、美索不達米亞和墨西哥。大部分的人都能說出幾個海神的名字，但是如果仔細檢視，會發現這個傳統規模相當龐大。

迦南地區的海神名叫閻（Yam），是巴力的敵人、風暴的統治者，住在深淵的宮殿；亞美尼亞的佐維納爾（Tzovinar）是大海兇悍的女兒；安菲屈蒂（Amphitrite）是波賽頓的妻子和海豚的母親；譚公（Tam Kung）是港澳地區的民眾會祭拜的天氣預知之神；埃吉爾和瀾（Agir and Rán）是古北歐文學裡的海洋化身，海浪是他們生下的孩子；中國的海神媽祖會在海裡尋找需要幫助的水手；會變身成不同型態的土耳其神祇達賴汗（Talay Khan），負責控制潮汐，保護所有的海洋居民；日本的龍神是大海的守護神；凱爾特女神尼哈勒尼亞（Nehalennia）會監管海洋貿易；騎著鱷魚的伐樓拿（Varuna）是印度的海神；印尼女神提毗蘭札（Dewi Lanjar）會偷走海灘上的孩子，彌補自己生前從來沒生小孩的遺憾；越南的翁魚（Cá Ông）會拯救風暴中的水手；族繁不及備載。

———

前頁滿版：毗濕奴和魚，馬度拉的舒卡靈根婆羅門寶塔聖畫的副本（十八世紀），Add. MS 15504, f. 17

對頁：凱莉媽媽，沃威克・戈伯爾（Warwick Goble）所繪，
取自《水孩子》(*The Water Babies*)，1909 年，K. T. C. 32.b.5

這份清單雖然不是毫無止盡,但如果你想要全部查完,別忘了先拿個坐墊。

此外,還有一些神話角色,雖然跟任何正式的宗教體系沒有關聯,但卻依舊活躍在許多海洋社群的民俗想像。在英語文化裡,戴維・瓊斯(Davy Jones)被認為是海中的魔鬼。說一個人住在「戴維・瓊斯的箱子」,這種用法最早出現在十八世紀初期,意思是他消失在大海(有一個理論認為,「瓊斯」是「約拿」這個名字的訛用)。另一個沒那麼常見的人物,是有時被認為是瓊斯之妻的凱莉媽媽,她的名字源自拉丁文的「寶貴母親」(Mater cara)。她同樣是殘酷大海的

《玉取遭龍王窮追不捨》(*Tamatori Being Pursued by the Dragon King*)，歌川國芳（Utagawa Kuniyoshi）創作的雕版印刷（約 1844 年），華沙國家博物館

擬人化身，也想要把水手攬在她那毫無母性光輝的懷裡，一起沉到海底。其他的民俗人物還包括：俄羅斯的薩特闊（Sadko），他為了平息海洋沙皇的怒氣而犧牲了自己的生命；美國的斯托馬隆（Stormalong），他是一艘宛如摩天大樓的巨船的船長，也是無數水手歌謠的主角，一直流傳到十九世紀。

這些原型人物全部都帶有當地的色彩。也就是說，他們有一些特點跟當地的地理、氣候和社會組織直接相關，有一些特點則較為通泛。

大海有時蔚藍和藹，有時黑暗憤怒，神祇可以幫助我們理解這些差異。這

《涅普頓與安菲屈蒂的勝利》
(*Triumph of Neptune and Amphitrite*),1614 年,
阿姆斯特丹荷蘭國家博物館

次頁:《龍神獎賞秀鄉三樣禮物》(*Dragon God Rewarding Hidesato with Three Gifts*),
歌川國芳創作的雕版印刷(1858 年),
明尼阿波利斯美術館

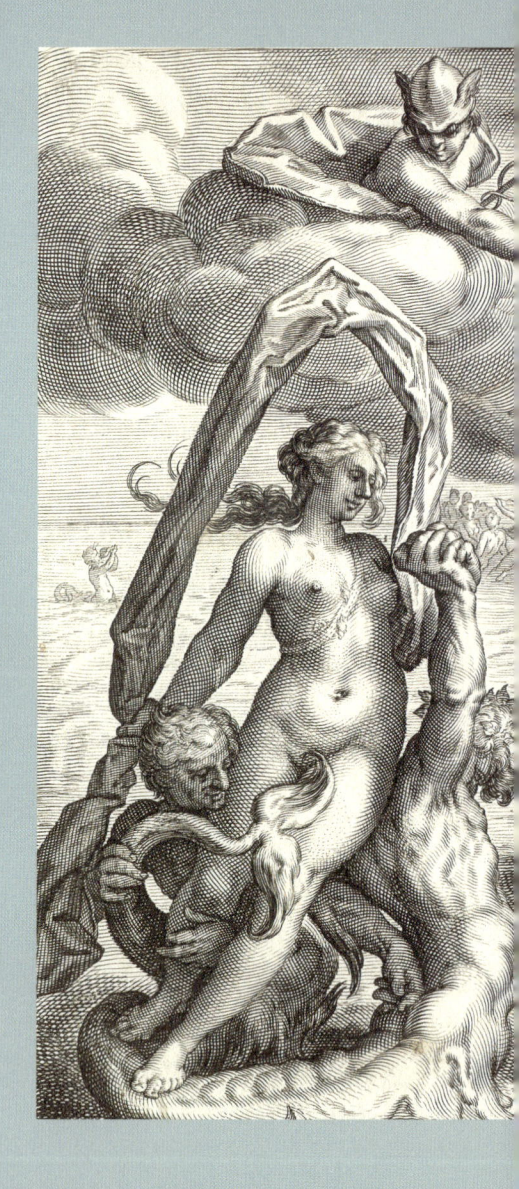

些神祇有的雖然是在完全遠離人類的神界活動,但是大部分的時候,他們最主要的興趣是跟人類之間的互動,以及某些特質如何影響人類的海洋體驗,諸如天氣、潮汐、海洋生物,以及人類為了利用海洋資源所發展出來的科技。

在這個章節,我們會讀到四則故事,都跟人類和世界各地的海神有關。玻里尼西亞的神祇毛伊耍詐,跟哥哥一起出海捕魚,結果在海底找到一個非常驚人的東西;超強泳將勒安得耳(Leander)從女祭司戀人赫洛那裡得到跟他想

要的不一樣的東西;一位卡關的作家從威爾斯神祇迪倫・艾爾・唐(Dylan ail Don)的傳說中獲得心靈養分;約拿躺在巨獸的肚子裡一邊等待,一邊思索神性、命運與地理。每一則故事都將人類與生俱來的三種衝動戲劇化,而這些衝動全都形塑了人類在地球上的生活。這三種衝動分別是:講故事的需求;為這些故事賦予「神祇」的角色,且讓這些神祇都有某些理想的人類特質;把大海變成這些故事的背景和反覆出現的主題。

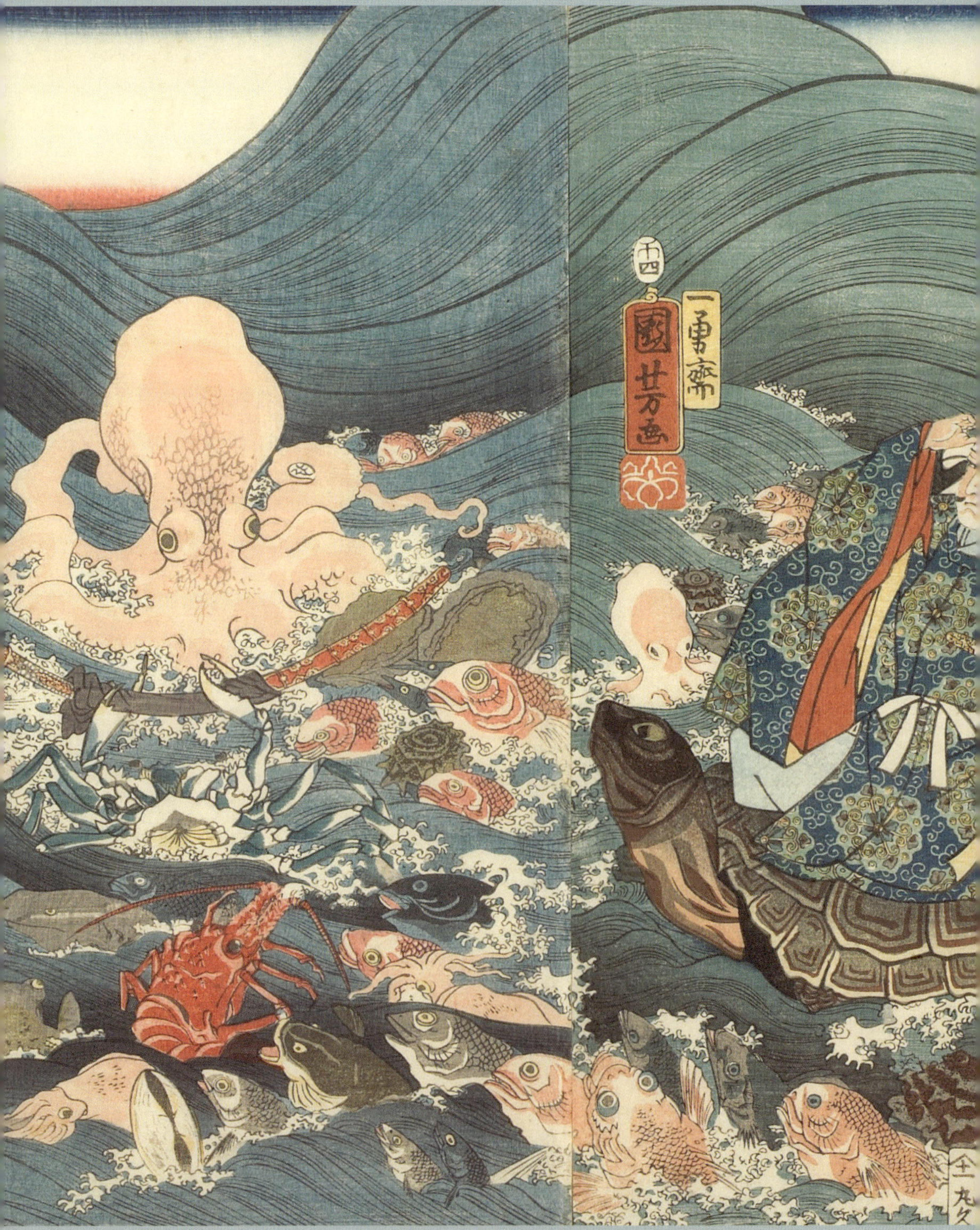
一勇齋
國芳画

田尻將大秀郷

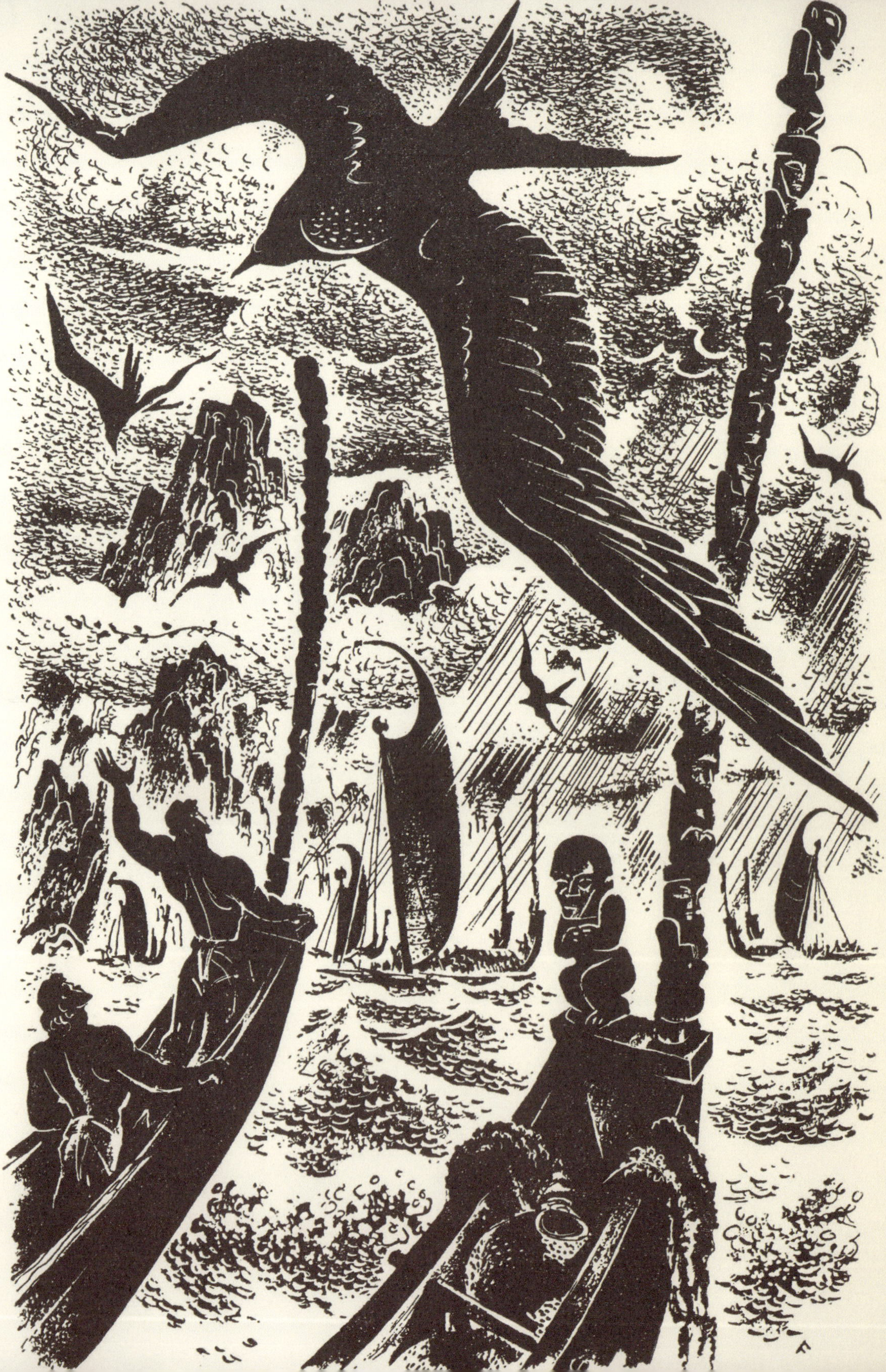

毛伊和哥哥
一起出海捕魚

毛伊（Maui）誕生時發生了一些事件，使他跟大海向來有特殊的情誼。事情的經過是這樣的：

有一天，一個名叫塔蘭加的孕婦在海邊散步時，羊水提早破了。她生下一名小男嬰，但是嬰兒瘦小虛弱，塔蘭加認為他活不了。她遂鬆開自己的髮髻，用一顆尖銳的石頭割斷一些茂密的長髮，接著用頭髮裹住小男嬰，將他扔進海裡。

然而，嬰兒沒有死。先是有海草包住小男嬰，接著風又把他吹上岸。小男嬰掉在一隻擱淺的水母上，水母也把他包起來，進一步保護這可憐的孩子不被蒼蠅或海鷗侵犯和吞食。此時，塔瑪努基塔蘭加（Tama Nui Ki Te Rangi）大步走向沙灘，很納悶到底是在騷動什麼。他解開被頭髮、海帶、水母層層包覆的扭動小包裹，訝異地發現裡面是個小嬰兒。塔瑪努基塔蘭加在水邊溫柔地清洗他，接著把寶寶帶回小屋。他在那裡活了下來，長大變成毛伊蒂奇蒂奇塔蘭加（Maui Tikitiki a Taranga），意思是「塔蘭加髮髻裡的毛伊」。

基於一些原因（他非凡的出生經歷、卓越的天分和厚臉皮的性格），毛伊的四個哥哥向來都不是很喜歡他。某天晚上，他聽到他們悄聲說隔天要去捕魚。

大哥毛伊穆娃說：「天亮前一小時。記得，千萬別告訴毛伊！」

毛伊露出笑容。那晚，他用祖先穆莉蘭加惠努娃（Muti Ranga Whenua）送給他的魔法顎骨的碎片，熬夜製作了一個特別的魚鉤。他完成後，便偷偷跑到

對頁：約瑟夫・費海爾（Joseph Feher）所繪的插圖，取自《風中的聲音：玻里尼西亞的神話和歌曲》（*Voices on the Wind: Polynesian Myths and Chants*），1955 年，X902/879

神與人類

港口，躲在哥哥的獨木舟底部的板條下。

果不其然，在黎明前一個小時，四個大男孩悄悄爬進前一晚放了捕魚用具和糧食的獨木舟。他們在輕柔的微風中划過珊瑚礁，此時太陽才正要給天空染色。

幾個哥哥剛要慶幸自己的計謀成功了，毛伊卻笑嘻嘻地從下方冒出來。其他人看見他都很生氣，大哥甚至堅持馬上放棄出海。

毛伊拿了一個撒餌勺，說：「不，沒抓到魚就回去沒有意義，大家都會笑。你們釣魚，我來放餌，沒問題的！」

他開始將獨木舟底部的水撈掉。在猶豫了三道波浪之後，毛伊穆娃深深嘆了口氣，向弟弟們點點頭，表示他們得允許這麻煩的小弟留下來。他們準備定錨，但是毛伊話還沒說完。

他說：「不，不要停在這裡，這裡的魚沒用，遠一點的比較好。」

現在爭執已經太晚了，於是哥哥們只好將獨木舟越划越遠、越划越遠。但，每次他們想定錨開始釣魚，毛伊總是搖搖頭：「不要停在這裡，遠一點的才大，繼續划。」

他們划到看不見自己的島嶼了。

最後，毛伊總算說：「到了，把你們的魚線放下去，看看會發生什麼事。」

哥哥們照做，馬上就全部開始釣到美麗的大魚。不出幾分鐘，獨木舟便因為前所未有的漁獲量而開始傾斜。當然，他們都很開心。

毛伊穆娃說：「謝謝你，毛伊蒂奇蒂奇。我們回家吧，趁這些美麗的魚腐敗之前拿給爸爸媽媽看。」

「別這麼急！」毛伊說，從衣服下方拿出他的魔法魚鉤。「換我了！」

哥哥們疑惑地互看，毛伊則把魚鉤接在一條沒有用到的魚線上。

他們問：「你的魚鉤是從哪裡來的？」他回答：「我做的。有魚餌嗎？」

他們假裝失落地說：「抱歉，沒餌了，都用完了。算了，我們現在可以回去了吧？」

毛伊說：「沒問題。」他們驚訝地看著弟弟用力揍了自己的鼻子一拳，鮮血直流，毛伊快速把一些血抹在魚鉤上。他一邊唸著他知道對這件事有利的咒

語，一邊將魚鉤舉在頭頂上越來越大力地甩圈。最後，毛伊把魚線盡可能拋向遠方，魚鉤發出潑濺聲，開始慢慢沉入海底。似乎過了很長一段時間後，毛伊終於輕聲說：

「我好像有捕到什麼了，很大！」

毛伊奮力拉扯魚線，海浪開始拍打獨木舟，還變得越來越大，令哥哥們相當驚懼。可是，無論他們怎麼威脅或央求，他都不肯鬆手。太陽在天上慢慢移動，毛伊依然努力要將這條大魚拉出水面。大海翻騰攪動，小小的獨木舟在浪濤之上瘋狂亂舞。毛伊穆娃和其他人當然都很不悅，但是他們也很怕自己會在距離陸地這麼遠的地方沉船。然而，他們只能驚奇地看著毛伊氣喘吁吁、使勁全力，終於設法將抓到的魚拉出水面。這條魚一直延伸到遠方，大到他們看不見盡頭。

毛伊恢復正常呼吸後，說：「我必須去感謝唐加羅瓦賜予我這美妙的禮物。在我回來之前，請什麼都不要做。」

語畢，他從獨木舟跳進水裡。但，哥哥們很快就從驚訝的情緒中恢復。他們嘻笑打鬧，興奮地跳到魚背上，討論應該如何分割這條魚。討論變成爭論，爭論變成爭執，爭執又變成爭吵。幾分鐘後，毛伊回到船上，卻發現四個哥哥在彼此扭打、推擠、叫喊。毛伊穆娃亮出一把刀。

他在吵鬧聲中大喊：「我年紀最大，這一塊是我的！」他把刀子刺進巨魚的皮膚，結果他們腳下的魚身立刻就開始發出轟隆隆的聲音，不停地蠕動、抽動、扭動。

害怕小命不保的他們趕緊跳回獨木舟，用最快的速度划走。

他們沒有目睹巨魚漸漸變硬成為陸地，沒有看見魚身出現高山與深谷。他們也沒有看到，內陸後來長出茂密的森林，柔軟的邊緣則長出便利的海灣和港灣。這條巨魚後來變成奧特亞羅瓦（Aotearoa）*的北島，但之後住在這裡的人有的記得它的起源，於是稱它為特伊卡毛伊（Te Ika a Maui），意思是「毛伊的魚」。

---

* 譯註：毛利人對紐西蘭的稱呼，意思是「有著長長白雲的土地」。

神與人類

反思

毛伊跟賽德娜一樣，在一個幅員廣闊的地區以許多不同的神話樣貌存在著，只是這裡是指遼闊的南太平洋。毛伊是一場大遷徙的產物，這起民族遷徙從史前時代的東亞開始，接著散布到西方和南方，遍及漂浮在那片無邊無際的水世界的大小島嶼。說它「無邊無際」當然是不正確的，現代科學其實已經測出這片海洋的面積，用各種評斷標準加以命名、量化、測繪和描述。然而，早期那些航向未知的群體沒有理由去質疑海洋和（他們此時相當熟悉的）陸地的比例：一個又小又有界限（陸地），一個龐大且看似毫無邊界（海洋）。對那些人而言，大海無邊無際肯定是不容置疑的事情，是他們生老病死背後的重要現實。

玻里尼西亞神話的蒐集與保存過程，幾乎就跟神話故事本身一樣精采。這些神話原本保存在民俗記憶中無數個世紀，後來在十九世紀被不同人寫下來，包括當地原住民和殖民者。其中一個重要的早期文獻為喬治・格雷爵士（Sir George Grey）在1854年完成的《先人事蹟》（Nga Mahi a Nga Tupuna），這後來變成他自己出版的英文版《玻里尼西亞神話》（Polynesian Mythology，1855年）的來源文本。格雷大概是當時最具權威的當地史料（除了神話和民俗傳說，還有歌曲）蒐集者與翻譯者，不過後來也有學者指出，他傾向將多元的當地傳統一律歸在單一的「毛利」身分認同。

格雷是英國在整個南太平洋進行殖民計畫的關鍵人物。當過兩任總督之後，他在1877年成為紐西蘭的總理。跟同時代的理查・波頓爵士（Sir Richard Burton，我們之後會在辛巴達水手的故事提到他）一樣，格雷也擁有眾多天賦，對探險、語言、神話、蒐藏和歷史的興趣，支持了他的殖民行政長官職務。格雷對紐西蘭原住民的文化十分狂熱，做了很多研究，後來對該國的現代文學產生相當深遠的影響。

從哥倫布的時代開始，認識有別於歐洲的文明就變成剝削和支配這個文明的部分過程。我們可以很佩服格雷對毛利文化的熱情，但是同時也得承認他的版本被框在典型的殖民思維之中，認為這些史料源自一個「幼稚可笑」（這邊直接引述他的話）的文化，非常需要歐洲基督教白人的資助。對現存史料最早表達同理的現代譯者安東尼・艾伯斯（Antony Alpers）特別大力批評白人殖民者對這些故事抱持的「傳教心態」，也就是儘管沒有明說，卻隱含一種假定，認為這些多采多姿和輕鬆嬉鬧的神話是一個無信仰的野蠻文化的產物。

翻譯本就充斥著權力和挪用的問題，但在殖民脈絡下，這種情況會更加劇。誰得以發聲？誰遭到噤聲？源自一套社會歷史環

境的語言概念要怎麼用另一套社會歷史環境的語言翻譯？故事能夠被任何人「擁有」嗎？

世界各地許多神話體系和民間故事都有詭計多端的神祇角色，毛伊便是其中一個。詭計之神通常很喜歡逾越界線、打破規矩和變換形體。這本書有很多角色都展現了類似的特質，如洛基、奧德修斯和辛巴達。像洛基這樣的詭計之神常常遊走在幽默和禁忌的邊緣，因此也往往是權威人士（例如這個故事的毛伊穆娃）的頭痛人物。

歷史告訴我們，權威人士喜歡事情維持表面的樣子，如果沒有就會變得緊張（且態度越來越強硬）。

這樣的描述十分符合毛伊。他逾越了很多界線，包括生與死、海與陸以及表層和深處的界線。他靠才智勝過哥哥們的欺瞞，並鼓勵他們到離陸地很遠的危險海域捕魚。他原本只負責把水舀出去，後來釣了一座島嶼。這則故事還包含惹人厭或不受歡迎的手足這個元素，是跟土地所有權、繼承權、父母偏心導致的嫉妒心等經濟習俗常會出現的橋段。在猶太教和基督教傳統中，約瑟這個角色被哥哥們賣去當奴隸，就是一個典型的例子。雖然毛伊的哥哥沒有這麼過分，而且常被這位詭計之神的惡作劇所陷害的他們，或許也值得一些同情，但是他們在故事裡的形象也確實沒有很好。

毛伊最近一次進入流行文化，是在2016年的迪士尼電影《海洋奇緣》，他以有點討人厭但本質很善良的神祇形象出現，跟女主角莫娜變成好朋友。劇透一下：結局一切都很好！

一艘紐西蘭獨木舟的船首，查爾斯·普拉瓦爾（Charles Praval）仿小赫曼·斯波林（Herman Diedrich Spöring）的畫作，取自《1768、1769、1770年在奮進號上完成的圖表、地圖、圖片和素描》(*Charts, Plans, Views and Drawings Taken On Board the Endeavour, 1768, 1769 and 1770*)，Add, MS7085, f.32

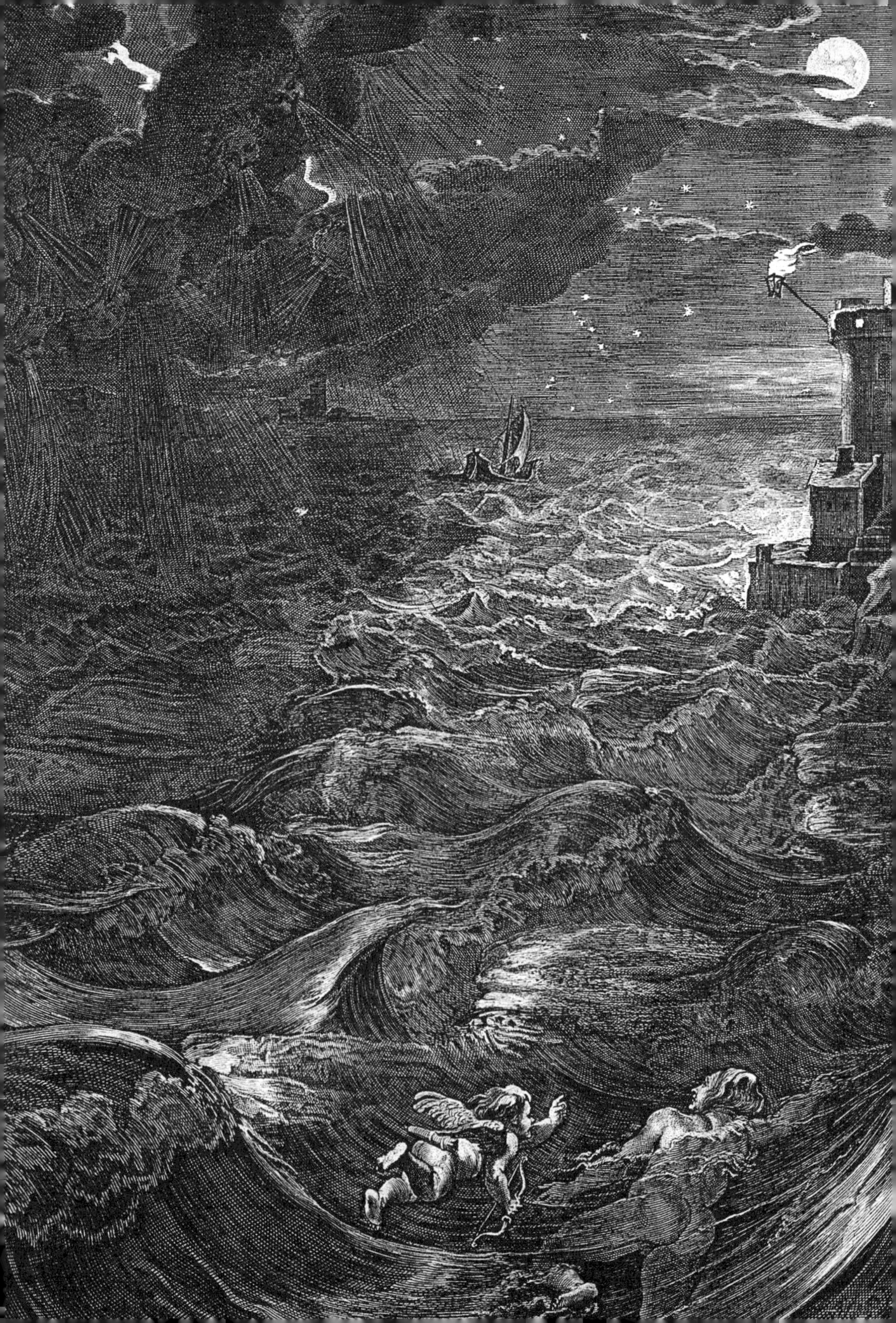

赫洛與
勒安得耳

婢女將梳子緩緩梳過女祭司烏黑的長髮，眼睛始終不曾抬起。這位年輕的女祭司注視著鏡子，緊盯僕人，也緊盯身後的窗逐漸微弱的光線。她判定光線夠暗了，便說：

「可以了，請點燈。」

婢女放下梳子，去做交代的事項。她用女主人房裡一直燃燒的那團火焰點燃一根細蠟燭，接著用細蠟燭點燃房間四個角落的直立木頭燈座。她最後要做的，就是點燃主窗戶前用繩索吊在天花板上的鑄鐵大燈架。燈火在漸漸降臨的陰暗中熊熊燃燒。

女子坐著看婢女在房裡四處走動。

「謝謝，這樣就可以了。」

僕人鞠了一個躬，但在離開之前，她對上女主人的眼睛。短暫的一瞥顯示彼此都猜到了對方在想什麼。

女子總算是獨自一人，她再次看向鏡子，叛逆地甩甩頭。她心想，就讓他們去說吧，那些婢女、祭司、神廟守衛。她哪會在乎什麼？她終於得到自己想要的東西，一直以來想要的東西。或許是吧。她走到房間一角，用金屬罩蓋熄其中一座才剛點燃的燈。

她的思緒飄到夏初她陪同神廟成員到遠方濱海城鎮的那天。一行人開心地航行到阿拜多斯跟當地人一起慶祝；他們雖然是蠻人，但卻認可女神的儀式。

對頁：勒安得耳在厄洛斯的指引下，朝著赫洛的燈光游過赫勒之海，
版畫（十七世紀），惠康博物館

一行人都還沒上岸,她就注意到那名少年了。他高高站在港口邊推擠的人群中,注意力只放在她身上。他跟著她一整天,不停盯著她,走她走過的路,在她笑的時候笑,奮力想要跟她對到眼。隔天早上,他們走向登陸處時,人潮蜂擁而上,害她差點被推到地上。守衛離開她身邊,要將人們往後推,這時她感覺到有人在她手裡塞了一個小紙捲。她把紙捲放在長袍底下,登船離去。

　　女子站在高塔的窗邊,凝視下方遙遠的海峽。起風了,就跟她把信交給那個獨眼水手時他所說的一樣。就連在高塔上,她也可以感覺到細微的水花打在臉上,舔嘴唇時嚐到鹹鹹的味道。她轉身回房,蓋熄另一盞燈。

　　那名少年是阿拜多斯某個貴族家庭最小的兒子。他寫說,他知道這是被禁止的,但是如果她不見他,他絕對會「心碎而亡」。想到那句話,她露出微笑。這就是她一直在等的機會嗎?紙捲裡頭的訊息表示,她可以把回信交給一個每

蛇妖、賽蓮、漩渦

天都會在塞斯托斯（sestos）的港口牆等候的獨眼水手。幾天後，她以想要多認識該地區的女神信仰為藉口出門，在那裡找到了水手。她一邊跟他談話，一邊遞給他一個紙捲，對方沒說什麼便直接收下。那天晚上，她第一次點燃窗前的燈架。

勒安得耳帶著炙熱的慾望和浸濕的衣裳來到她的窗前。她聆聽他說話。他給她的理由是，愛神不會接受處女的奉獻，但她知道這些話術只是他在阿拜多斯的酒館喝酒時編造出來的。這個男孩並不如他自以為的那樣聰明浪漫，可是他年輕力壯，而且被她的美貌所迷惑。因此，他說話時，她面露微笑，垂下眼睛。

在那之後，她便允許他盡量常常來找她。

有時，她會被神廟儀式所耽擱；有時，天氣不配合。然而，在數也數不清

《赫洛與勒安得耳》（*Hero and Leander*），菲利普‧加勒（Philips Galle）仿馬騰‧范‧黑姆斯克爾克（Maarten van Heemskerck）的版畫（1569 年），阿姆斯特丹荷蘭國家博物館

的濕熱夏夜,他總會游到她在燃燒的燈架下方坐著的高塔,在激烈運動後喘著氣,雙眼散發熊熊的慾火。

她又弄熄另一盞燈,燈塔四周的風開始呼嘯。下方港口的水手肯定正在奮力固定好他們的小漁船。在一點五海里外的海峽對岸,勒安得耳肯定站在海灘上,手拿著信,奮力想要看見窗下的燈光。

那位禮貌到有點失禮的獨眼水手總替這對戀人傳信。她的婢女開始起疑心,會說:「小姐,毛巾用得真多啊!」「今天也很累嗎?」「小姐,怎麼這麼晚睡!」人們的耳語傳過涼爽的走廊和神廟的石階。

有時,她出門走在街上的時候,會有粗鄙的呵呵笑從她身後傳來。女子毫不在意。

現在,夏天差不多結束了,有新的故事帶著新的恐懼和新的慾望浮現。男孩依舊說他的愛是千真萬確、至死不渝,但是他們彼此都知道,他的撫摸已不再像從前那樣炙熱。她不在意。她還是會等他,而他還是會游來。

她熄滅最後一個燈座,只留下窗前的燈架繼續燃燒。火焰在從陽台吹進來的強風中舞動閃爍。她走到窗外,長袍瘋狂拍打。她心想,他現在在哪裡呢?應該是在混亂的海水某處,手臂划啊划地奮力往前游,看著遙遠窗戶唯一的一盞燈,她的眼神越來越慌亂。出發前,他肯定有注意到狂暴的天氣,但蠻勇和慾望肯定還是讓他決定跨海了。他就跟所有年輕的戀人一樣死不了,不是嗎?

女子將長袍緊緊裹住身子,走回房間。閃爍的燈架將柔和的陰影灑在陰暗的角落。突然,她感覺腹部抽動了一下,就像雛鳥在第一次飛翔前振翅那般。她上次流血是七個星期前,她很確定。

房間的一側是床,她過去這幾個月常常跟男孩共享的床。床已經舖好了。她輕輕踮起腳尖,用金屬罩蓋熄燈架,房間立刻陷入躁動不安的黑暗。她將木頭窗板固定好,抵擋越來越糟的天氣,空氣中仍聞得到燈油的味道。接著,她優雅地踏出落地的長袍,穿過房間,鑽進床上奢華的亞麻被單裡。

對頁:《赫洛與勒安得耳》,揚・范德・維爾德(Jan van de Velde)仿威廉・彼得斯・布特維奇(Willem Pietersz Buytewech)的版畫(1621 年),阿姆斯特丹荷蘭國家博物館

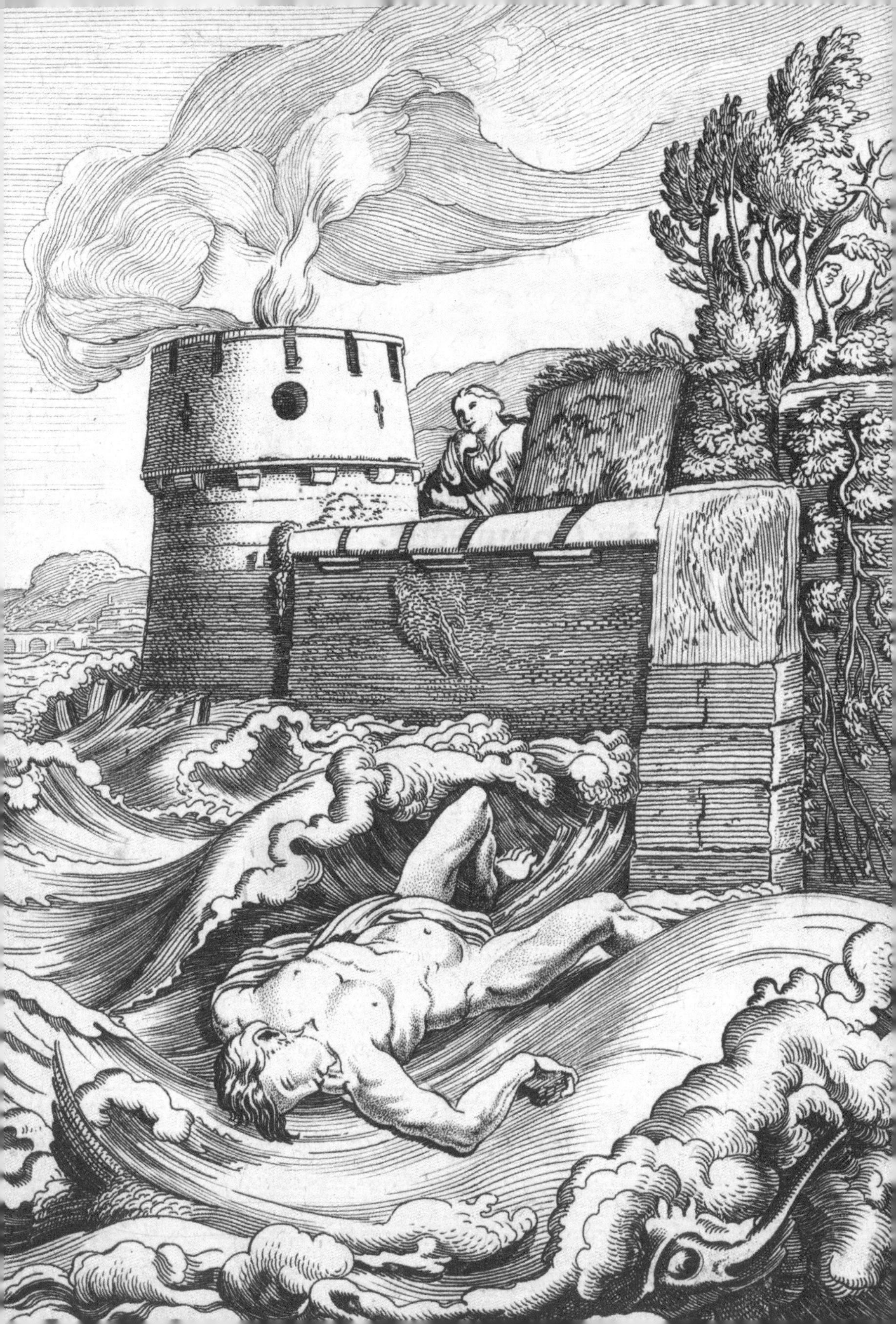

反思

赫洛與勒安得耳這段注定沒有好下場的戀情，常被拿來跟羅密歐與茱麗葉、帕里斯與海倫、崔斯坦與伊索德等戀人的戀情放在一起討論，因為這些都是史上最偉大也最能帶來啟發的愛情故事。古羅馬詩人奧維德（Ovid）和維吉爾（Virgil）的早期作品都有提過這個故事，但後來五世紀的拜占庭詩人穆塞厄斯（Musaeus）把它變成史詩的形式。從那時起，使用各種形式和媒體進行創作的藝術家，一直受到這則故事的吸引，最主要的包括戲劇、小說、詩詞、歌劇和繪畫的創作者。然而，最著名的相關人物恐怕是詩人拜倫，因為他在1810年壯遊期間曾模仿勒安得耳的傳奇之舉游過海峽。

我第一次讀到這則故事，是在閱讀生涯的早期。當時我讀了一本寫給小孩的希臘神話書籍，裡面還收錄尤利西斯、米諾陶和金羊毛的故事。當時我心中浮現的問題就是我在這裡所回答的問題：赫洛的燈光是怎麼熄滅的？

赫洛是女神阿芙蘿黛蒂的祭司，住在色雷斯城市塞斯托斯，靠近現今的土耳其城鎮埃傑亞巴特（Eceabat）。塞斯托斯跟阿拜多斯（Abydos）這座城市隔著當時人稱「赫勒之海」的狹小海峽（後來稱作達達尼爾海峽〔Hellespont〕），位於古代小亞細亞在戰略上很重要的政治地區。在這裡，不同的帝國、語言和文化發生衝突與交融。假如一個地方真的有可能被過去和未來的鬼魂所糾纏，那麼在古希臘和亞洲交會的那個地方，肯定曾出現第一次世界大戰那場悲慘的加里波利之戰的亡魂。

阿芙蘿黛蒂在古代世界存在許多不同的形象（其中之一是水手的保護神）。阿芙蘿黛蒂是奧林匹亞諸神最顯赫的神祇之一，有一個專門拜她的教派，由一群精英祭司負責管理和執行。祭司這個職位在希臘社會相當重要。首先，由於宗教和國家關聯密切，因此這是一個高度政治化的職業，能夠影響作物收成到戰役戰略等各種大小事。有一點很重要，那就是這也是極少數可以讓女性扮演積極社會角色的職業之一。不要誤會，當時從來沒有所謂的男女平等，可是女祭司被視為重要且受到珍視的社會成員。西元393年，基督教皇帝狄奧多西決定禁止這些多神信仰，這可能便是原因之一。

不同的版本都有強調赫洛是處女這件事，但事實上，古希臘並沒有特別在意處女問題。我們對女祭司這個身分的理解，

其實有受到後來古羅馬的維斯塔貞女及基督教神學的處女概念所扭曲。在後來的這些社會中，人們對「完好如初」的追崇跟父權文化有密不可分的關係，與財產、所有權、繼承權、價值等論述有所關聯。然而，在赫洛居住的希臘世界裡，重點不是永遠都得保持完好如初，而是青春期待嫁的處女正常應有的禁慾。

這個議題促成了赫洛在故事中做出的行為。傳統上，她和這位夜間訪客一向被描繪成害了相思病的典型青少年，互相癡迷到願意奉獻生命的程度。從奧維德和穆塞厄斯的版本可以看見長髮姑娘童話的蹤影（赫洛住在一座高塔上），也能看見「排除萬難的愛」這樣的元素（跟《羅密歐與茱麗葉》描述的一樣）。這則故事中，需要排除的「難關」就是區隔歐洲的塞斯托斯和亞洲的阿拜多斯的那片海域，以及這些象徵的一切。然而，兩人的幽會之所以遭到禁止，是基於赫洛的神聖身分以及她承諾（或者被迫承諾）要履行的處女條件。其實，赫洛並沒有被要求永保處女之身，在家人的支持下，她其實可以還俗，然後「前進」到妻母的身分。因此，她犯下的罪過是缺乏耐心，而不是無法挽回地打破了某個宗教禁忌——倘若古羅馬的維斯塔貞女犯了這個身分附加的法律規定，她們可是會被判處死刑的。

因此，這則故事傳統上吸引人的地方在於，它描繪了理想純潔的愛情，那是沒辦法跟愛人在一起時，就無法想像如何苟活下去的那種愛。從這種角度來說，死亡永遠是這些戀人的命運。

這邊改寫的版本描述了一段比較成熟、有些人可能會說比較現實的關係。在我的想像裡，年輕的勒安得耳越來越意識到自己「炙熱情人」的身分。比起羅密歐，他更像哈姆雷特，做了這些事情，但卻沒有完全投入其中。至於年紀稍長的赫洛，我則想像她是在執行一項構思許久的祕密計畫，意圖脫離一個她不滿意的處境。她看穿了對方的甜言蜜語，但還是允許他上她的床，因為她想要的是一個寶寶，不是勒安得耳。

前面提到了一些跟這則著名故事有關的互文文本和概略影響。其中，我覺得最有關聯的或許是「夏日戀情」這個概念。這類戀情從白晝較長、較溫和的六月開始，熊熊燒過七月和八月炎熱的夏夜，最後在第一批秋葉落下時，逐漸冷卻。

海洋的女兒

每天早上，我都被喧鬧的海鷗在屋子四周尖聲喊叫的聲音給吵醒。在城市裡，我已習慣了鴿子輕柔的咕咕聲和黑鳥悅耳的啁啾聲。某些早晨，你可能會聽見一群喜鵲在郊區的花園裡吵雜不休，威嚇聲難聽至極，聽起來介於電鑽和電鋸之間。此外，還有各式各樣的庭園鳥類，為現代城市的音景做出自己獨特的貢獻，你偶爾可以在汽車、飛機和街頭的喊叫聲之中捕捉到一、兩聲。

然而，這些跟海鷗完全不同。

跑到威爾斯一座偏遠濱海村莊附近的小木屋住一個月，感覺是很棒的點子，可以去海邊散步，三餐吃得好，而且沒有網路。最重要的是，短暫脫離一成不變的生活，讓我有機會繼續完成在家停擺許久的寫作計畫。我以前從來沒經歷寫作瓶頸，甚至還懷疑這種事是不是真的。畢竟，沒發生在我身上怎麼可能是真的？所以，有一天我坐下來準備開始寫新的小說時，震驚地發現筆電螢幕上的空白頁就像無邊無際的撒哈拉沙漠，在我眼前綿延不絕。那裡什麼也沒有，也沒有任何東西出現。如果我無法寫作，我是誰？

一個朋友建議我到威爾斯租小木屋，告訴我他自己遇到寫作危機時，這對他很有效。於是，我便上網訂了一間矗立在卡迪根灣上方的小木屋，然後在三月一個濕冷風大的日子，被四周叫個不停的鳥叫聲給吵醒。

海鷗發出的偉大交響樂有三種主要的叫聲。第一種是興奮的小汨汨聲，聽起來像是有人在酒吧的角落鬥嘴；第二種是興奮的尖銳叫聲，一次可以反覆叫上十幾次；最後一種是淒涼孤絕的喵喵聲。這些噪音從早到晚不斷迴盪在懸崖之間，真的是很……令人分心，如果委婉地說。我很享受散步的時光、狂暴的

海景，魯賓遜與切瑞爾（Robinson & Cherrill）攝影（1870年），Photo 1168/t(159)

天氣，也能暫離網路帶來的從不間斷的痛苦之流，但是我的寫作沒有進展，而我越來越覺得這跟海鳥的叫聲有關。

有一天，在住了大約兩週後，我的挫敗與不悅感快要爆炸，於是我到當地的一間酒吧喝點午後小酒。角落有一處爐火燒得舒適愜意，老闆開心地從報紙中抬起頭。

「總算有客人上門了！」他帶著好似在唱歌的腔調說，聽起來英文不是他的母語。我坐在吧檯，他裝了一杯啤酒給我，外頭的海鷗仍然吱吱喳喳叫個沒完。

「牠們都不停止的嗎？」我輕描淡寫地說，但是他肯定有察覺到我聲音裡

神與人類

的一絲慍怒。

他把酒杯放在我面前，說：「妳是說海鷗？久了就習慣了，但是我可以想像不習慣的話那些聲音是多麼令人分心。」

我喝了一大口酒，說：「我覺得牠們快把我逼瘋了。」

老闆說：「我們都叫牠們海洋的女兒，妳知道那個故事嗎？」

我搖搖頭。

他說：「我看看我能不能想起來，這或許會讓妳開心一點。好，沒錯。傳說海神迪倫（Dylan）住在卡迪根灣（Cardigan Bay）水底下的一座雄偉堡壘之中，就是那邊那個海灣。」他指了指窗外拍打岸邊的那片海。「『迪倫』這個名字的意思是『海浪之子』。據說，迪倫的父母想在海邊用海水替他傅洗時，他像一條魚一樣跳出他們的手心，然後游走了。」

我問：「這跟海鷗有什麼關係？」

他說：「我就要說了。注意聽，迪倫在海灣裡住了很多年，人們說這片海的變化是受到他的情緒影響，他生氣時海浪會怒吼衝撞，他心滿意足時，海灣舉目所見就像蓄水池一樣平靜。」

「這附近有個男人，他有三個美麗的女兒，他們每天都會一起到海邊散步。迪倫會在他的海底堡壘看他們，當他看見男人有多快樂、他的女兒有多美麗時，他變得非常嫉妒。妳也知道海神就是這樣！」

我露出笑容，又喝一口酒。

「隔天，他們又到海邊散步，迪倫遂召喚一場猛烈的暴風雨，重重打在岸上，就像一個自大的中衛被閉鎖前鋒擊倒那樣。暴風雨期間，那三名女孩被一陣巨浪捲到海裡，成為水底王國的公主。迪倫以為她們會很高興，但是這三個女孩非常傷心。她們成天哭泣哀號、哀號哭泣。更糟的是，她們的父親每天也會來海邊，因為失去三個漂亮的女兒而哭泣哀號。海神迪倫開始後悔自己的所作所為。」

我說：「懊悔不像是神會做的事。」

老闆繼續說：「或許只有威爾斯的神會這樣吧，因為我們是非常多愁善感的民族。總之，迪倫很抱歉他分開了這位父親跟他的女兒，可是現在有了她

們,他又不想放她們走,那該怎麼辦呢?」

提出這個問題後,兩人靜默不語,只聽得見遠方的海浪打在遍布碎石的海灘上,還有更遠的鳥叫聲。

老闆說:「他不就把她們變成海鷗了?這樣一來,她們可以同時屬於大海和陸地。當她們的父親在海灘上呼喚她們,她們就會破浪而出,飛到他身邊。所以,海鷗的叫聲是海洋的女兒在叫,有時候是在哀嘆自己失去的東西,有時候是在對大海怒吼。」

午後時光漸漸消逝,老闆朝越來越小的火堆丟了一些乾柴。我謝謝他給了我啤酒和故事,接著把自己包緊以抵禦寒風,走回海邊的孤寂小木屋。

那天晚上吃完晚餐,我一如往常坐在筆電的空白螢幕前。風變大了,吹過老屋的邊邊縫縫。我思忖著老闆的故事——海神的嫉妒、父親的哀慟、海鳥女兒在海灣的暴風雨水面上飛來飛去。我想起自己那早已離世的父親,他也曾經在痛苦降臨時,將我這十幾歲的女兒抱在他的懷裡。我想起現在外面的那些海鳥,在黑夜裡彼此呼喚、對我呼喚。

《海鷗》(*Les Mouettes*),照相凹版印刷和蝕刻(1885 – 89 年),紐約公共圖書館

反思

不少跟北威爾斯有關的傳說都有出現海神迪倫。在《馬比諾吉昂》(The Mabinogion)這部中世紀威爾斯文集,有一則故事叫作〈馬索努伊之子馬斯〉(Math the Son of Mathonwy)。故事裡有一個新生兒被帶到海邊受洗:

> 他一受洗完,就奔向大海。他一碰到大海,就有了大海的特質,像海裡最厲害的魚那樣游泳。因此,他被稱作迪倫【海浪之子】,沒有任何海浪會在他身下破碎。

同一個文獻還說到,迪倫被自己的叔叔戈法農(Gofannon)殺害。直到今天,當地人還是會將海浪流入康維河的聲音說成「迪倫的臨死呻吟」。

住在卡迪根灣水下的海神迪倫因為嫉妒綁架了三姊妹,並將她們變成海鷗的故事,也非常廣為人知。這個故事跟整個大西洋群島及其他地區的類似傳說都有共通的蛛絲馬跡,而人類變成動物更是世界神話的普遍主題。

這則故事將創始神話包裝在另一個敘述脈絡中,這個脈絡跟「真實」的故事不同,但有所關聯。這是文學史最偉大的海洋作家約瑟夫・康拉德最喜歡使用的手法,他的很多故事都這樣做,以凸顯說故事的行為。比方說,水手查理・馬洛跟四個朋友坐在船上,漂浮在泰晤士河的河口時,他對他們講述了《黑暗之心》的故事(這絕對是康拉德最有效果的故事)。那條河流經現代文明最偉大的城市之一,但馬洛卻在故事開頭說到,古時候的泰晤士河是通往「地球上黑暗之處」的入口。他說,兩千年前的羅馬入侵者對英國內陸的感受,肯定就像後來歐洲人對非洲或美洲的感受那樣。這種地理錯置讓人感覺「黑暗之心」除了是一個史地地點,

---

歐亞海鷗,取自喬治・格雷夫斯(George Graves)的《英國鳥類大全》(British Ornithology,1811–21 年)

或許也是一個存在狀態——述說故事這個行為所蘊藏的力量，就是故事的一部分。這樣來看，庫爾茲這個角色並沒有發現非洲內陸的「恐怖」，而是從「文明」的歐洲把恐怖帶過去。

創作者隱退到「大自然」（在這裡指的是海邊），以便找尋靈感，也是另一個存在許久的主題。在十九世紀，這變成浪漫主義文化經常出現的現象，直接幫助了發展中的觀光業。從這一點很快就衍生出一個概念，那就是細細思索大自然的奧祕或許可以將困頓不前的創作者拉出蕭條狀態。認為「海風」提供的環境可以促進健康和創意，這種想法慢慢變成一個「常識」。西威爾斯的海岸有很多這樣的地方，其中卡迪根灣特別受到利物浦、曼徹斯特和伯明罕等大都會圈的文化浪子（例如我們這則故事的作家角色）所喜愛。

像我這樣住在濱海城鎮，海鳥自然是我生活中聲音背景很主要的元素。黑脊鷗的一天似乎一年到頭都從第一道曙光開始，這在夏天時對淺眠的人來說，是極大的挑戰。繁殖季節感覺更是毫無止盡的噪音大合唱，由各種尖銳、刺耳、高音、粗嘎的叫聲組成。此外，一年之中還有一段時期是，雛鳥長出羽毛後，常常孤伶伶地站在花園裡或路邊停放的車輛四周，因此要從家裡走到搭車的地方，途中很容易遭到成鳥為保護雛鳥所做出的猛烈攻擊。

跟絲卡蒂一樣，故事裡的作家因為海鷗不間斷的叫聲而分心惱怒；跟絲卡蒂一樣，讀者可能會發覺這其中帶有某種程度的情感錯置，也就是角色不知不覺將內心的焦慮和壓力轉移到外在事物上。如果真的是這樣，海鷗的普遍以及（影響更大的）陌生感讓牠們成為非常合適的文學選擇。英國作家妲芙妮・杜穆里埃（Daphne du Maurier）曾說，她的短篇故事〈鳥〉（The Birds）（希區考克後來改編的電影比原著更有名）的靈感來源，是她在第二次世界大戰期間的某天，看見一群海鷗攻擊田裡的農夫。這個怪異的景象令她十分震懾：一個平凡到我們幾乎不會去注意的東西，竟然會基於我們一無所知的衝動和本能做出行動。海鳥常常出現在跟海洋有關的故事。在這本書裡，牠們就像在我們的生活中那樣，總是神不知鬼不覺地出現。留意那些海鳥！

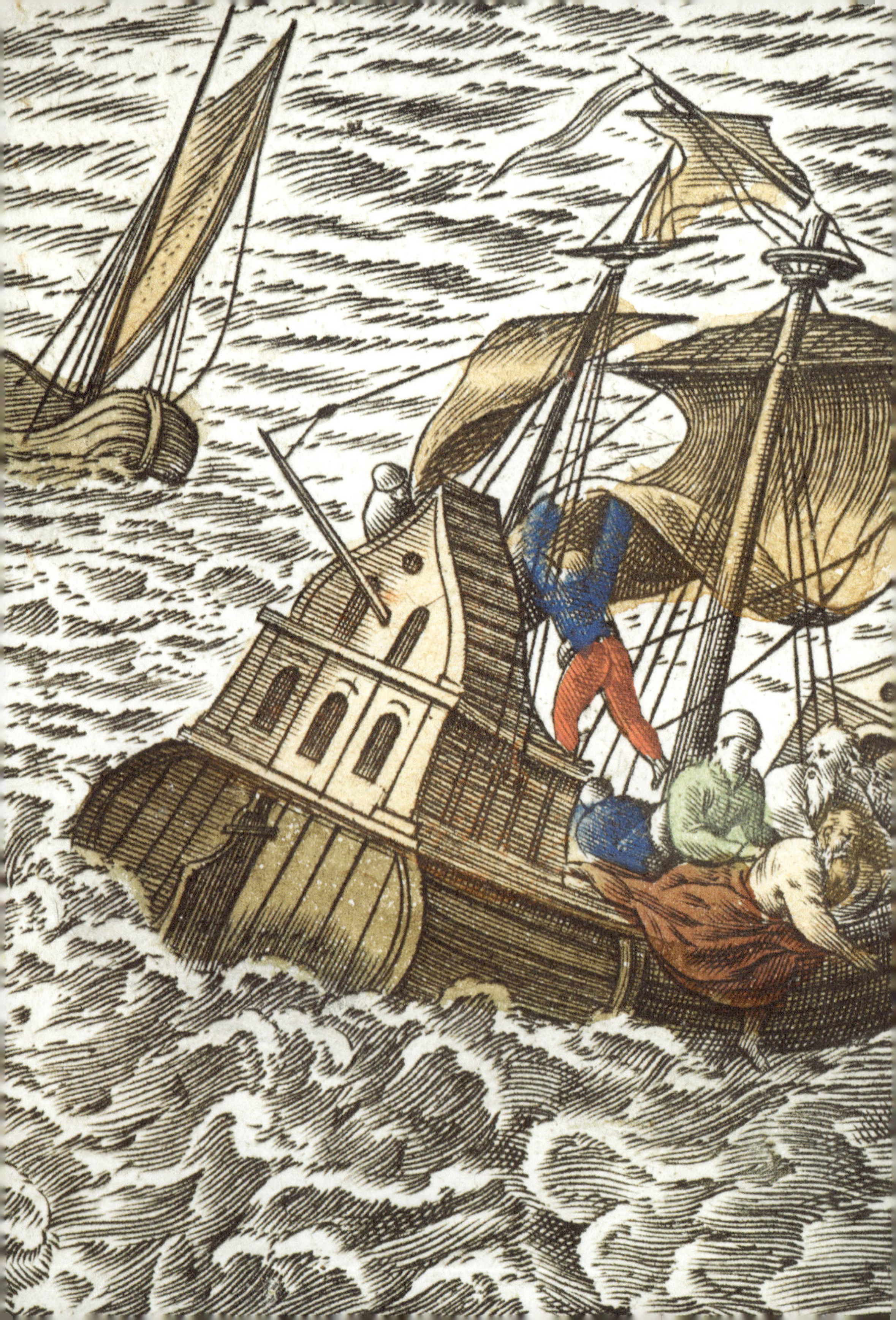

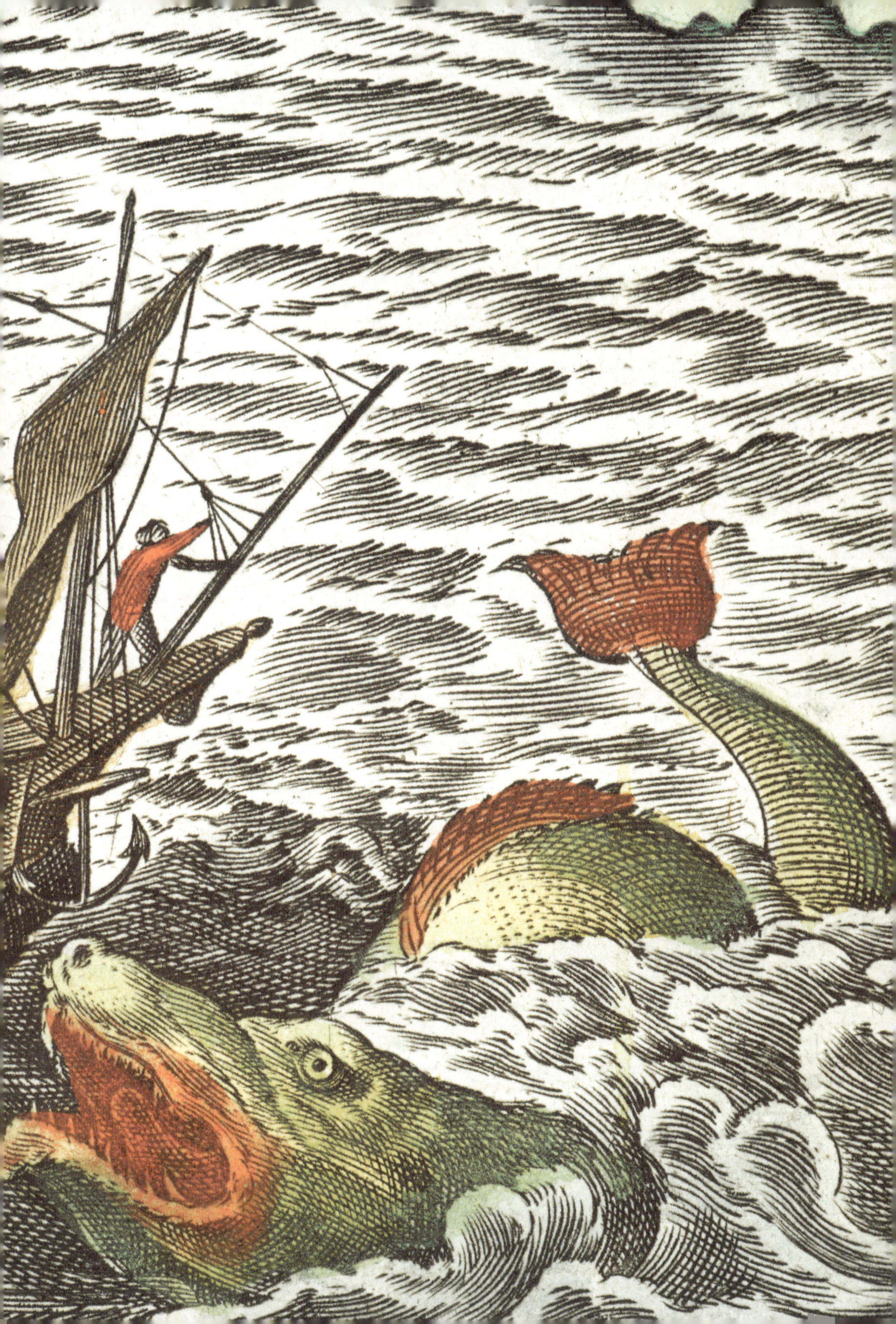

約拿

由於沒有別的事情可做，約拿（Jonah）只好靜靜躺著，一邊用鼻子淺淺地呼吸，一邊回想最後使他來到這個怪異地方的一連串決定和事件。

打從有記憶以來，約拿便一直聽到有人提及「它施」（Tarshish）這座偉大的城市。據說，沒有任何城市比得上它施的輝煌、財富和權力。可是，似乎沒有人知道這個神奇的地方究竟在哪裡。有人說在迦太基，有人說在薩丁尼亞，有人說在遙遠的西班牙。

也有一些人說，它施根本不是海港，而是一座築有高牆的城市，位於東方的沙漠深處，是個有著絕妙建築、絕美花園和兇猛戰士的失落國度。約拿不太在意這些，因為他感興趣的是旅行的過程，而不是終點。因此，他決定離開時，它施原本是他的目的地。雖然現在身陷困境，但當他驚覺這其中的諷刺性時，卻也忍不住笑了：他是一個迷失的靈魂，在尋找一座失落的城市。

約拿來到雅法這座忙碌的商港。某天晚上，他在酒館不小心聽見幾個水手在談論下一趟旅程：

其中一人笑著說：「說不定我們會找到它施，這樣我們就全都可以退休了！」

約拿上前，詢問水手他能不能搭乘他們的船。他們興味盎然地打量他，叫他黎明時分到碼頭跟他們的船長聊聊。

隔天早上，約拿去見船長，船長問：「你為什麼想跟我們一起航行？」

約拿回答：「我跟我的良心在打架。我感覺我應該做某件事，但是我又太過害怕和懶惰，沒辦法去做。我想逃離自我至少一陣子。我可以付錢。」

船長說：「原來如此。但這是一艘貿易船，沒有乘客的高級臥房，如果你

前頁滿版：約拿被推向鯨魚，取自亞伯拉罕・奧特柳斯（Abraham Ortelius）所著的《寰宇全圖》（*Theatrum Orbis Terrarum*，1598 年），Maps C.2.d.7.(97.) 其中一張地圖的細部插圖

要跟我們走,就得跟船員一起睡覺吃飯。」

約拿答應了這些條件,而這船就順著潮汐離開了雅法。

原本一切都很順利,船長和船員都對約拿很客氣,只是他不會跟他們打交道。

接著,在第三天傍晚,原先無雲的藍天突然快速生成一場暴風雨。船員奮力想要控制小船,但是風越吹越強、浪越變越大,他們開始擔心自己的安危。船長下令拋棄貨物,這雖然是慘重的損失,但是他說總比丟了命要好。這樣做也沒用,暴風雨還是越來越糟。來自世界各地的水手一邊發狂地幹活,一邊祈求自己的神明救贖。

然而,約拿依舊靜默著。

船長叫道:「你為何不像其他人那樣禱告?說不定你的神能幫助我們。」

約拿說:「恰恰相反,事實上就是我的神 —— 祂是海洋和陸地的創造者 —— 讓這場災難降臨在我們身上的,我很抱歉。」

船長說:「我們筋疲力盡了,該怎麼辦呢?」

船長驚訝地聽約拿說:「你必須把我扔到船外。」

船長嚴峻地說:「船外?我不會害人!況且,那沒有必要,你很快就會跟我們其他人一起溺死了。」

約拿說:「但是如果你現在把我扔進海裡,你們就會得救。讓我們跟其他人商量商量。」

船長正把船員全部叫來時,約拿爬上船邊的欄杆。其他人轉頭看他。

船長在呼嘯的狂風中喊道:「你真要做就去做吧,但你碰到你的神的時候,別忘了告訴祂我們沒有逼你。」

約拿點點頭,接著毫無預警地往後摔入洶湧的波濤裡。

當他開始下沉的時候,約拿馬上就發現周遭的海水平息了。他緩緩往海底深處下沉,看見船長在變得晴朗的甲板上往下望著他,船員準備在和煦的天氣中繼續航程。約拿即將吐出最後一口氣。他閉上雙眼,準備面對自己的良知。

但是,就在他快要失去意識之前,約拿感覺有個龐大的影子閃過他的視野。他的身軀彷彿被強大的水流沖打,但這水流是溫暖且有實體的。一股腐魚的氣味充斥他的鼻腔。約拿張開嘴,卻沒有像他以為的那樣,口中灌入大量的

海水。他發現自己好像被困在一個房間裡，房間柔軟潮濕的牆壁正發出穩定的脈動。這裡一片漆黑。他的頭和臉很乾淨，但是他無法移動身體其他的部位，無論是手腳或上半身。約拿感覺得到這個房間正前後上下移動，也發現背景有一種低沉的嗡嗡聲，還有一種啪啪聲，好像小小的手指在輕拍高腳杯形鼓。他喊道：

「嘿！你是誰？這是怎麼回事？拜託放我走。」

沒有人回應。約拿不會痛，但他相當困惑害怕。他心想，他難道是來到亡者的陰曹地府了？如果是這樣，他是死了嗎？但是為什麼沒有別人在？倘若這

約拿被鯨魚吐出來，取自《窮人聖經》(*Biblia Pauperum*)（約 1395–1400 年）的迷你圖畫，Kings MS 5, f.20r

不是陰曹地府，那這是什麼？這裡是哪裡？

時間不斷流逝。起初，約拿試圖把身體扭向一側，卻發現這不可能，過了一下他便放棄了。他無事可做，只能思考。當他思考時，便開始創作一首詩，希望可以幫助自己理解這個處境：

聽我說。
因為我對自己感到陌生，
於是我去對抗大海和狂風暴雨。
我在地獄般的監獄吶喊，
希望有人會聽見我。

聽我說。
我主動迎接水中的結局，
卻不知道被什麼東西救了一命。
我不知道不久後會不會有人出現。

我的處境很奇怪，
只能耐心等待真相大白。

聽我說。
我擔心我可能會死，
在我還沒學會享受這個世界前。

在這荒涼的房間裡，
我抱著希望與期望等待。

約拿完成這首詩後，感覺好多了，但他還是沒有得到自由。他雖然不確定，但他認為他進入這個奇怪的房間肯定已經超過一天了。他躺在那裡，腦海中浮現各種問題：

他腦海裡的聲音是他自己的，還是別人的？
哪一種感官最重要，嗅覺、聽覺、觸覺還是視覺？
房外的時間過得比較快，還是比較慢？
那艘船的船長和船員會記得他是什麼樣的人？
如果他還沒死，他是否注定死在這個地方？
如果不是，他還得等多久？
它施在哪裡？

神與人類

反思

約拿是希伯來聖經其中一本書的主角,這本書的名稱就以他的名字命名(約納書);希伯來聖經後來有一部分組成了基督教《聖經》的〈舊約〉聖經。這本書描述一名以色列人受到上帝吩咐前往偉大的亞述城市尼尼微(靠近今日的伊拉克城市摩蘇爾)。但是,要在全世界最大的城市之一傳教,約拿實在提不起勁,於是他便坐上一艘欲前往傳奇之城它施的船。在大海怪的肚子裡度過那場著名的經歷後,他最終還是抵達尼尼微,在那裡學到有關罪、信仰、懺悔的重要道理。

從這個文本和其他地方找到的證據,學者判定約拿的故事是發生在西元前八到四世紀。他究竟是真實的歷史人物(十二位「小先知」之一),或是早期猶太教想像出來的人物,我們無法確定。但是,約拿的罪與懺悔故事,尤其是那不可思議的海洋冒險橋段,確實非常廣為人知,是古代世界流傳下來最令人難忘的故事。

約拿屬於非常特殊的一群人,他們都聲稱自己被大海怪吞噬,然後幸運倖存(脫逃魔術師哈利‧胡迪尼〔Harry Houdini〕也是其中一人,在 1911 年接下波士頓十位顯赫商人的挑戰,讓自己被銬在保存良好的五百歲巨龜遺體之中)。約拿傳奇的作者很可能很熟悉地中海神話的部分元素,如魚神、海怪、傳說中的海洋種族等,想辦法巧妙地將這些元素融入一個宗教本質的故事,講述一個企圖逃避困難任務的男子的遭遇。

原始的希伯來文本其實是寫一條「大魚」,但這後來一直被誤譯成「鯨魚」(比起在《約伯記》、《以賽亞書》、《阿摩司書》和《以諾書》常常出現,以及在《詩篇》稍微露臉的那些兇惡海怪,約拿遇到的海怪比較溫和)。被鯨魚吞沒的概念在原本的故事和從古至今無數的衍生文本裡不斷出現。例如,卡洛‧科洛迪(Carlo Collodi)寫了一個令人很容易產生聯想的寓言故事《木偶奇遇記》(1883 年),講的便是一個「兒子」將創造他的父親傑佩托從巨大的抹香鯨莫斯托的肚裡救出。鯨魚肚子變成這個世界裡的另一個世界,主角在這裡再也無法逃

避自己的境遇。很有意思的是，皮諾丘「死掉」後，又重新復活，變成眞正的人類小男孩：如果約拿和耶穌跟這個主題有關，那麼《科學怪人》裡的法蘭克斯坦所創造的怪物，以及菲利普・狄克（Philip K. Dick）所寫的《銀翼殺手》（*Do Androids Dream of Electric Sheep*，1968年）裡的人造人羅伊・貝提，也都是如此。

神祕之城它施在古代世界各地的不同文本和脈絡中都曾經出現（除了希伯來文化，還有腓尼基和亞述地區）。在聖經裡，它施最爲出名的一點，就是供應／運輸讓所羅門王極爲富裕的金屬。這座城市眞正的所在位置被遺忘了，因此這裡後來變成傳說，是令後世的冒險家和探險家興奮不已的古代「失落城市」之一。約拿將無處發洩的精力聚焦在它施：尋找它施讓他可以忽視上帝交代給他、重重壓在他良心上的那件任務。

約拿被困在怪物的體內（只是短暫的，但是他並不知情），不得不向內「遊歷」自我的內心。他爲了釐清自己的困境而訴諸禱告、詩詞和哲學，有趣的是，他最後讓這三個只有人類才會做的活動合而爲一。約拿（以及從以前流傳至今的那些故事的所有主角）一直那麼吸引人的原因，在於他碰見和理解直到現在仍會發揮影響的人類難題時，所採取的方式。這些難題源自我們對這個世界的物性、知性與靈性認識之間的根本落差。儘管不同的時代會以不同的意象重新創造這個議題，但是這個議題本身卻從不曾消失，我們每一個人都會有困在鯨魚肚子裡的時候。

〈海怪〉（*Leviathan*），取自一部希伯來文集（1277 到 1324 年）的迷你圖畫，Add. MS 11639, f. 518v

Post canis igitur magni cauda. sed constituta e. qua fabule poetaru incastri mi nerua que primu ea ex muium fuerat hon habet autem s mo mali in sub

A tednis ad la uda serpens plabitur a

冒險航程

我們的想法是這樣的，航行者的想法，
這裡出現的不是只有堅固的陸地，他們或許會說，
這裡的天空籠罩整個頭頂，我們感覺腳下的甲板在起伏，
我們感覺漫長的波動、無止盡律動的節奏，
無形奧祕的音調、鹹水世界隱約遼闊的跡象、液態的流動音符，
香氣、繩索微弱的摩擦聲、哀傷的韻律，
無垠的視野和遙遠模糊的天際線都在這裡，
這是大海的詩歌。

華特・惠特曼（Walt Whitman），〈海上的客船〉

但我的血液在騷動，要我試試山間的河流、翻騰的鹹浪；
我內心的渴望不停催促我
去進行一趟旅行，去造訪
大海另一頭的異族國度。

取自〈航海者〉（THE SEAFARER）（古英語，十世紀）

―――

前頁滿版：象徵南船星座的北歐船隻（十一世紀），
卡頓手稿（Cotton MS Tiberius）B v, f. 40v

「旅程」是世界文化最主要的故事主題之一。跟追尋有關的這種敘事有很多變化版本，但無論當時的地理或歷史脈絡為何，基本架構通常都一樣：一個核心主角離開熟悉的世界，踏上冒險之旅，遇見和克服許多困難之後，回到家鄉成為一個更有智慧也更成熟的人。這趟往返之旅讓故事有一個輪廓，同時也提供很多機會讓主角面臨衝突、掙扎、挫折和最後的勝利。故事可以把焦點放在這個架構的任何層面或階段，同時遵守旅程的基本輪廓，帶領一個充滿魅力的角色從這裡到那裡，然後再度返回這裡。

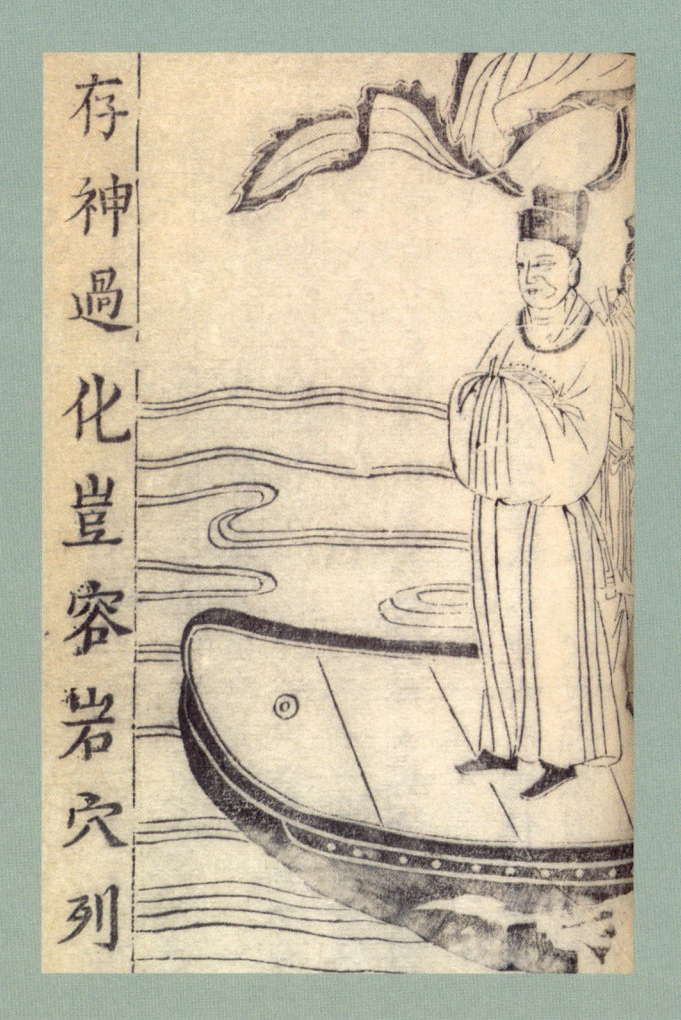

中國將官鄭和，取自《西洋記》(*Xiyangji*)，約 1600 年，15331.f.2 的插圖

由於大海是人類文明發展的重要元素，跨洋旅程自然是一個很受歡迎且經常出現的子文類。從這方面來看，海洋既是挑戰、也是威脅，是通往機會的道路，也是一片水汪汪的荒原。這個類別的原型故事或許是奧德修斯在特洛伊圍城後，為了返回位於希臘島嶼伊薩卡的故鄉所進行的那趟航程。在這個例子中，焦點並沒有放在離開或甚至是追尋的目標本身（這部分奧德修斯只有扮演次要角色），而是放在旅程的回程。這位英雄在地中海四處航行時，遭遇一個又一個的問題，有時被神阻撓，有時被神幫助，在面對即將到來的失敗時，總是力圖保持正向。然而，他從不曾忘記自己的目標：再次沉浸在家鄉熟悉的事物之中，並跟親愛的妻子潘妮洛碧重逢。

　　除了神話世界，英雄般的海洋冒險在世界史也佔有一席特殊的地位。維京人萊夫・艾瑞克森（Leif Erikson）在十世紀末左右從格陵蘭航向北美洲，尋找可以殖民的土地；十五世紀，中國外交官鄭和率領一批巨大的船艦繞過

萊夫・艾瑞克森在拉布拉多外海行經冰山，彩色平版印刷（二十世紀初）

南海和孟加拉灣，尋找貿易夥伴和政治盟友。接著是歐洲海洋擴張的黃金時期，很多耳熟能詳的人物都出現在這時候，包括達伽馬、迪亞士（Dias）、維斯普奇（Vespucci）、卡波托（Cabot）、麥哲倫（Magellan）、德瑞克（Drake）、雷利（Raleigh）、庫克（Cook），以及其他許多人，例如克里斯多福·哥倫布（Christopher Columbus）。

然而，關於史上最重要的海洋之旅，我們卻一無所知。這邊指的冒險航程，我們推斷肯定是發生在五萬年前左右，當時基於某些原因——饑荒、疾病、戰爭或氣候，人們決定出海尋找更舒適的生活方式。從工程學來看，這些旅程使用的船隻絕對很陽春，像 1955 年在荷蘭發現的那艘一萬年前的佩斯獨木舟（Pesse canoe）。但是，它們對於人類如何學習生存和茁壯卻是至關重要。我們能不能想像得出來，這些人出發前往他們所知甚少又如此畏懼的大海時，內心是什麼樣的感受？

在這個章節，我們會認識聖布倫丹（St Brendan），他是比哥倫布更早發現美洲的眾多人物之一。我們會講述辛巴達水手七趟航程的第一趟，也會說到庫佩前往奧特亞羅瓦紐西蘭這個雙子島國家的故事。在〈海洋之星〉這則故事，我們會想起很多時候，促使人們進行海洋冒險的是某種可能得到的獎勵，如權力、聲望或實體的寶藏。此外，這些故事也讓我們想起，海洋旅行被呈現得好像很浪漫，但是航程的真實樣貌其實截然不同。在航海史大部分的篇幅裡，不舒服肯定會有、生病很可能會有，而死亡也絕對不是不可能。當然，一定有人熱愛航海，也有人喜歡強調真正重要的是旅途，不是抵達目的地的那一刻。然而，我相信一定很多人跟我一樣，認為海洋冒險令人生畏，是必須忍受、無法享受的事情。

次頁：橫跨大西洋的船隻，取自《羅茲地圖集》（*Rotz Atlas*）
（約 1535 到 1542 年，Royal MS 20 E ix, ff. 25v–26r）的開頭

Coste of brazill

Coste of Ialoffe In affrik

The Ilondis of cabo verde

Coste of camballis

Islondis of the entillas

cean Sey

聖布倫丹和不開心的
猶大說話

逃離火焰之島後，我們往南航行，有時划船，有時利用船帆推進。儘管教父對我們好好解釋了，我們還是很難過失去了畢歐克，因為他是陪我們度過許多危險的長年夥伴。每個人都在吃自己分配到的少量食物和飲水，船上一片靜默。一開始的高昂士氣似乎是另一個時空的事了。

突然，輪值守望的亞伯蘭叫我們注意前方海域的某個東西。我們靠近一看，發現是一名全身曬到黝黑赤裸的男子，他正奮力抱著凸出海面的一塊小岩石。

男子看見我們，便開始揮舞一塊髒布，要引起我們的注意。我們把船划近他身旁，教父對他大喊說：

「你是誰？怎麼會淪落到這麼可怕的境地？」

男子說：「唉！我是不開心的猶大（Judas），因為背叛我的朋友和主人而被宣判必須永遠受苦。你們不久前經過的那座可怕的島，是地獄在人間的化身。我大部分的時間都住在那裡，接受各種怪異且多到無法形容的折磨。每到神聖教會的特殊節慶日子，我就可以來到這塊小岩石暫時離苦。」

布倫丹問：「怎麼會這樣呢？你又怎麼會有那塊髒布可以向我們揮手？」

「這塊石頭是我之前用來修築道路的，讓行人可因此受惠。這塊布則是我送給一位痲瘋病患，讓他遮羞用的，雖然嚴格來說，這不是我的布，我不能隨意給人。但是，因為這些善舉，我可以在永續的懲罰中稍作喘息。」

教父說：「神意如此，只能這樣。」

對頁：被誤以為是小島的鯨魚，取自一部動物寓言圖集的細部插圖；該動物寓言圖集附有威爾斯的傑拉德（Gerald of Wales）所著的《希伯尼亞地誌》（*Topographia Hibernica*，十二世紀晚期到十三世紀初期，Harley MS 4751, f. 69）內容

Est belua in mari que grece aspido delone dicať Aspido ui
Latine ů aspido testudo. Cete etiam dicta. ob
immanitate corporis. est eni sicut ille q̃ excepit

聖布倫丹與同行僧侶被海怪攻擊，取自《聖徒生平》(*Vie des Saints*)，1325 到 40 年，Add. MS 17275, f. 262r

猶大回答：「沒錯。但，我以前並不總像現在這樣。在等魔鬼前來把我拖回火爐煉獄前，你願不願意聽聽我這個版本的來龍去脈？」

布倫丹說：「說吧。」我們這些水手趁機休息，很高興能暫時免於苦勞。

猶大說：「政治向來是我的剋星，不管是在我是一位能走、能呼吸的人，還是我無法再那樣的時候。年輕時，我聽見施洗者傳教。他說我們活在末日的階段，上帝的國度即將到來。他說的是會有一個真正的王國取代令人憎恨的羅馬人枷鎖，還是一個象徵意義的靈性王國，我從來就無法確定。但是我想了解，而我的熱情也受到注意。所以我被引介進入一個祕密組織，那裡的教條很

吸引我。組織教導我，人類的存在是一個悽慘的錯誤，但要逃到我們天上真正的家園是有可能的。某次聚會後，我被介紹給一位來自加利利的年輕木匠。他很有魅力、溫和友善，但是他也很渴望了解人類悲慘地活著的這個世界——神聖的教父，我說的便是你和你的弟兄現在居住的世界。」

航海家說：「我明白，請繼續說。」

猶大說：「我們認為人類的形體是監牢，而死亡可以解放我們。此外，死亡如果以**正確的**方式進行和理解，就是**正確的**死亡，可以解放所有的人。那個木匠被選中去執行這件事。為了做好準備，我們在這片土地的居民之間努力了

很久。這很艱辛,有些人聽從我們的呼求,有些人則不接受我們的解放訊息。巧的是,後面這類人有的現在也跟我一樣受苦受難,例如祭司亞那(Annus)和該亞法(Caiaphas)以及行政長官黑落德・安提帕斯(Herod Antipas)和般雀・彼拉多(Pontins Pilate)。」

我們的領袖喊道:「詛咒他們!」

猶大說:「沒錯。然而,危機時刻逼近時,木匠害怕了。這不難理解,因為羅馬人很野蠻,比他們征服的那些『蠻人』還要糟糕多了。我們聊了聊,他懇求我協助確保該做的都能做好。我很猶豫,但他也很堅持,於是我只好同意。剩下的你都知道了。」

這可憐的男人暫停一下,浪濤繼續擊打他小小的棲身之處。

「在木匠被處決後,我跟我的弟兄姊妹會面,卻訝異地發現他們看我的眼神變得很不友善。雖然我們事前就已同意該怎麼做,但是可怕的事實令他們無法招架。他們想知道天國在哪裡?為什麼木匠必須用這麼可怖的方式死亡?為什麼我們不能等一等、採取不一樣的途徑、嘗試不一樣的做法?約翰是第一個提到『背叛』這個字眼的人。彼得也一如往常跟進。最後,在我們所有的計畫和策略中扮演核心角色的馬利亞說,我應該離開,不要再回來。」

「我不認為這是一個有組織的陰謀,但是自從那天起,人們對我的詆毀就開

取自瑪麗女王聖詠集(1310－20年)的迷你圖畫,Royl MS 2B vii, f. 10v

始了。我堅稱我立意良好；無論是當時或現在，我都深信我是在幫助我的朋友和主人。我深信，沒有我幫助他，那個關鍵的事物——可以讓我們跟天父團圓的事物——將無法完成。我把這一切都寫進一本書，後來在經歷整片土地的誹謗和獵殺後，我決定自我了斷。可是，最後普及的卻是其他的書和其他的故事。」

教父似乎有些動容地說：「不開心的猶大。」

他回答：「對，不開心，但不是對我的命運不開心，而是對我留下的印記不開心。我永遠都會是『叛徒』，我的名字成了欺騙與不忠的代名詞。如果有人說『你這猶大！』大家都會明白這句話背後的由來和實質意義。」

黑夜降臨了。此時，我們看見一群魔鬼從北方接近。我們這些修士嚇壞了，但是魔鬼看見上帝的使者便有所退縮。儘管如此，他們還是想逼我們讓開，這樣他們才能抓住岩石上那不幸的男子，帶他回火焰之島。

他們咆哮道：「我們的主子喝令我們今晚帶叛徒回去。你為什麼要保護他，聖人？」然而，布倫丹說：

「我沒有保護這個人，但是主耶穌基督允許他在石塊上留到早晨，所以他得留下。」

他們尖聲叫道：「那等我們抓到他之後，我們會更嚴厲地懲罰他。」

「不行！懲罰必須維持上帝所吩咐的那樣，你們或你們受詛咒的主子都沒有權力改變。讓這罪人留到早上，我們今晚會陪他祈禱。」

事情就如聖人所說的那般。破曉時分，猶大謝謝準備離去的我們。我一邊划著槳，一邊回頭看，看見他被一群尖聲怪叫的魔鬼帶去北方。

我們繼續往南前進，尋找聖人的應許之地。我記得我們好像有瞥見那個地方一眼，但是我的記憶現在不太好了。我們回去後，布倫丹受到召喚，永遠地安息了。現在我已經老了，也在等著被召喚。這許多年來，書本（不是船）成為我的人生，但我時常想起那驚奇的旅程。我想，在我們遇見的所有事物——怪物、魔鬼、朝聖者、隱士、鳥和鯨魚——當中，我最常思索的就是不開心的猶大，坐在那塊悲慘的岩石上，等待魔鬼前來將他帶回地獄。

次頁：聖布倫丹與僧侶，取自加斯帕・普洛蒂烏斯（Gaspar Plautius）所著的《新完成的航程》(*Nova typis transacta navigatio*)，1621 年 G.7237 的插圖

M. Canaria.

Insulæ Fortunatæ.

S. Brandano.

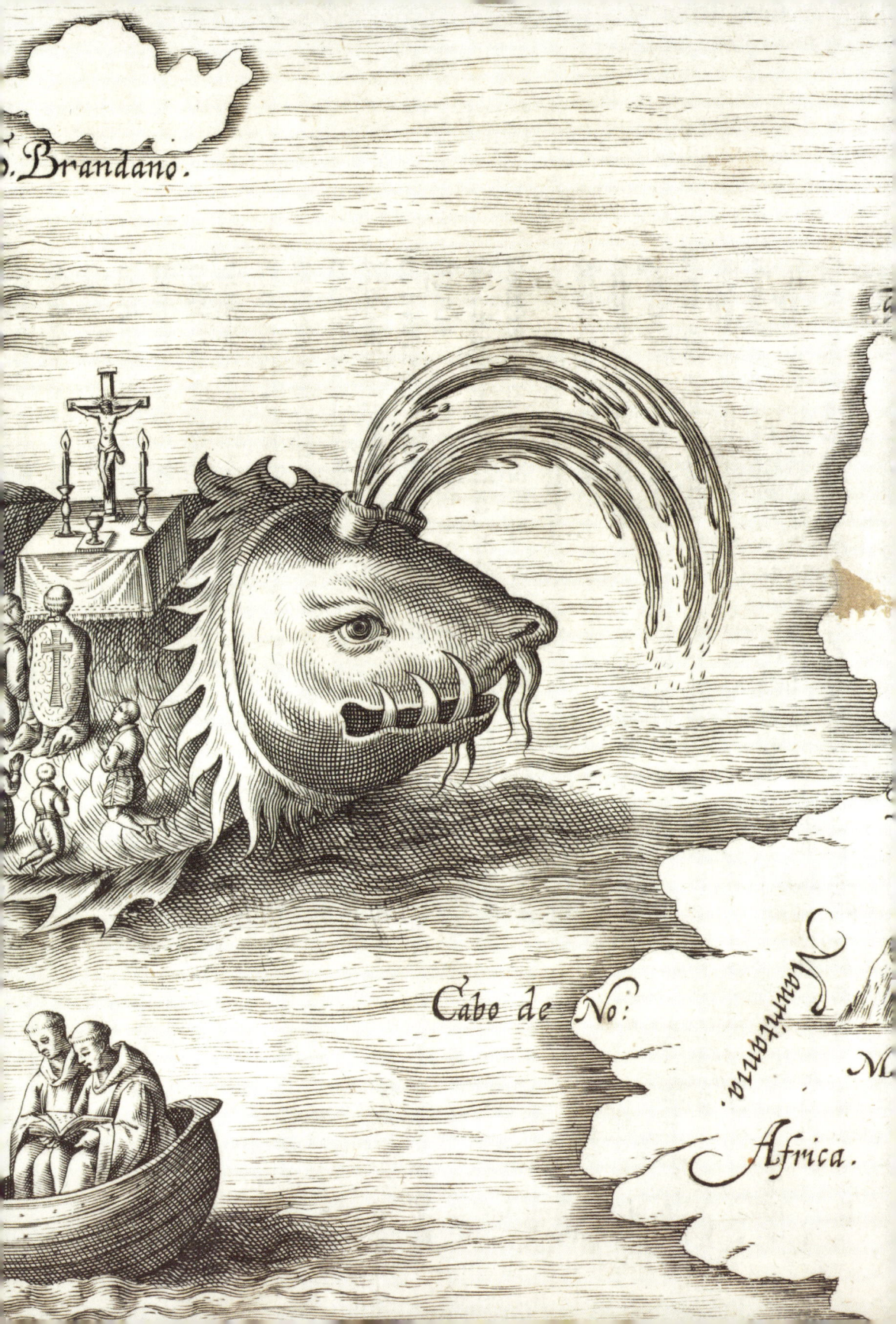

Cabo de No:

Africa.

反思

航海家聖布倫丹的故事是歐洲文化傳統的偉大航海傳奇之一。我們對布倫丹本人所知甚少，只知道他是愛爾蘭早期基督教一位影響力很大的教士。他的一生大概橫跨西元五世紀末和六世紀初，此時愛爾蘭的修道學習才剛開始在歐洲各地的宗教機構發揮影響。很可能是來自這個傳統的某位抄寫員，首次用拉丁文寫下這位聖人的冒險航程，後來便有無數個版本出現在整座大陸了。現在，約有一百二十五份記錄這趟旅程的手稿存放在世界各地的圖書館。這傳說也加入歐洲當時正在發展的各種方言，變得非常活躍，影響了許多海洋故事，也受到其他故事的影響。

完整的故事（這裡收錄的橋段便是從那裡擷取）是講述一名名為巴林德（Barrind）的修士拜訪了可敬的布倫丹，跟他說他去了一座位於愛爾蘭西邊的島嶼，被稱為聖人應許之地。布倫丹於是決心朝聖那座島嶼，於是在經過完善的準備之後，便跟十七位的修士一起從克立郡的丁格啟程。他們為這趟旅程建造的小船是一艘「愛爾蘭古舟」，這是愛爾蘭西岸獨有的船隻設計，方法是將牛皮拉長蓋住一副輕盈的木頭架構，然後塗上動物脂肪。這支探險隊造訪了許多島嶼、遇見了許多人物和生物（包括跟小島一樣大的魚），期間完全遵循各項宗教禮儀。他們在故事接近尾聲時遇見猶大。歷時七年後，他們終於抵達聖人應許之地，接著返回愛爾蘭，布倫丹壽終正寢。

沒有證據可以證明真有一位名叫布倫丹的歷史人物完成了此處描述的旅程，但是相關教派依然興起，傳說也繼續傳播下去。布倫丹的追尋故事結合了基督教和凱爾特的元素，直接催生出「航海物語」（immram）這種敘事形式：一個核心主角出海冒險，欲尋找愛爾蘭以西的凱爾特異世界（本書收錄的〈青春國度的莪相〉是這個文類的例子之一）。布倫丹也常跟萊夫·艾瑞克森一起，被列為比哥倫布1492年「發現」北美大陸之前，更早踏上這座大陸的勇敢歐洲冒險家，這些人有的甚至比他早了好幾百年。

故事裡的猶大橋段彰顯出這場冒險主要是基督教的活動，既是在追尋恩典，也是在提醒我們每個人最後的結局。雖然遇見「叛徒」的遭遇表面上看起來只是另一段奇異冒險，但是這其實是整趟旅程的關鍵。在耶穌死後的幾十年以及之後的幾百年，猶大變成基督教敘事的關鍵角色。根據福音書和聖保羅所寫的文字，猶大基於以下一或多個原因背叛了耶穌：嫉妒、貪婪、魔鬼上身，甚至有人暗示政治利己也是因素之一。沒多久，他就被描繪成（某位歷史學家筆下的）「弒

兄、弒父、亂倫的小偷和基督殺手」。可憐的猶大真的是世紀「惡人」。

近年來，開始有人替他昭雪。許多當代的神學家認為，理解猶大最好的方式應該是，將他視為基督誕生那時，猶太文化兩派活躍激進思想的擁護者。

「世界末日論」（Apocalypticism）主張既有秩序即將遭到毀滅，只有被選中的少數人會倖存下來，幫助「人子」在地球上創造上帝的國度。「諾斯替論」（Gnosticism）是一種祕傳哲學，擁護者將這個世界視為一場宇宙災難，排斥傳統的猶太教，傾向直接經歷神格。不用說，這兩種思想都不受到當時在巴勒斯坦握有影響力的勢力所喜愛，也就是羅馬王權及古代猶太宗教。

2006 年，《猶大福音》（The Gospel of Judas）的英譯本出版了，這是在三世紀以科普特文（Coptic）寫成的文本（但理應是以更早之前的文本為依據），內容為猶大和耶穌之間的對話。這個文本 1970 年代才在埃及被發掘，內容描繪的猶大跟人們普遍接受的傳統完全相反，說他是按照受上帝恩澤的耶穌給他的指令才做出行動的。在基督死後數百年的那個時代，基督教處於成形階段，各種「異端」信仰（如玄識論）遭到有系統地鎮壓。然而，對猶大來說，他所得到的後果非常嚴峻且久遠。身為「叛徒」，猶大從以前到現在都是基督教正統派的問題人物。

很多問題衍生而出：猶大的命運就是要背叛耶穌嗎？沒有猶大的背叛，耶穌有辦法完成救贖任務嗎？如果有辦法，要怎麼完成？為什麼彼得的背叛（他三度不認基督）可以被原諒，猶大卻不可以？耶穌感覺是需要猶大的，就如同忠誠的概念需要背叛的概念才能成立。這就是猶大在歷史上被分配到的角色。文化歷史學家蘇珊・古巴（Susan Gubar）主張，猶大是證明規定成立的那個特例，是糾纏西方文明的鬼魂，體現了傳統上宗教一直努力消滅的那些妥協與不確定性。猶大就是我們的鏡子。

或許，這樣的理解便是布倫丹為何對猶大的困境感到同情的原因。在神學家忙著替這位大叛徒想出更悽慘的懲罰的時候，這位航海家卻為同樣身為人類的他表達出真正符合「基督徒」精神的觀感，無論他有多麼淪喪，無論他有犯下什麼罪過。

追尋這件事本身是成功的，因為修士們的確有找到聖人應許之地（但在經歷漫長的尋覓之後，他們造訪那個地方的相關敘述卻少得驚人）。然而，這趟旅程真正的成就其實是，布倫丹證實了我們所有人都共有且必須忍受的人性。我認為這才是他和修士船員帶回愛爾蘭的關鍵思想。

دجله را بر مثال رفتار عجب مسازه بود / پای درزنجیرو کف برلب کمر دیوانه بود

چرخ می‌زد آب و می‌گشت بر گرد حصار / گوئیا بغداد شمع و دجله چون پروانه بود

水手辛巴達的
首航之旅

　　當我終於頭腦清醒後，我才發現自己已經揮霍完父親留下的錢財。土地、珠寶和財產都沒了，幫我一起花掉這些東西的朋友也走了。我的內心充滿深深的羞愧，我決心在眾人與真主面前改善這樣的處境。

　　我把僅剩的幾樣資產賣掉，用來投資一項從巴格達（Baghdad）出發的貿易事業。我跟一群冒險家前往巴斯拉（Basra），在那裡雇用一艘船和一個對遊歷、貿易和賺錢有興趣的船長。在一個美麗的春日早晨，我們在美好的天氣和友善的大海中出航。

　　我們計劃沿著波斯灣往南行，接著往東前往富庶的印度，沿途找機會貿易。我們在無數個島嶼和濱海城鎮停留，總是受到人們好奇友善的歡迎。貿易的成績很不錯，這趟旅程看起來很有可能獲利，我希望我的財力和志氣都能有所改善。

　　有一天，在航行許多個星期之後，我們發現自己正在靠近一座島。船長認為這是個休息的好地方，因此他跟幾名水手留在船上進行一些修繕，其他人則上了岸。那裡確實很美，有著坡度緩和的金色沙灘，內陸還有翠綠茂密、閃閃發亮的樹木。我趁這個機會思索自身的進步，其他人則忙著做菜、清洗和玩樂。

　　船上傳來一聲吶喊，打破了放鬆的氛圍。是船長在叫。

　　「快逃啊！」他喊道，「這不是島嶼，是一條巨大的魚，靜止地躺在海上。那些沙子肯定是從沙漠吹來的，有一些被風吹來的種子在上面落地生根。你們

巴格達之城，取自十四世紀的詩人布哈拉的納西爾（Nasir of Bukhara）詩集中的迷你圖畫（1468 年），Add. MS 16561, f. 60r

冒險航程

的火堆和玩樂聲吵醒了牠，趕快離開，以免牠把你們一起帶進海底！」

不幸的是，我人在「島嶼」最遠的那一端。地面開始震動搖晃，就像我兒時經歷過的地震。離船比較近的幾個人成功爬上船，但我們其他人都被甩到海裡。這條巨魚在沉睡了很久之後被吵醒，開始扭動翻攪，使大海也洶湧奔騰起來。大魚躍出水面，就像大地吐出一座山脈。接著，牠以雷霆般的力量撞進海裡，使貿易船乘著巨浪快速被推遠。那頭怪物迅速游向深海，將周遭的一切人事物全部跟著拖下去——除了我以外。

我在水面載浮載沉，等著海浪把我壓下去，卻看見一座木製浴缸，是大魚醒來前有人拿來泡澡用的。我艱難地游向它，爬進裡面。此時，我頓時領悟到自己的處境有多麼淒涼。我喪失了所有朋友，還有那些我希望可以改善自身處境的貨物。炙熱的陽光打在我身上，我沒有任何糧食，很快就失去意識，只得任由海風和海浪要帶我這艘權宜的小船去哪，就往哪去。

醒來後，我發現自己已被沖到另一座島嶼的沙灘上。我成功找到一處可以飲用的泉水，還有一些我沒看過但仍吃得狼吞虎嚥的果實。幸好這些果實安全無虞，因此在接下來幾個星期，我慢慢從磨難中恢復。

起初，我以為島上只有我一個人，但是有一天我沿著潮汐線漫步時，卻看見一匹高貴的白馬被栓在木樁上。我靠近時，牠緊張地發出嘶聲。一名男子出現，問我在那裡做什麼。我跟他說了我的旅程、魚之島、財產全失以及命運帶我來到這座島上的經過。

我也很好奇地問他：「那你呢？你怎麼會在這裡，這匹俊俏的馬兒又為什麼會被綁在海邊？」

男子帶我到附近的一處洞穴，給我滋補身體的食物和提振精神的飲料。他告訴我，他是服侍國王的馬伕，國王的財富仰賴他所繁殖販賣的那些駿馬。他說：

「每個月，島上最好的母馬都會被帶來這裡栓在海邊。海中種馬如果聞到

對頁：埃德蒙・杜拉克（Edmund Dulac）所繪的插圖，取自《水手辛巴達及一千零一夜的其他故事》（*Sindbad the Sailor, and Other Stories from the Arabian Nights*）1914 年，K.T.C.102.b.2

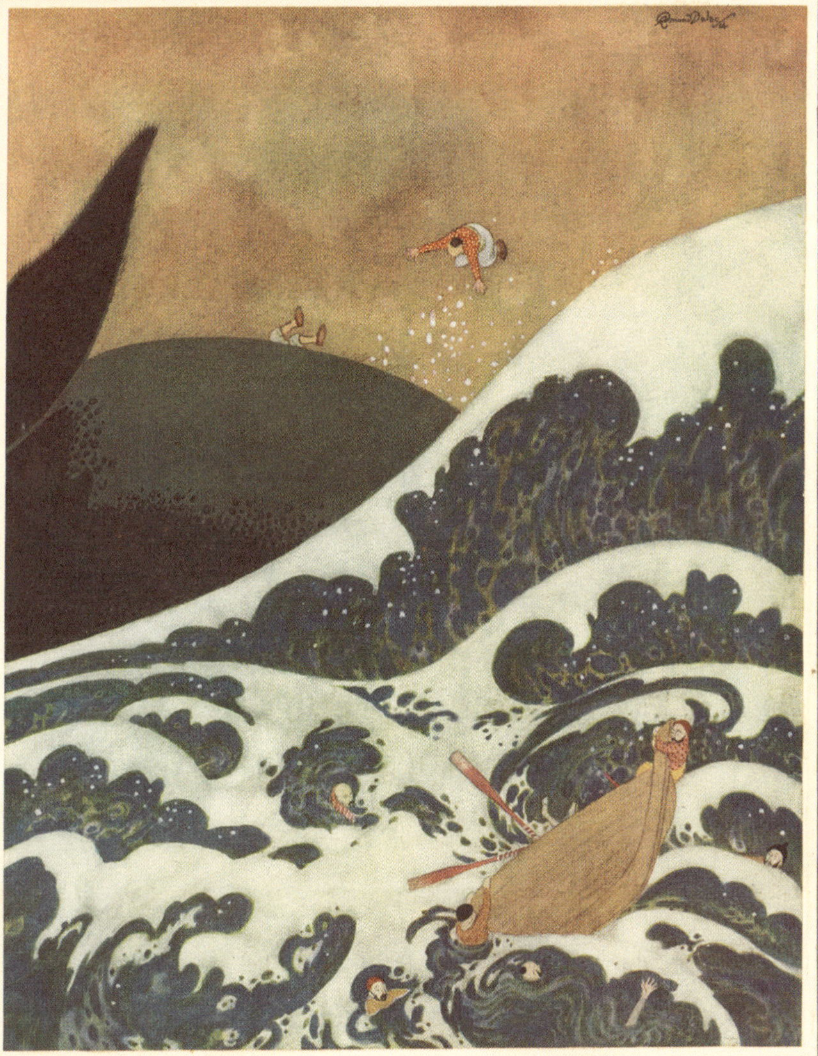

牠們的氣味，就會從水裡現身，跟母馬交配。完成後，我們會把牠們趕回海裡，但是這些母馬就能生下世界上最優良的馬。沒有任何馬的美麗、力量和速度比得上牠們。看好了。」

事情果真如他所說。海浪開始翻攪騷動，一匹巨大的白馬躍出水面，一邊噴著鼻息，一邊拱背跳躍。牠那狂亂的眼睛掃到被拴著的馬匹，於是便衝向牠，我們則在黑暗的洞穴裡等待。海中種馬完事後，想要把母馬一起拖下海，但是我的同伴立刻拿著劍和矛衝出去，將牠趕回海裡。不久，更多馬伕領著國王的母馬從島上各處過來。

這些人給我一匹馬騎乘，帶我去到國王的宮廷。

吃過歇過之後，我將我的故事告訴國王。他聽了很是高興，相信我被真主選中了，會擁有長壽富足的一生。由於我有航海經驗，他便任命我為海港大臣。我欣然接受，在接下來的數個月做得很順利。服侍國王的期間，我觀察到許多令人驚奇的事物，但我常常想起我的貿易船，想要回到和平家園巴格達的親朋好友身旁。

有一天，一艘商船來到國王的港口，希望獲准貿易。貨物都下船後，我問船長船上還有沒有其他東西。

他回答：「有的，船上有一些貨品，屬於我們在航程初期溺死的一位夥伴。他的名字叫辛巴達，我們打算把他的財產交給他住在巴格達的家人，讓他們可以賺錢。」

此時，我突然認出這位船長，驚呼：「我就是辛巴達呀！你船上的商品就是我的！」

於是，我告訴他我是如何在魚之島的意外中倖存、如何結識國王的馬伕、國王又是如何賜給我一個很有權力的職位來服侍他。

船長一開始並不相信我，還懇求真主讓他別受騙子所害。他說，他親眼看見辛巴達在他眼前溺死，因為我一看就是想利用一場悲劇圖利，所以他還揚言要讓我受到法律制裁。

於是，我有條不紊地慢慢重述我們從巴斯拉出航的經歷，包含一些只有跟船長單獨在一起時才知道的某些細節。最後，他驚奇地看著我說：「真的是你，

辛巴達！我們沒有一個人相信你能逃過死亡，畢竟有很多人都死了。真主顯然特別厚愛你！」

我遂拿走我的商品，要獻給島上的國王。他再次欣喜地聽著我的故事。可是，當我要把東西獻給他時，他拒絕了，反而賜予我很多可以攜帶的財寶。我一再感謝他，接著準備坐上商船返回巴斯拉。

經過數週平靜無事的旅程，我們終於抵達那座偉大的港口。我從那裡急急趕去巴格達，要讓我的親朋好友知道我還活著，而且我已經得到財富。我把累積的商品賣掉，存了一大筆財富，於是便安定下來（我以為是如此），過著愉悅寧靜的日子。

然而，我已經染上一種難以壓抑的流浪癖，在巴格達過了幾個月奢侈的生活後，我發覺我永遠無法安寧，除非我的雙腳再度踏上從巴斯拉出航的船隻甲板。因為我是水手辛巴達，只要能夠航行，就得航行！

反思

水手辛巴達（有時只作「辛巴達」）的冒險共由七則故事組成，背景是十世紀晚期的阿拔斯帝國（Abbasid caliphate）。先知去世後數百年曾出現一段「伊斯蘭黃金時期」，是政治、經濟和文化擴張的時代。其中，辛巴達的故事跟哈倫・拉希德（Harun al-Rashid）那段了不起的統治期特別有關係，他在西元786到809年之間從巴格達治理整個帝國。

辛巴達的故事原本是獨立存在的，但後來被收錄在著名的《一千零一夜》之中。在西方，最為人所知的版本收錄在理查・波頓爵士（Sir Richard Burton）1885年所翻譯的龐大波斯故事集的第六冊（第536到566夜）。

波頓是個非常有意思的人物，其生平幾乎就跟辛巴達本人一樣多采多姿、充滿冒險。波頓是軍人、學者、探險家、外交官和非常優秀的語言學家，他的事蹟包括：完成歐洲人探索非洲大湖地區的史上第一份紀錄，並是翻譯和出版印度《愛經》（Kama Sutra）的第一人。不過，最出名的成就或許是，由於他對伊斯蘭教的語言和文化有透徹的了解，他在1853年進行了一場朝聖之旅，前往麥地那和麥加這兩座禁城。

與當時的風氣頗為格格不入的是，波頓也對帝國主義有所批評，包括跟他的身世、教養和生涯有關的大英帝國主義。儘管他在某些方面是十九世紀英國紳士冒險家的典型人物，波頓的研究（從他大量的出版物當中可以看出）卻顯示他對自己在世界各地認識的文化大抵抱著同情支持的心態，對帝國主義所蘊含的政治與哲學論點極為懷疑。在東印度公司擔任軍官（所有的文獻都說他是個非常堅決和鐵腕的軍人）的那段時期使他相信，殖民主義的本質就是透過暴力支持的剝削行為。雖然他的生平和觀點十分複雜，但他顯然非常著迷於人生的歷史、地理、生物和文化多樣性。由他來讓這個世界注意到辛巴達這個角色，再適合不過了。

波頓在註解中指出，辛巴達遇到的魚之島在許多文明的文學殘遺中很常見。比方說，西元一世紀的羅馬人大普林尼（Pliny the Elder）在著作《自然史》（Natural History）便寫到，印度洋有一些海怪「體積大到無法動彈」。聖布倫丹一行人也在類似的狀況下，差點就被一條稱作亞斯柯尼烏斯的大魚給毀滅（不過他們後來跟牠變得頗為友好）。這讓我們再次想起，對大部分的古人來說，這個世界大體上是未知的，天際線以外不熟悉的地方可以被畫地圖和說故事的人填滿各式各樣奇妙的暗示和想像。

《一千零一夜》等文化敘事以及水手辛巴達等代表性「角色」，都跟「東方主義」（Orientalism）這個傳統的學術研究領域有關。這個論述原本致力於發掘和理解「東方」生活的核心本質，從這方面來看，辛巴達的航程明顯反映了歐洲之外的國度所具有的色彩、異國情調和神祕感——在這裡指的是「中東」，也就是約莫由開羅、大馬士革和伊斯坦堡所組成的未明確定義的弧線地帶。「東方」地區一直延續到太平洋中部，然後就碰到另一個想像的國度：西方。從波頓的生涯可看出，這個版本的東方主義蘊含了支撐帝國主義的思維和做法。

後面這個洞見跟「東方主義」的第二個定義有關，那屬於二十世紀晚期的論述，跟巴勒斯坦學者愛德華・薩依德（Edward W. Said）以及後殖民主義這個學術領域特別相關，焦點是分析西方所呈現出來的「東方」時，必定會隱含的權力關係。如果帶著東方主義的眼光，我們或許可以承認，儘管辛巴達是全世界文化想像的角色，我們也應該仔細留意他被呈現出來的樣子具有什麼體制脈絡（包括現在這則故事的脈絡）。

有一個版本的東方主義不斷促成辛巴達故事的改編電影。第一部辛巴達電影是由德裔美籍的電影製作人烏布・伊沃克斯（Ub Iwerks）在 1935 年製作的動畫短片，描述辛巴達跟一些非常怪異的海盜起衝突，接著展開一段冒險經歷，先是出現幻覺，看見夏威夷女郎在跳舞，後來又被一隻會噴火的巨鳥拯救；這隻神奇的巨鳥叫作洛克（Rukh），在原始的其中兩則辛巴達故事都有出現。隔年，《大力水手卜派遇上辛巴達》（同樣有提到洛克鳥和鯨魚島）入圍奧斯卡最佳動畫短片獎。辛巴達下一次出現在大銀幕，是 1947 年由雷電華電影公司製作的經典之作，演員陣容包括小道格拉斯・範朋克、瑪琳・奧哈拉和安東尼・昆。2003 年的辛巴達電影卡司更強大，包括布萊德・彼特（飾演英雄辛巴達）、凱薩琳・麗塔－瓊絲和蜜雪兒・菲佛等演員。

這則故事還有「敘事可信度」的問題（這本書收錄的許多故事其實都有）。一位朋友在讀過這些故事的早期版本後，認為辛巴達跟船長重逢時，應該肯定會認出跟他在故事的前半部一起航行的船長才對。這樣說沒有錯，但卻把重點放錯了：神話、傳說和民間故事並不在乎現在這個充滿小說、電影和製作優良的戲劇的時代所著重的那種（或那個程度的）可信度。傳說就像人生，有時事情就是發生了，我們不一定會知道原因。

辛巴達大部分的冒險都發生在陸地上，有人甚至曾經諷刺地說，他應該稱作「乘客辛巴達」才適合，因為他實際航海的經驗真的不多。話雖如此，大海的確是他的主要舞台。辛巴達最首要的身分是水手，雖然是虛構人物，但是他的典範卻為許多探險冒險家帶來啟發。

麥哲倫、麥克阿瑟、艾瑞克森、卡波托、伊本・巴圖塔（Ibn Battuta）和聖布倫丹都活出了辛巴達的精神。

庫佩航向
奧特亞羅瓦

偉大的酋長庫佩（Kupe）為什麼要離開哈威基（Hawaiki）？有兩個說法。第一個說法對庫佩的形象很好。據說，當時有一隻可怕的怪物穆圖蘭吉（Te Wheke a Muturangi）章魚不斷滋擾他們的家園，在四周的海域出沒，會偷魚餌、攻擊漁民，讓當地人飢餓受苦。情況變得越來越危急，於是大家召開緊急會議，要決定該怎麼做。這時，有人提議獵殺那隻章魚。這個主意很有道理，卻沒有人敢接下這項任務。此時，庫佩站出來說，他和他的朋友納胡以及幾名優秀的獵人願意背負這危險的任務。經過幾天的籌備，他們出海追殺那致

拿著一根槳的庫佩，奧克蘭大學毛利會堂的部分雕刻，由梅蘭妮・洛維爾－史密斯（Melanie Lovell-Smith）拍攝

命的怪物。他們找到牠之後發生了什麼事，你很快就會知道。

第二個說法對他的形象就沒那麼好了。有個名叫托托的知名工程師建了一艘雄偉的獨木舟，取名爲馬塔烏魯瓦（Matahorua）號，送給他美麗的女兒庫拉瑪洛蒂妮。庫佩不知道自己究竟比較覬覦什麼──是那艘獨木舟，還是他的女兒，總之他知道自己兩個都想要。可是，庫拉瑪洛蒂妮已經結婚了，丈夫不是別人，正是庫佩的堂弟胡圖拉帕。於是，有一天庫佩邀請胡圖拉帕跟他一起出海捕魚。在離哈威基很遠的海上，庫佩趁堂弟不注意時，把自己的魚線卡在獨木舟底部。然後，他裝出一副氣惱的樣子，要胡圖拉帕潛到水裡看看能不能把魚線解開。這位年輕人不太情願，但是他想在權力很大的堂哥面前表現一番，所以就去了。庫佩立刻割斷船錨和魚線，快速划回家園的島嶼，讓那可憐的年輕人活活溺死。

庫拉瑪洛蒂妮的家人覺得胡圖拉帕的死很可疑，當庫佩又說要帶走她和她從父親那裡繼承的獨木舟時，更覺得疑點重重。**另一場**戰爭似乎一觸即發！爲了避免流血衝突，也爲了避免失去剛剛才得到的戰利品，庫佩召集親朋好友、

帶著祖先留下的船錨，乘著馬塔烏魯瓦號離開哈威基。船上總共有七十二個人（包含庫佩的妻子希內特阿帕蘭基和他們的五個小孩），還有長途旅行需要的糧食。庫佩告訴他們，他們的目標是要找到詭計之神毛伊從海底釣起來的傳說之島。

瑞提是獨木舟的主要航海員，因此他運用自己所有的知識和技巧找路。他的心裡永遠記得比他更早以前出海的人流傳下來的古老傳說。他用手指描繪星圖，用雙手感測海流，用眼睛觀察雲朵不斷變化的色彩和形狀。他也很留意風、浪、魚和鳥的變化，總是關注這些事物傳達的細微訊息。然而，第一個看見後來變成奧特亞羅瓦那座島的人不是他，而是希內，那就像一塊「長長的白雲」飄過南方無止無盡的藍天。

現在，不同開頭的故事在這裡匯合。兩個故事都說，庫佩一行人沿著北島的東岸航行時，發現一處洞穴，裡面住著那隻邪惡的章魚。章魚長 73 公尺、寬 7.3 公尺，有很大的邪惡眼睛可以看見獵物。可是，當牠看見嗜血的庫佩一行人，這隻怪物卻逃跑了，獨木舟緊追在後。牠游過強勁的沿岸流，接著進入現在人稱庫克海峽的水域。牠在那裡轉頭迎戰，於是擁有決心和秩序的人類便跟強大狡猾的章魚展開一場雄偉的決鬥。怪物用牠醜惡的觸手纏住馬塔烏魯瓦號，打算拆解獨木舟的木板，然後一個一個解決遭遇船難的水手。庫佩和納胡用斧頭砍章魚，但是儘管他們成功施予一些傷害，卻仍無法逼章魚放開獨木舟。反之，章魚抓得更緊了。希望相當渺茫。

此時，庫佩有一個點子：既然蠻力沒用，狡詐或許有效。他撿起一個在甲板上滾動的大水罐，扔到章魚眼前翻騰的波浪之中。這隻邪惡的生物以為那是人類，一隻觸手便伸過去要將它打碎，因此鬆開獨木舟，同時露出最脆弱的身體部位。庫佩毫不猶豫地跳到空中，拿著斧頭使盡全力砍中章魚。他砍了一下又一下，章魚則在白花花的水中扭來扭去。馬塔烏魯瓦號似乎就要斷成兩截時，庫佩又給予兇猛的一擊，章魚終於掉回水裡，頭身分離。他們贏了這場戰鬥！

庫佩和他的追隨者到岸上休息。過了一陣子，他們開始在這附近到處航行，發現許多小島和海灣，給他們遇到的所有自然地貌取了適當的名稱。他們

也有到內陸探索，凝視雲霧繚繞的森林和白雪靄靄的山巒。在一個叫波里阿（Porirua）的地方，庫佩用他從家鄉帶來的一顆美麗船錨石，換到一顆同樣美麗的石頭，是他們都不曾看過的種類；在一個叫帕提亞（Patea）的地方，他聽見烏鴉嘎嘎叫、看見扇尾鶲跳舞。

接著，馬塔烏魯瓦號啟程返家，那也是一趟漫長艱辛的旅程。在經歷了許多磨難、總算回到哈威基之後，庫佩告訴家鄉的人跟章魚決鬥的故事。他告訴大家自己在南方那塊充滿生機的土地上看到的一切：海灣、海流、遙遠的山脈，還有在肥沃的土壤裡生長的茁壯植物。他也說到烏鴉和扇尾鶲。年輕人興奮地聆聽。此外，庫佩也將他造訪過的地方名稱傳承下去，這樣下一代旅人才知道那些地方在哪裡，並欣慰地知道自己人曾經到過那些地方。

可是，之後如果有人問庫佩會不會再次造訪長長的白雲，他只會露出神祕的微笑，說：「庫佩會回去嗎？」意思就是：才不會！

反思

這則故事屬於同系列故事的其中一部分，整個系列都在講述大溪地和拉洛東加島等太平洋島嶼群的民族遷移到今天奧特亞羅瓦紐西蘭這塊陸地的過程。這個故事的一個版本在 1861 年由一位毛利長者寫下，後來由一個名叫珀西·史密斯（Percy Smith）的收藏家翻譯，並在 1913 年發表於《玻里尼西亞社會期刊》。史密斯先前的研究便已讓他推論，太平洋早在十世紀就出現廣布（但密度不高）的殖民現象，包括發現紐西蘭這件事。不過，關於這則故事裡的庫佩，他認為是屬於比較後來的一批旅人，從十四世紀才開始探險。這是「大遷移」的時代，有六艘大型獨木舟乘載數百人，運用前幾代的航海傳說從大溪地航向紐西蘭，希望永久殖民該地。

在這個和其他的學術研究中，史密斯提出了驅使早期太平洋遷移現象的幾個因素，其中之一當然是對旅行、探險、發掘天際線另一端有什麼東西的一股深切衝動。其實，尋覓「新」事物也是在尋覓「老」東西：從更早以前的故事可看出，這些移民「發現」的奧特亞羅瓦，其實就是他們的神明毛伊以前從海底釣出來的那片土地。因此，抵達紐西蘭的海岸也算是一種返鄉，這個例子清楚展現神話、傳說、民俗故事和歷史是如何交織的。

除了這個浪漫的動機，還有另一個不那麼浪漫的因素，那就是當很多人一起分享有限的空間和資源時必會產生的衝突（通常翻譯成「戰爭」）。有時，戰爭是源自跟婚姻、繼承和財產所有權（包括擁有女人的權利）有關的世代糾紛。這則故事的背後便存在著這樣的糾紛——庫佩私下想得到名叫庫拉瑪洛蒂妮的女子和稱作馬塔烏魯瓦號的獨木舟，並且殺害胡圖拉帕。

庫佩追殺大章魚（有時翻成「烏賊」）的橋段是故事中兩套說詞的連結點。這是另一個跟邪惡海怪有關的故事，他們似乎在文字出現以前，就已經出現在世界各地的海洋想像裡。在這些怪物——魚、鯨魚、海蛇——之中，神祕的頭足類動物向來佔有一席之地，包括烏賊、墨魚和章魚。

住在俄羅斯東部和日本北部的阿伊努族，便流傳巨大章魚「阿克羅神威」（Akkorokamui）的民間傳說，當地的漁業社群會敬拜這隻海怪。事實上，日本各地都有章魚祭壇，但是阿克羅神威雖備受尊

敬，其陰晴不定的脾氣卻也令人懼怕。我認為，這種矛盾的態度源自我們在面對這種美麗卻又幾乎完全陌生的生物時，所產生的矛盾反應。在2020年的獲獎紀錄片《我的章魚老師》(*My Octopus Teacher*)中，一個人類潛水員和一隻章魚發展出深厚的關係，進而學到有關生命本質的重要課題。另一方面，章魚也有一些特性令人感到有些不舒服：牠們似乎很有智慧（畢竟章魚確實有好幾個大腦）；擁有許多吸盤、觸手和心臟；能夠改變體色；能奇蹟似地把失去的觸手長出來；據說會做夢。因此，不難理解世界各地不同的族群為何對牠們會有以下混雜的反應，崇敬、害怕、著迷，有時是恐怖。

另一個邪惡許多的多足動物，人稱克拉肯（Kraken）。儘管克拉肯主要被認為出沒於挪威外海，但這種邪惡的海洋巨怪在世界各地的傳說和民間故事中，其實都曾以不同的形態存在。

自西元十世紀以來，便一直謠傳說有一隻巨大的多腳怪出現在北方海域。後來，一位名叫艾瑞克·路德維森·彭托皮丹（Erik Ludvigsen Pontoppidan）的挪威主教發表了關於這個怪物的第一個現代紀錄，收錄在1752年出版的偽科學著作《挪威自然史》(*Natural History of Norway*)中。這位容易聽信謠言、連人魚也相信的主教聲稱，克拉肯長達2.4公里，再大的船隻都能夠摧毀。現在，人們認為克拉肯的傳說可能是源自一隻屢次被人看見的大烏賊，牠的觸手有辦法拉到15公尺長，而且軀幹相當龐大，並具有攻擊性。「大」（15公尺）這個字在翻譯和重述的過程中會這樣演變（2.4公里），並不難理解。

在世界的另一頭，庫佩和他的追隨者將一隻邪惡的怪物追到北島和南島之間的海峽，使其因為無處可逃，只好轉頭迎戰。章魚之死被描述得相當戲劇化，但同時也十分準確——緊抓不放、水罐招數、將牠毀滅的最後一擊。就跟許多傳說一樣，我們可以在這些改編過的故事中察覺到歷史事件的影子。

海洋之星

日期：1562 年 7 月 13 日

船舶：葡萄牙卡拉維爾帆船海洋之星（Stella Maris）號，100 噸

高級船員：斐迪南・科埃略（船長）

　　　　　迪奧戈・卡瓦略（大副）

　　　　　法蘭西斯科・達科斯塔（二副）

　　　　　蒂亞哥・奧利維拉（甲板領班）

出發地：聖多美普林西比

目的地：巴伊亞的薩爾瓦多

目前位置：南大西洋

貨物：242 個非洲人

她左邊的那名男子剛剛斷氣了，於是依妮坦推了推他的屍體，以便挪出更多空間。這動作讓她的肌肉痠痛不已。在不間斷的哀號和呻吟聲中，黑暗裡有人從遠遠的那頭發出一聲喊叫。他們何時會來帶走已經死掉和快死的人？

~

卡瓦略站在甲板上望著天空，厚重的烏雲正從北邊滾滾而來，他已經可以感覺到小小的冰塊落在他臉上。無庸置疑，有暴風雨要來了。

~

依妮坦右手握著貝殼，左手手指不停撫摸它。船身每次晃動，她就得抬起頭，避開四處橫流的排泄物。

~

卡瓦略命令手下準備迎接暴風雨，但他們看著他的眼神中帶著乖戾和反叛。他把手放在劍柄上，重新複述指令。他們才慢慢心不甘情不願地去做自己的工作。黃臉的那個突然發出呻吟，倒在甲板上，口中吐出腐臭的泡沫。其他人跨過或繞過倒地的那個人。卡瓦略示意要年輕的二副過來幫他，兩人一起把屍體抬到船的一側，扔進海裡。達科斯塔哭泣著踉蹌走開。

~

她再次回想自己被抓的那天：在村莊後面的農地被人追逐；抓到她的黑皮膚男子充滿血絲的雙眼；她母親的哀求；套在她脖子上的繩索。她想起接下來那段漫長的旅程和最後抵達海岸的畫面；被用鞭子趕到港口的一大群人；停泊在海灣的那艘大船。她想起在等待上船的期間站著發抖時，腳邊的沙子中那一枚小小的海螺貝殼。

~

對頁：裝飾插圖，取自《深海圖說編年史》
(*Pictorial Chronicles of the Mighty Deep*)，1887, W46/5296

奴隸船叛變，取自威廉·福克斯（William Fox）的《非洲海岸維思傳教團簡史》（*A Brief History of the Wesleyan Missions on the Coast of Africa*），1851 年，4765.e.13

　　強風吹過索具，船身開始大力晃動。迪奧戈·卡瓦略一邊吃力地走上通往主甲板的階梯，一邊摸索著頸部銀鍊子上面的墜飾，喃喃地說：「聖母、榮福的貞女、水手之友，請幫我們度過今日。」

～

　　在甲板下，尖叫聲的音量和數量都增加了。依妮坦仍緊握著貝殼。在經歷可怕的一切之後，她竟然沒有把它弄丟。這讓她想起住在村莊附近水域裡的眾靈之母葉瑪亞（Yemanjá）。要是依妮坦死在這地獄般的地方，說不定葉瑪亞會等著迎接她？

～

蛇妖、賽蓮、漩渦

他沒有敲門就闖入船長的起居室。科埃略正坐在書桌前，憔悴並發燒著。紙張、地圖和器具散落在艙房各處，他右手拿著酒瓶，左手拿著酒杯。他一邊吃力地想把酒瓶靠向酒杯，一邊轉向迪奧戈，露出渙散的笑容，沙啞地說：「啊，大副先生，帝國真是一個苛刻的情婦，是不是呀？」

❦

甲板領班跑到下面，要貨物安靜一點。他站在艙口透進來的光線之中，手拿九尾鞭對著下方扭動的軀體大罵。依妮坦突然有個念頭：投入葉瑪亞的懷抱不是比身陷這個地獄還好嗎？其他人看著她極為艱難地站起身。甲板領班又走下一階，對著她破口大罵，然後舉起鞭子。

❦

達科斯塔衝進船長室。「先生，」他大聲喊道，蓋過了風的嚎叫聲。「你現在必須來！那些黑魔已經抓住了奧利維拉先生，我想他們要殺了他！」船長看著卡瓦略，微微笑道，「你去解決這個問題好嗎，大副先生？我會處理這裡的事情。」杯子從他手中滑落，啪嗒啪嗒地落在船艙的地板上。科埃略咯咯笑起來；盡可能向後靠以抵擋船的搖晃，將瓶子直接送到了嘴邊。

❦

依妮坦閉上眼睛等著遭受鞭打，但是卻沒有等到。她突然聽見甲板領班發出驚慌的叫聲，於是張開眼睛。樓梯兩邊都出現人的手，先是抓住領班的腳，接著抓住他的腿，然後抓住他的上半身。這些手想把他拉到臭氣沖天的下方。她聽見有人用她的語言大喊：「鑰匙！找鑰匙！」

❦

卡瓦略靠近貨物放置區時，拔出劍來。即使在這裡，即使暴風四處狂吹，那股惡臭仍令人幾乎無法招架。他正要下樓梯時，一名女子出現，站在他面前，奮力抵擋船身的晃動。她跟他們所有人一樣一絲不掛，頭髮被大概剃過，身上沾滿排泄物和血跡。但，她沒有表現出任何羞恥或害怕的感覺，就只是站

在那裡眼睛一眨也不眨地盯著他。他伸手撫摸他頸鍊上的墜飾。

依妮坦踉蹌走上樓梯，來到混亂的甲板。她的面前站著其中一個白色魔鬼，臉上露出恐懼困惑的表情。他一隻手拿著劍，一隻手好像在找浸濕的衣服底下的某個東西。依妮坦發現自己手裡仍握著貝殼。她用力緊握，貝殼邊緣刺破了她的肌膚。

女人和男人、非洲人和歐洲人、奴隸與奴隸販子：這兩個人站在大西洋上一艘命運已定的船上，彼此互看。儘管四周都是狂風暴雨，他們卻靜止不動。

上面不安全，妳最好回去下面。
我絕對不要回去下面，那會貶低你和我。
我無法保護妳，只能為妳的異教徒靈魂禱告。
我會去找水的母親、海洋女神葉瑪亞。她在那裡。

他扯下脖子上的鍊子，遞給她。

我們肯定都會死在這裡。這是我們的聖母，她會帶妳回家。

她一隻手接下鍊子和墜飾，另一隻手伸出貝殼。

我準備好接受死亡了，這個來自我的家鄉，裡面有葉瑪亞的神靈。

他從她的手中接下貝殼。上面傳來一聲喊叫。

我替妳感到抱歉，我很抱歉這發生在妳身上，我替自己感到抱歉，但我最抱歉的是我在這之中扮演了協助的角色。
我替你感到抱歉。

🌊

一道巨浪打中船隻腐爛的木板。船桅裂開、甲板破碎、船身翻覆，將船上的一切人事物拋進無情汪洋的冰冷海水之中。

🌊

装飾插圖，取自《深海圖說編年史》(1887 年，W46/5296)

反思

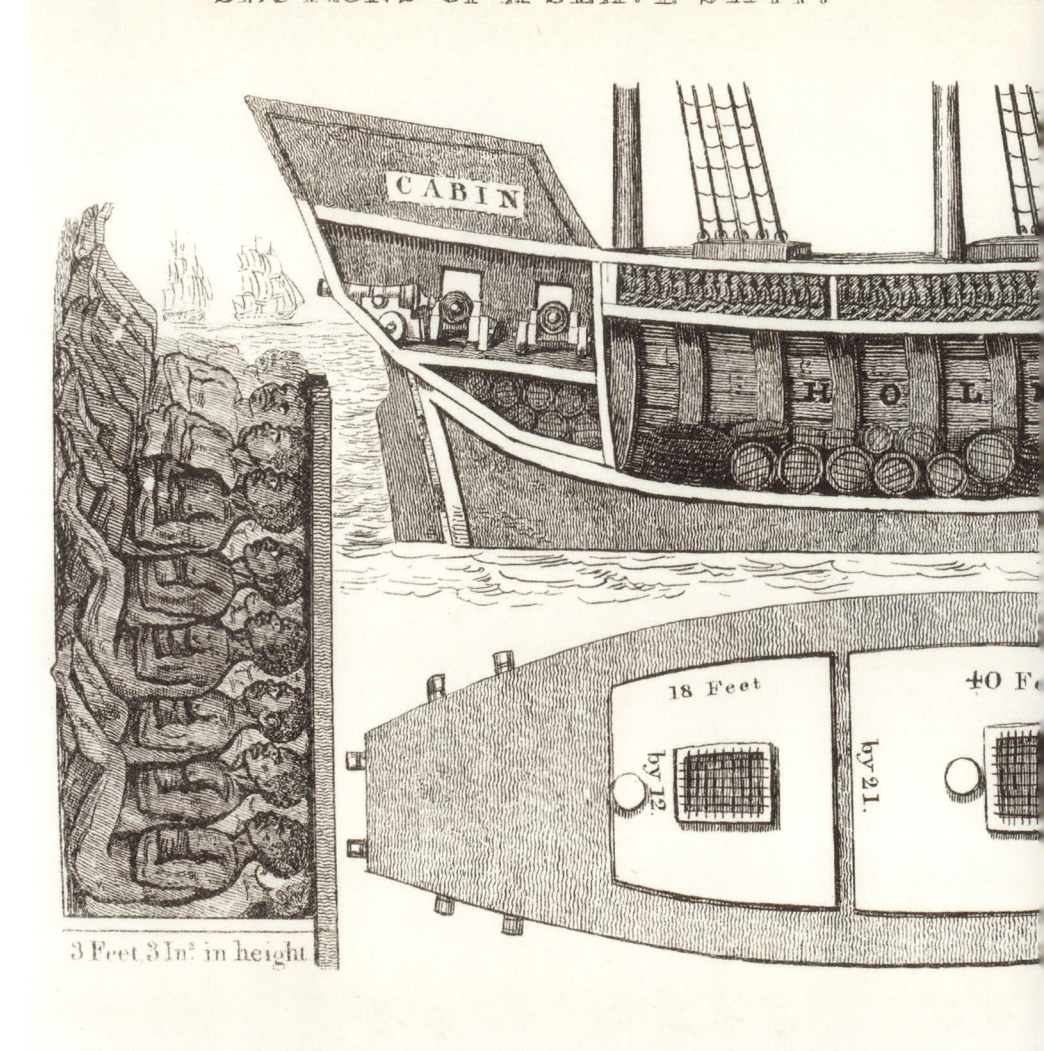

奴隸船的一部分,取自羅伯特・沃爾什(Robert Walsh)的《1828 和 1829 年的巴西記事》(*Notices of Brazil in 1828 and 1829*),1830 年,050.I.6

這則故事述說的是關於根源與路途，關於做為現代化種子和推手的船舶，以及大西洋這個文化交流的系統。這些概念全都來自英國學者保羅・吉洛伊（Paul Gilroy）的著作《黑色大西洋》(*The Black Atlantic*，1993年)，他在書中試圖從移動、流散和混雜的角度，重新思考現代西方史。

這則故事也想像了南美洲最強大的宗教角色「航海家女神」（Nossa Senhora dos Navegantes）誕生的那一刻。這個神祇跟那個地區——尤其是我們現在稱作巴西的現代國家——的悽慘歷史密不可分，牽涉到對形塑現代世界有著極大影響力的一些活動，如殖民主義、奴隸制、航海科技和宗教。

常有人說，早期的現代探險家從歐洲出發時，是一手拿十字架、一手拿劍。或許真的是這樣，但是我們也可以頗為篤定地說，他們的艙房還放了一些很糟的地圖，而他們的其中一個目標就是要用地名、描述和實用資訊填滿這些地圖的空白處。

基督教只是殖民主義的話術，真正的驅動力量其實永遠是財富和權力。在新世界的擴張遊戲中，葡萄牙在航海家恩里克王子（Prince Henry the Navigator）的率領下，

扮演了聰明且極具影響力的角色。葡萄牙在各國之中勝出，爭取到巴西沿岸地區的支配權，使這裡很快變成皇室直轄殖民地（1549 年），首都設在巴伊亞的薩爾瓦多（Salvador da Bahia）。殖民的過程需要長時間征服美洲原住民，他們實質上的奴役為接下來三百年那個地區的殖民擴張帶來重要的支柱，因為奴隸正是主要的財力來源。

製圖學也跟新世界的殖民及驅動殖民的奴隸制有很深的關聯。地圖可以讓人對未知的地方產生知識，地圖畫得越好，其中蘊含的知識越實用，根據你的意志操控未知的機會也越大。給自然地形（如一座山、一條河或甚至一片海）取名，是摒棄舊名稱的手段，同時也能摒棄舊名稱所隱含的相關記憶和用法。賦予一個東西名稱並固定在地圖上，能讓人從心理層次擁有這樣東西。一旦完成心理層次的佔有，政治層次的佔有就容易了。繼哥倫布之後出現的地圖固然是人類才智和野心的證明，但也是將某個版本的現實強而有力地加諸在弱者身上的文字紀錄。就跟其他的文明紀錄一樣，地圖也是一種野蠻的紀錄。

整座非洲大陸在成為奴隸制的舞台好幾百年後，歐洲偉大的航海國家才藉著現代的意識、經濟與科技力量，把這變成一種跨國產業。不同的文獻雖有不同的估計數字，但歷史學家推測在十六到十九世紀之間，約有一千一百萬到兩千萬名奴隸被強行帶離非洲，特別是與大西洋接壤的那些地區。其中，很多的捕捉行動都是非洲中間人協助安排的。估計數字之所以那麼難以確定，其中一個原因就是捕捉和運輸過程死了很多人。

葡萄牙自十六世紀初便有從西非運送大量奴隸到巴西，那條路線後來被稱作「中間通道」。對非洲人而言，第一通道是指從家鄉到裝貨區的這段路，而最後通道則是指從下船點到勞動目的地的這段路。1525 年，第一艘奴隸船從殖民島國聖多美普林西比出發，前往新西班牙（位於今天的墨西哥）。這是一個利潤很高卻十分危險的活動，因為當時的船尚未有適當的設備能運載這麼多人。船上的「貨物」被折磨羞辱得極為慘無人道，其運送過程的環境條件應該永遠印在人類的記憶裡。船員也遭到殘暴對待，幾乎快要反叛（有時真的會造反）。旅程本身很危險沒錯，但也會侵蝕人的心靈，金錢和倫理不斷繞圈，跳著可怕的死亡之舞。在這種情況下，難免令人想

要求助宗教。

敬拜聖母馬利亞的教派在當時已經發展一千五百年，與世界各地由來已久的女神信仰重疊和融合。將馬利亞跟大海結合在一起的做法，是十五世紀的葡萄牙遠洋水手先開始的。這些可憐的水手離家如此遙遠、對旅程充滿不確定，又受到嚴苛的對待，只得從少數可用的資源尋求慰藉。誰比上帝的人類母親更能夠平息暴風雨、引導船長、讓水手再次平安返家？就這樣，她演變成航海家女神，影響力後來遍及大西洋兩岸。

在這段時期，馬利亞漸漸跟一個女性神祇葉瑪亞融合在一起。葉瑪亞是奈及利亞和鄰近地區的約魯巴人所信仰的水靈，擁有許多不同的形體和特質，對許多被迫離開家園、身無分文的西非人來說，是很強大的角色。葉瑪亞的信仰是這些奴隸在前往西方的旅程中，少數能帶著走的東西之一（其他還有語言和記憶）。

所以，不難想像在奴隸制創造出來的強烈文化混淆感之中，基督教的聖母和約魯巴人的水神怎麼會在各方中間人的心裡變成同一個東西。現在，結合這兩個主要來源的這個角色在大西洋西岸各地都有信徒信奉。在古巴的聖德利亞教（Santeriá）裡，祂是萬物之母，主要的活動領域是大海。在每年二月二日這位女神的節日（跟航海家女神的節日同一天），總會有數十萬人到烏拉圭首都蒙特維多附近的海灘，在日落時分向海神葉瑪亞獻上貢品。

然而，葉瑪亞教派影響力最大、跟馬利亞（在這裡化身為海洋之星聖母）之間的融合最明顯的地方，其實是巴西，尤其是跟坎東布雷教（Candomblé）和溫邦達教（Umbanda）有關的儀式。巴西作家若熱・亞馬多（Jorge Amado）在小說《死海》（*Mar Morto*，1936 年）中，探究了葉瑪亞對巴伊亞的航海社群所發揮的影響。在那裡，這個有著眾多名號的女神是一個自由流動的女性象徵，無論是祂的養育萬物模式，或是祂的性感模式。在祂的眾多身分中，葉瑪亞也是海洋的女王，擁有保護漁民和船難倖存者的特權。祂大致上是溫和的，但也有可能發脾氣，而祂的其中一個象徵符號便是寶螺這種大海螺的貝殼。

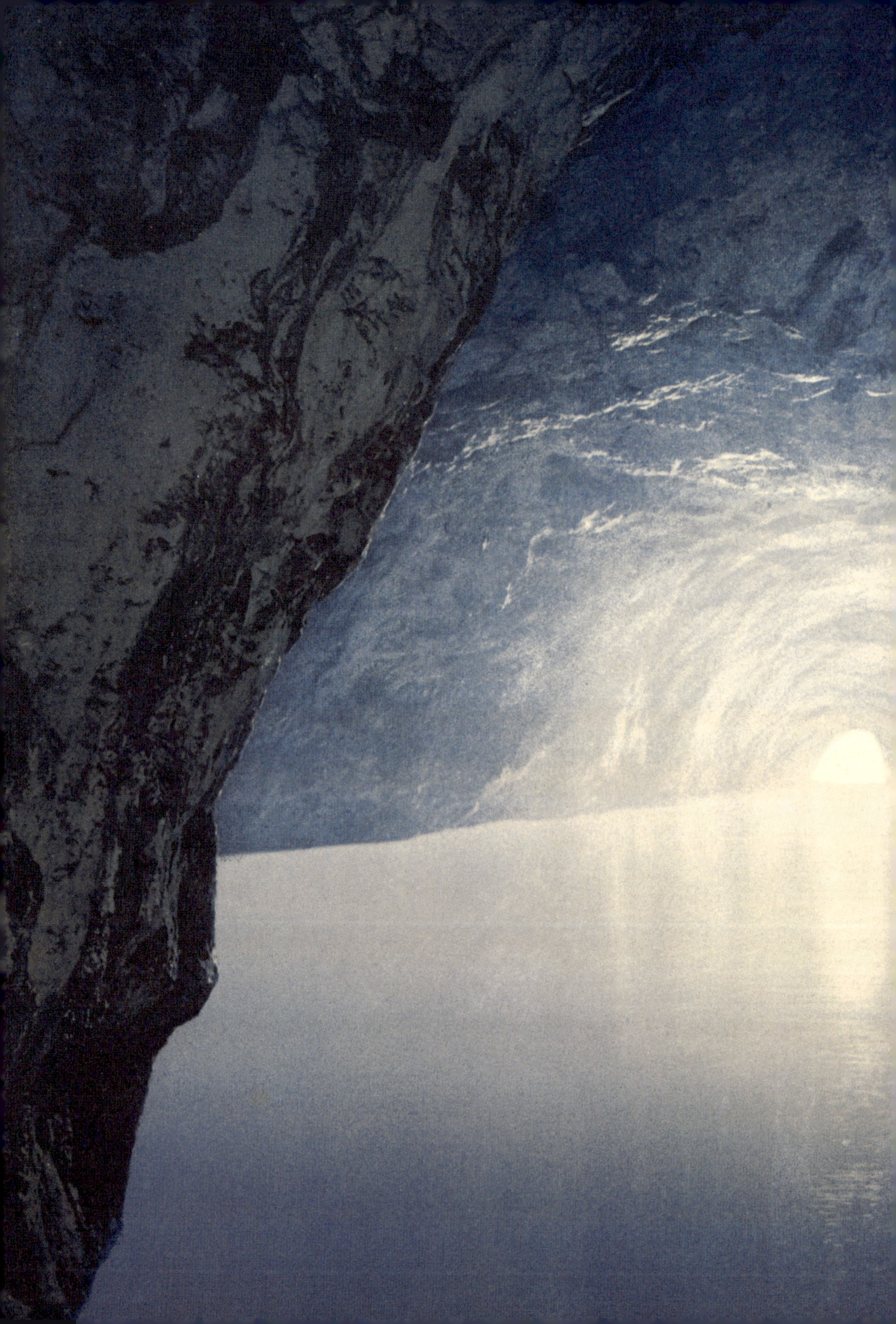

失落的地方與虛構的空間

LE ROI D'YS
PÖEME DE EDOUARD BLAU
MVSIQVE DE: E. LALO
PARIS, G. HARTMANN ET Cie.

浪潮白花花地翻滾
　　在暴雨肆虐的碎石海灘上；
海鳥飛過空中呼嘯
在海沙上方的狂風舞動中。
　　這裡是圖勒，極北的圖勒，
孤寂的國度。

西西莉・福克斯・史密斯（Cicely Fox Smith），〈極北圖勒〉（*Ultima Thule*）

地球的空間有限，但是在人類歷史絕大部分的時期，這個空間很多都是未知的，沒有畫在地圖上。由於我們有諸多生理限制，包括體型、力氣、移動速度、對休息和進食的需求等，這個世界相對來說是個很大的地方。只有到較近代的時候，因為我們發明了越來越快速的移動方式，這個世界才開始「縮小」。

　　現代以前，在地表廣大的空間中移動儘管充滿挑戰，卻是實踐已久的行為。飛禽走獸會遷徙，人類也是，而且理由很相似，都是為了跟隨食物來源和躲避惡劣天候。有時，人類會永久遷居到另一個地方，尋找更好的生活。因此，遷移的概念深植在我們這個物種的記憶裡。

　　然而，地方的概念也是——守著相對安全與熟悉的家鄉地景的概念。從這個角度來說，「歸屬」一個地方會帶來一種很強大的能量，對個人的心理是如此，對個人所隸屬的廣大社群也是如此。

前頁滿版：卡普里島的藍洞，彩色相片輸出（1890 到 1900 年），華盛頓特區國會圖書館

對頁：愛德華・拉羅（Édouard Lalo）的歌劇《伊斯之王》（*Le Roi d'Ys*）的海報，1888 年，巴黎法國國家圖書館

失落的地方與虛構的空間

地方的能量形塑了文化史，甚至可能是最初點燃文化火種的那個火花。比方說，有些人類學家和哲學家推測，「居住」這件事創造了語言出現的條件，因為人類在那樣的狀況中學會命名與描述他們經歷生死的當地環境。

　　想要有「空間」移動與想要有「地方」休息的這兩股衝動不斷輪替，造就了人類歷史的形狀和形式。相同的二元性（空間與地方、移動與居住、陌生與熟悉等）存在於我們的整個文化史，也存在於我們用來描述自己和我們所居住的世界的那些故事裡。

　　海洋在空間與地方之間的歷史對話飾演很重的角色。如同我們在前一個章節觀察到的，海上航程深植於我們的文化史。那麼，這些航程都是帶我們去哪裡？我們的目的地是？答案是，它們會帶我們到地貌、環境和生活方式跟這

被標註在愛爾蘭外海的傳說島嶼「巴西」，取自亞伯拉罕・奧特柳斯（Abraham Orteelius）所著的《寰宇全圖》（*Theatrum Orbis Terrarum*），1570 年，Maps C.2.c.3 其中一張地圖

蛇妖、賽蓮、漩渦

裡——出發點——不一樣的地方。

只能透過海上航程抵達的「他方」這個概念，歷史相當悠久，證據就是世界各地都有很多故事在講述大海另一頭的神祕國度；那些地方可能有其他人去過，只要有適當的科技與知識，我們或許也能抵達。

大海的時間標準跟人類的很不一樣。海洋跟陸地的關係一直在變化，這或許可以幫助我們了解，世界各地為什麼有這麼普遍和眾多的地方被大海吞沒：印度的馬馬拉普拉姆、俄羅斯的基特、英國的里昂尼斯、法國的伊斯、波羅的海的維內塔、印度洋的雷姆利亞。早期的地圖也充斥著「幽靈島」，如極北圖勒和巴西，這些傳說中的失落國

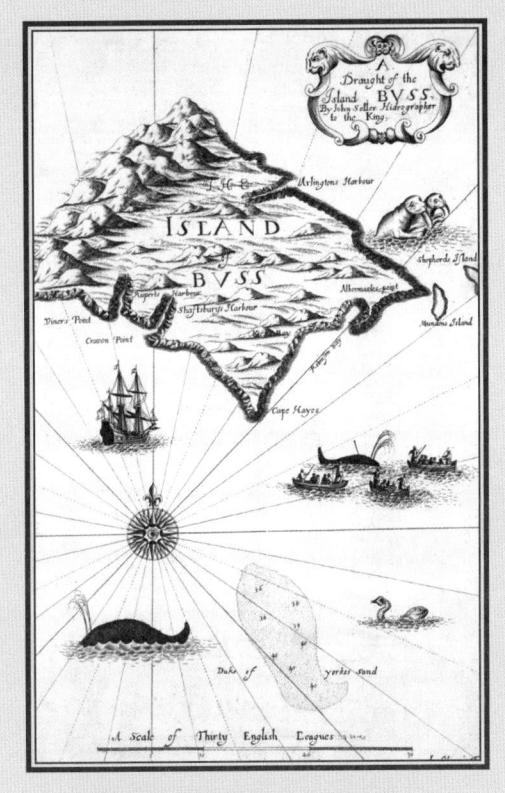

「國王的水文地理學家約翰・塞勒所繪的巴斯島草圖」，取自《英國領航員》（*The English Pilot*），1716年，Maps C.22.d.2

度很可能擁有現實世界的依據。瑞秋・卡森在《大藍海洋》中寫到許多火山島瞬息萬變的本質，包括1796年第一次在白令海發現的博戈斯洛夫島（Bogoslof，城堡岩）。在那之後，這座島已經改變形狀和位置好幾次了，甚至曾經完全消失，後來又再出現。

這個章節介紹了其中兩座想像的島嶼：傳說位於愛爾蘭西邊的青春之島（Tir na n'Óg）和沉入海底的傳奇島國亞特蘭提斯。〈流入無日之海〉把一首有名的詩詞中一個沒什麼人評論的意象當作主題，而〈海邊野餐〉則將現在一個備受爭議的地方投射成一個想像的未來空間。

每一則故事都以某種形式並在某個程度上講述了兩個根本的人類經歷：陌生事物帶來的喜悅和熟悉事物帶來的愉悅。

青春國度的莪相

芬‧麥庫爾（Finn McCool）是知名的費奧納戰士團的領袖，會率領手下到愛爾蘭各地（有時還會進入蘇格蘭甚至更遠的地方）尋找能讓他們發揮力量和勇氣的事蹟。

芬有一個兒子名為莪相（Oisin）。他除了是強壯的戰士，還是著名的詩人。費奧納戰士團非常看重詩歌，因為他們知道這代表另一種力量。莪相會創作詩詞來歌頌父親的事蹟、愛爾蘭的美和世界的奧祕。

莪相的名聲傳到了一位美麗的公主金髮妮歐沐（Niamh）耳裡。妮歐沐住在愛爾蘭西邊一座名叫青春之島（Tir na n'Óg）的島嶼上，跟莪相一樣有個大名鼎鼎的父親，就是海神馬那南‧麥克里爾（Manannan mac Lir）。妮歐沐熱愛青春之島的美麗、和平與光明，但是她也想跟某個人共度一生。儘管莪相是凡人，他的詩歌卻傳過海洋，令她非常渴望見見他。

有一天，莪相在愛爾蘭極東的斯莫爾峽谷狩獵時，看見一位美麗的女子騎著白馬而來。

她說：「莪相，我從西海遙遠的那一端來到這裡找你。」

莪相回答：「美麗的女士，你希望我做什麼？」

妮歐沐說：「我希望你跟我回去西邊的那座島，永遠過著平靜滿足的日子。」

莪相從沒想過要離開費奧納戰士團，但是他被妮歐沐的溫柔美麗所迷惑了。於是，他跳上白馬，兩人一起騎過愛爾蘭的平原，最後抵達岸邊。海水漲

對頁：馬背上的妮歐沐，碧翠絲‧艾佛瑞（Beatrice Elvery）所繪的插圖，取自《曙光英雄》(*Heroes of the Dawn*)，1913 年，12662.f.5

蛇妖、賽蓮、漩渦

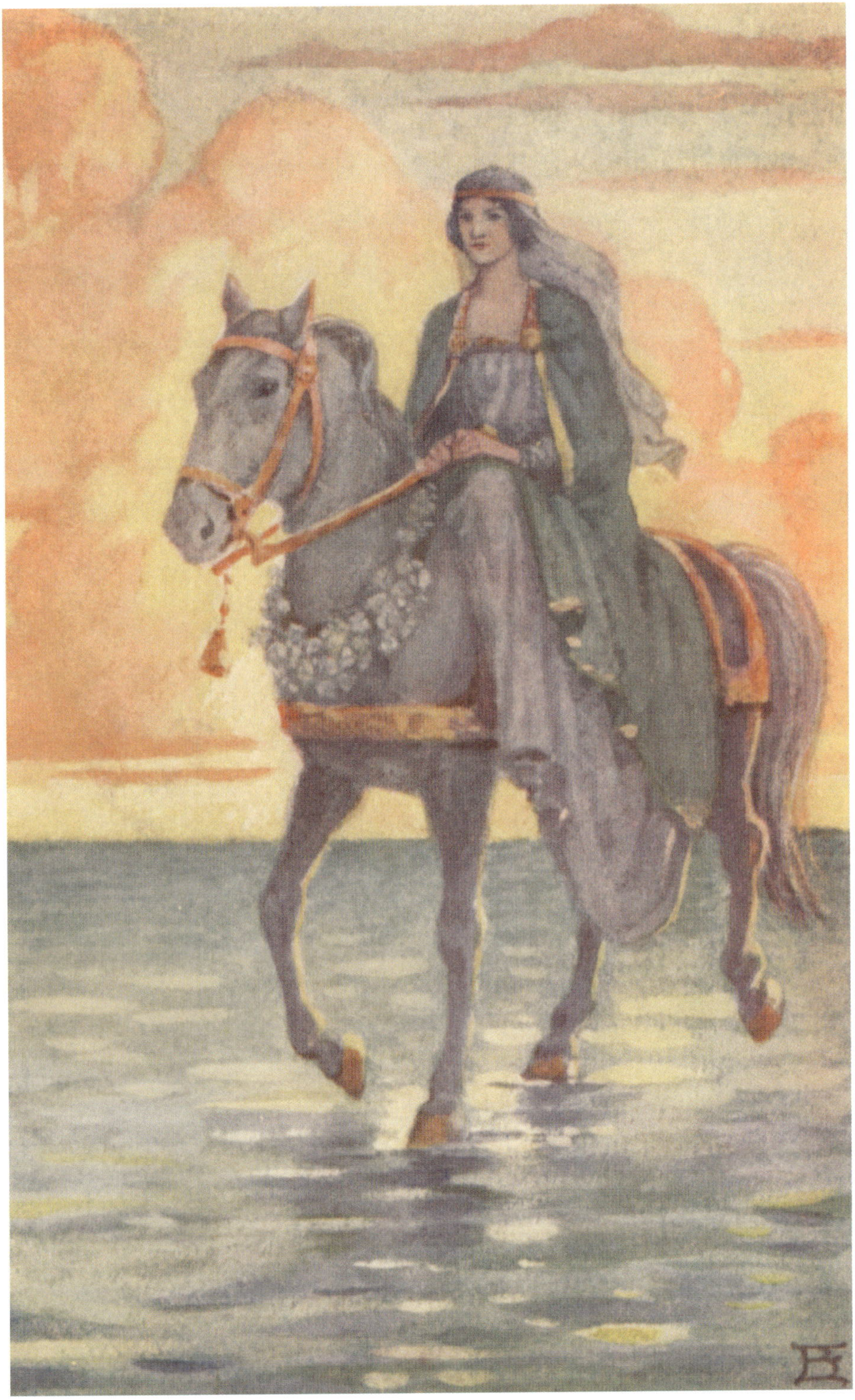

得很高,巨大的海浪兇猛地打在海灘上,莪相很害怕。但,妮歐沐拿起韁繩,莪相訝異地看著這匹神奇的馬帶著他們衝進浪花,跨越翻滾的海浪。

經過一天一夜後,他們越來越靠近聳立在海上的一座島嶼。暴風雨平息了,陽光如金色蜂蜜般灑滿整座青春之島,他們受到馬那南的歡迎。莪相驚奇喜悅地看著他來到的這片土地。他站在那裡,聽見音樂聲、感覺陽光照在他的肌膚上、聞到附近果園的花朵傳來的香氣。妮歐沐露出微笑,帶他到一座大殿,那是他們之後的家。

莪相和妮歐沐成婚之後,有一段時間,他忘記了費奧納戰士團、芬‧麥庫爾和愛爾蘭的美。然而,他跟妮歐沐住在青春之島三年後的某天早晨,他醒來聽見一隻鳥在窗外的樹枝上唱歌的聲音,想起了在埃斯莫爾峽谷(Glenasmole,編按:glen 在蓋爾語表示峽谷、河谷之意)的樹林中唱歌的烏鶇。莪相的內心突然因思鄉而抽痛著。

他告訴妮歐沐:「我想回去愛爾蘭一天。」

她回答:「那很危險,這兩個世界很不一樣。」

他說:「即使如此,我還是得去。我要去找我的父親說說話,然後就會回到親愛的妻子和這美妙的島嶼身邊。」

她回答:「你要去就去吧,騎這匹白馬去。但,你的腳絕對不可以踏到愛爾蘭的土地上。」

莪相同意這個條件,接著立刻啓程。

就跟之前一樣,這匹神奇的馬衝過浪濤,莪相欣喜地看見愛爾蘭的海岸映入眼簾。

然而,他脫離浪花上到海灘那天,天氣十分灰暗。莪相四處張望,覺得這片土地有點怪異,但是他又說不上來是哪裡怪。他騎到附近的一座村莊,問那裡的人知不知道費奧納戰士團這一季在哪裡打獵。那個人驚奇又憐憫地看著他,並用莪相幾乎無法理解的奇怪語言說他幫不上忙。

莪相往東邊騎,卻認不出這片土地。這看起來是愛爾蘭,卻不是他記憶中的愛爾蘭。這裡的人、建築、甚至樹木都變了。他在自己的土地上,感覺卻像陌生人。

終於，他來到了埃斯莫爾峽谷，卻因為那裡變得很多，流下悲傷憤怒的淚水。大樹去哪裡了？烏鴉的歌聲去哪裡了？他的父親又在何方？

他碰見一些人正奮力把一塊巨石推過林間空地。莪相從馬背彎下腰，一隻手拾起巨石，高高拋過荒蕪的森林，令這些人發出驚呼。

可是，這個舉動對固定住馬鞍的皮帶而言太吃力了；皮帶斷裂，莪相便摔到地上。他掙扎著站起來，雙腳已牢牢踩在愛爾蘭的土地上。

那群人害怕地遠離莪相。原來，他在他們眼前從一個正值年輕力壯期的英俊男子，竟瞬間變成一名步履蹣跚的虛弱老頭。莪相想起妮歐沐的警告，頓時驚覺真相：青春之島時間流逝的速度比愛爾蘭緩

莪相回到故鄉卻變老了：「白馬像一團迷霧般消失在他們眼前。」史蒂芬‧里德（Stephen Reid）所繪的插圖，取自湯瑪斯‧羅爾斯頓（Thomas Rolleston）所著的《芬的偉大事蹟》（*The High Deeds of Finn*），1910 年，2403.ee.4

慢許多，西海的精靈之島才過了短短三年，在愛爾蘭卻已過了漫長的三百年。

那些人可憐莪相，便把他帶去找當時在那個地區傳教的聖人。聖人查看莪相，卻似乎對他破碎的心沒什麼興趣，而是對他所說的失落的靈魂比較感興趣。莪相謝謝他，然後用剩餘的力氣走到愛爾蘭西岸。他一邊走，一邊創作他的最後一首詩，哀悼自己失去了費奧納戰士團、金髮妮歐沐、自己的青春，以及他所深愛的兩個國度。

莪相一邊吟誦這最後一首詩，一邊跟跟蹌蹌穿過海浪。當他不再感覺腳下有沙子時，他便讓大海帶著他的軀殼進入了西海狂野的海域。

反思

如同前面說過的，命運多舛的戀人是全世界神話體系的標準配備。莪相和妮歐沐之間受到詛咒的愛情故事跟奧菲斯與尤麗狄絲、赫洛與勒安得耳、崔斯坦與伊索德等許多對戀人令人耳熟能詳的傳說十分相似。莎士比亞在創作羅密歐與茱麗葉的故事時，就是在人類歷史深沉的敘事寶庫中找到靈感。類似的主題也迴盪在整個現代大眾文化中，因此每當我們遇到歹運或被迫分離的戀人這樣的戲碼時（例如《西城故事》的東尼和瑪麗亞或托爾金《魔戒》的亞拉岡和亞玟），總會察覺到這些傳奇原型的影子。

愛爾蘭的神話傳說也產出不少對被迫分離的愛侶。莪相和妮歐沐跟迪爾姆德和格蘭尼、尼夏和迪爾卓這兩對戀人一樣（編按：都是愛爾蘭神話人物），都面臨不快樂、分離與死亡的命運。這種劇情從古至今之所以會如此好用，是因為「差異」能做出許多不同的變化，用來產生這個亙古的「排除萬難的愛」主題。有時候，戀人遭遇的難題是政治；有時候（就像這則故事）則是戀人根本上的不相容。妮歐沐屬於圖哈德達南（Tuatha Dé Danann）這個凱爾特神話的精靈種族，而莪相則是凡人（儘管他有超凡的本領）。

芬·麥庫爾是凱爾特神話的核心人物之一。「芬尼安」（Fenian）這個形容詞後來跟政治扯上關係（編按：和愛爾蘭民族主義和獨立運動有關），但一開始指的其實是跟這位英雄相關的故事。某些地名便證實了芬尼安傳統在整個大西洋群島所發揮的深遠影響，如愛爾蘭的巴利摩爾芬（Ballymorefinn）和蘇格蘭的寇芬（Colfin）。不過，這也是一個文學傳統，因為愛爾蘭、蘇格蘭和曼島的學者在九世紀便開始寫下跟這位傳奇戰士（和他的家族）的冒險經歷相關的大眾故事。這些故事共同組成了芬尼安系列，之後會在十八世紀成為愛爾蘭文化復興運動的基石之一。許多觀察家都曾多次表示，一場政治運動會受到古代神話體系這麼大的啟發，實在相當諷刺。

順帶一提，「芬」這號人物的故事不應該跟「芬族」（Finfolk）的故事混淆，因為芬族指的是在斯堪地那維亞地區的海洋想像中，經常出沒的超自然生物。不過，由於這兩個傳統都試圖理解非常基本的人類恐懼和欲望，所以不時會彼此接觸重疊。

「歡悅與永恆青春國度」的這個概念顯然跟威爾斯傳說中的安溫（Annwn）和諾曼人的阿瓦隆（Avalon）等異世界國度有關，這些地點每一個都源自基督教出現以前的印歐傳統。然而，青春之島的海洋象徵使它明確成為其中一座「大西洋傳說島嶼」（這也是威廉·亨利·巴布科克〔William H.

Babcock〕1922 年出版的學術研究著作的書名），在相對近代的時期之前，一直有歐洲製圖師試圖找到這些地方。妮歐沐的魔幻世界其實是傳說島嶼「巴西」的一個變體，這座島最後一次出現的地方，是在 1830 年代一幅愛爾蘭沿海地帶的官方地圖上！

各種歷久不衰的民俗主題和風俗證明了異世界有時候會闖入「現實」生活。另外，儘管這些世界非常吸引人，傳說故事卻總是透露這些地方對人類很危險，就如莪相發現的那樣。

凱爾特傳說的異世界有個有趣的層面，那就是在那裡，時間的運作方式似乎不一樣。世界各地的故事都找得到時間走速不一致的戲碼，例如以弗所七睡仙和《李伯大夢》（Rip van Winkle），而日本的《浦島太郎》也跟現在討論的這則故事有許多相似點。不過，時間不規則似乎是愛爾蘭敘事傳統的一大特色。早在愛因斯坦和柏格森出生的一千年以前，凱爾特宗教便猜到時間具有相對性，後來證實非常準確。最早包含這個元素的文學作品是布倫丹傳說最初的拉丁文版本，故事中有一個名叫巴林德的僧侶，他在聖人應許之地待了十五天，回來後卻發現時間已經過了一年。

若以某種方式解讀，妮歐沐可能會被認為是害死莪相的兇手。事實上，若要以這種方式解讀，不同變化版本的所有女性（尤麗狄絲、海倫、伊索德、茱麗葉、瑪麗亞、亞玟、格蘭尼、迪爾卓、乙姬等）其實都是模稜兩可的角色，帶給主角歡愉的承諾背後潛藏著總會跟隨她們而來的危險。我們很難不去懷疑，反覆出現的這種迷人卻又致命的女性形象，其實是深植在人類物種的原型，而且這個原型跟許多不同的社會文化體系結合後，便能證實世界各地的父權文化的確存在高度的體制性別歧視。

莪相的故事還有一個層面在整個現代時期引起人們的興趣，那就是他是瀕臨滅絕的古老宗教的象徵。從整個芬尼安系列故事對大自然的態度就能看出這點。埃斯莫爾峽谷（這是在都柏林西南方山區的一座真實峽谷）的動植物據說非常充沛多樣，莪相哀悼自己「失去」了這古老的生態系，跟當代對於環境掠奪的影響所產生的焦慮感是一樣的。

某些方面，莪相的旅程令人想起聖布倫丹到西方尋找應許之地的傳奇之旅，但有些人認為，莪相和聖派翠克（故事中的「聖人」）的相遇就像不同世界觀的碰撞，一邊是口述、詩歌和自然，一邊是書寫、教條和「人王」。從這方面來說，莪相就像芬尼安系列另一個著名人物的化身——七世紀的阿爾斯特國王史威尼（Sweeney），他在經歷莫伊拉戰役的血腥之後發瘋了，變成一隻鳥，在愛爾蘭島的樹木之間飛來飛去。

失落的島嶼
亞特蘭提斯：
一場爭議

倫敦貝克街的柏拉圖協會，1880 年 6 月 30 日，
由我們的記者從會議紀錄中抄寫。

主　席：各位男士，歡迎伊格內修斯・唐納里先生。

【掌聲】

唐納里：謝謝主席先生。我也要真心誠意感謝各位——這個令人尊敬的協會成員——邀請我今晚前來演說。我知道我的一些想法頗具爭議。身為前政治人物，我承認我對爭議並不陌生！身為科學家，我必須說，我非常感激各位男士認為我們應該先聽取第一手、直接從可靠來源獲知的想法，再根據新聞報導、謠言和半真半假的描述確立任何態度。

那麼，我對失落的島嶼亞特蘭提斯有什麼想法呢？這些想法可以總結成幾個論點，我今晚的演講便會加以簡短敘述。然而，在我開始之前，我要先說明我並不打算浪費各位的時間，完整說明這些論點是用什麼學術手段辛辛苦苦獲取的。我只會說，這些論點的依據結合了古代、中世紀和現代的史料，並取自各種領域和學科。我可以向各位保證，我目前正在籌備出版的著作會把我這次不得不畫給你們的概略樣貌所有的細節都呈現出來。

那麼，我就開始說了。

首先，我主張在文字歷史出現的數千年以前，歐洲西邊的大西洋曾存在一座巨島，非洲和地中海的古文明都稱這座島為「亞特蘭提斯」。

我主張，我們對亞特蘭提斯的認識雖然首先是源自柏拉圖的託寓對話，但是這其實是真實存在的地方，是一塊很大的陸地，上面住著高度發展的文明。

我主張，亞特蘭提斯是一塊故土，其後從那裡展開的大遷移遍及整個地球，而亞特蘭提斯文明的影響有可能還留存在地中海、波羅的海帝國、美洲、非洲的文化殘遺中。

我主張，許多現代族系都是源自亞特蘭提斯，包括印歐語族、閃語族和南美語族。

我主張，人類最初是在亞特蘭提斯發明出使人類境況超越蠻人祖先的工具和科技，因此那裡也是文明的概念最初形成的地方。

我主張，亞特蘭提斯人擁有先進的識字文化，其根本的組成元素（字母、文法和時態）形成了後來所有書寫語言的基礎。

我主張，造成大躍進的銅鐵最初是在亞特蘭提斯發現的，後來這些發現從那裡運送到全世界。

我主張，從古至今流傳下來的神話其實反映了真實的亞特蘭提斯歷史。

我主張，由於他們古老的宗教體系是以太陽崇拜的概念為基礎，最接近原始亞特蘭提斯的兩個文明是秘魯和埃及。

我主張，在埃及最能感受到亞特蘭提斯文化的影響，偉大的柏拉圖最初就是在那裡聽聞亞特蘭提斯的傳說。

我主張，亞特蘭提斯是被威力極為強大的自然災害所摧毀的。究竟是什麼樣的災害，我們只能用猜的，但要是我很愛賭注（我確實很愛），我會打賭答案是隕石撞擊。

我主張，這座島嶼的毀滅一直留在亞特蘭提斯難民的記憶裡，跟著他們傳到外界，而這份記憶就是許多文明民俗傳統所說的洪水傳說。

我主張，亞特蘭提斯的歷史命運催生了無數個愛爾蘭以西的大西洋上有一座失落之島存在的傳說。

最後，我主張亞特蘭提斯的毀滅隨著時間過去出現了道德含義，大西洋兩岸的每一個主要文明在他們的集體文化記憶裡，都保有大同小異的傳統，認為一個美好祥和的地方遭到社會結構內部的邪惡事物所摧毀。

各位男士，這就是我在進行廣泛的研究後所推想的理論綱要；這個理論解釋了地理位置分散的不同族群為何都存在類似的文化模式。我不會驕傲地

說，我對這個主題的想法必是準確的，隨著更多資訊浮現，任何理論都會需要進行敏銳的修正。儘管如此，以目前的情況來說，我認為這裡描述的理論是當下所能夠得到最好的解釋。

【掌聲】

主　　席：各位男士，唐納里先生同意回答觀眾的幾個問題。赫胥黎先生請說。

赫胥黎：唐納里先生，謝謝您今晚的演說，我想我們應該都同意這些內容相當地啟發人心。我想問您的問題是：您知道偽科學這個概念嗎？

【觀眾發出噓聲，大喊「丟臉」和「把話收回」】

主　　席：各位男士，請安靜！赫胥黎先生，我知道你很熟悉這個協會的行為準則和程序規定，您確定要提出這個問題嗎？

赫胥黎：我確定，主席先生。

主　　席：很好。唐納里先生，雖然觀眾問了您一個問題，但您沒有必要回答。

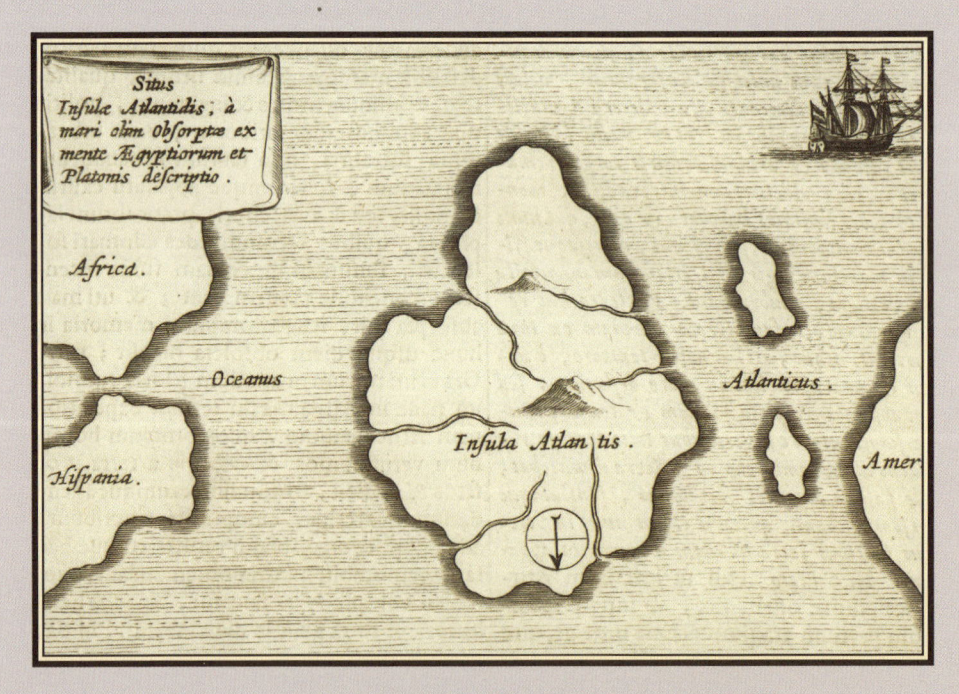

「亞特蘭提斯島的位置」（*Situs Insula Atlantidis*），阿塔納奇歐斯・科舍（Athanasius Kircher）所繪（1668 年），Maps 456.f.12

唐納里：沒關係，主席先生，我很樂意回答。先生，我的答案是：是的，我知道偽科學這個概念。從您的名聲和您提出這個問題的態度來看，我假定您的意思是您認為我今晚在這裡講述的內容屬於偽科學。

赫胥黎：您的假定正確，先生。這是今晚第一次！

【笑聲】

講　者：非常好！時有機智妙語。先生，您是否考慮當個政治家？但，回到您的問題上。我知道有些圈子把我的研究貼上了「偽科學」的標籤。在這種情況下，我又想起有些說故事者不喜歡其他說故事者所述說的故事，一直以來都是如此。他們不喜歡那些故事，也不喜歡述說故事的方式。在我看來，過去一百年左右在大西洋兩岸備受讚揚的「科學方法」已經變成一種棍子，用來打擊述說不受歡迎的故事的說故事者。先生，我們每個人都是說故事者，你跟我都是，所以我懇求您，不要假定您的故事比我的**好**，只因您堅信**您的**方式某方面來說比**我的**更優越、更真實或更有價值。

為什麼蘋果會掉到地上，而不是升上天空？為什麼在高山之巔會找到大量貝殼？為什麼潮汐好像會依循月亮每個月的移動方式？隨便問我一個問題，我都能說出一個故事。

我一開始便說，我即將出版的著作除了會擴充今晚在這個平台介紹的論點，還會提供我在閱讀和思考一輩子後，從哪些史料辛辛苦苦得出這些主張。赫胥黎先生，成果或許不是你喜歡的故事，述說的方式也不是你喜歡的。然而，這確實是故事，是我的故事。這個故事最終的價值不是由您所謂的「科學方法」來判定，而是由遲早都會審判我們每個人（就像失落的亞特蘭提斯）的那股至高力量——時間——來判定。

反思

所謂的「大西洋的失落島嶼」，最初講的就是亞特蘭提斯。那座傳說之島最早是由希臘哲學家柏拉圖在相對隱晦的著作中提及的，它被描繪成一個可以跟偉大的雅典匹敵的古代島嶼國度。柏拉圖聲稱，這座島因為失去神祇的恩寵，所以遭到大海吞沒，會在海底沉睡到世界末日。

打從一開始，亞特蘭提斯就是個謎一般的地理名詞和抽象概念。這個美妙的失落國度究竟在哪裡，至今仍具有爭議。繼柏拉圖之後，中世紀的製圖師把亞特蘭提斯放在歐洲以西的海域，加納利群島和亞述群島都曾被當作可能的選項。

同一時間，人們一直都對一個強大的文明地位降低（實質上也變低了）的這個概念相當著迷。柏拉圖認為，亞特蘭提斯的命運是在對雅典等野心勃勃的政體提出警告。然而，對後世的作家來說，亞特蘭提斯像一張白紙，可以在上面印出想像力的成品。曾經強大、現在沒落的國家變成一個可以自由發揮的象徵，不同的評論者可根據自己的目標加以編造。亞特蘭提斯研究的傳統便證實，每個世代都會根據自己的欲望和恐懼重新塑造亞特蘭提斯。

伊格內修斯·羅耀拉·唐納里（Ignatius Loyola Donnelly）便是最具影響力的其中一位評論者，他是十九世紀的愛爾蘭裔美籍作家，曾在不同時期當過律師、政治家、農夫、一個烏托邦社群的領袖以及推想歷史學家。在最後這個身分中，最多人記得的是他寫過一本很受歡迎的書，也就是1882年出版的《亞特蘭提斯：洪水前的世界》(*Atlantis: The Antediluvian World*)。唐納里的研究探討了一個存在數世紀的傳統，這個傳統把焦點放在柏拉圖筆下那座失落島嶼的結構與命運。他的想法多多少少準確地呈現在這則故事中，得到的評價算是不錯，後來在這個領域變得很有影響力。

在這則捏造的故事中，唐納里遇到一個對手，那就是生物學家兼人類學家的湯瑪斯·亨利·赫胥黎（Thomas Henry Huxley）。有人稱他是「達爾文的小弟」，因為他在十九世紀的最後幾十年非常強烈地擁護演化論。這個形象最初是在1860年的「牛津大辯論」期間（達爾文的《物種起源》出版後幾個月）出現的，因為當時赫胥黎

跟那時候率先反對達爾文的塞繆爾・威伯福斯（Samuel Wilberforce）展開了一場激辯。

赫胥黎不但堅信達爾文有關物種演化的理論，也非常堅定不移地宣揚「科學方法」。他對科學方法的理解是，暫定的論點必須以假說、實驗、觀察以及同儕評論的分析為基礎。問題是，啟蒙時代的科學界催生了「偽科學」，批判者認為這種方法只是「假裝」科學的樣子，卻缺乏科學方法的任何紀律、嚴謹或對真相絕不偏離的追尋，不管真相有多麼不討喜或違反直覺。因此，達爾文和赫胥黎等科學家是用可證實的數據來定位自我，偽科學家則是依靠直覺、信念和謠言來做事。

像赫胥黎這樣的科學家總是質疑既定事實的每一個層面，因此在達爾文出版著作後，他們變成普遍受人懷疑的人物。例如，十九世紀晚期文學作品裡的醫生和博士角色（像是羅伯特・路易斯・史蒂文森〔Robert Louis Stevenson〕、H・G・威爾斯〔H. G. Wells〕和夏洛特・柏金斯・吉爾曼〔Charlotte Perkins Gilman〕筆下的哲基爾〔Jekyll〕、莫洛〔Moreau〕和約翰），往往被描繪成學識錯誤、邪惡或方法無效的模樣。

今天仍有許多人懷疑科學（這跟科學的懷疑論完全不一樣）。有些人主張，人類經驗的某些層面是科學無法囊括的。比方說，去描述一朵花便是完全放錯了重點。更具爭議的說法是，科學其實是某個大陰謀的一部分，目的是要剝奪我們的自由，最終剝奪我們的人性。

唐納里面對赫胥黎的抨擊，為自己的立場做出辯護，帶出了一些困難議題，像是知識的本質以及知識與直覺、信仰和倫理之間的關係。從某方面來說，他是對的：只要運用社會所裁定的其中一個知識體制，我們每個人都是將自己對世界的詮釋寫成故事。希望這本書可以證明，故事對人類的演化就跟氧氣、火和輪子一樣必要；然而，有些故事確實比其他故事更令人信服。我們遲早都該問自己的問題是：「更令人信服」要到什麼地步才等於「更優越」？「更優越」要到什麼地步才等於「更真實」？

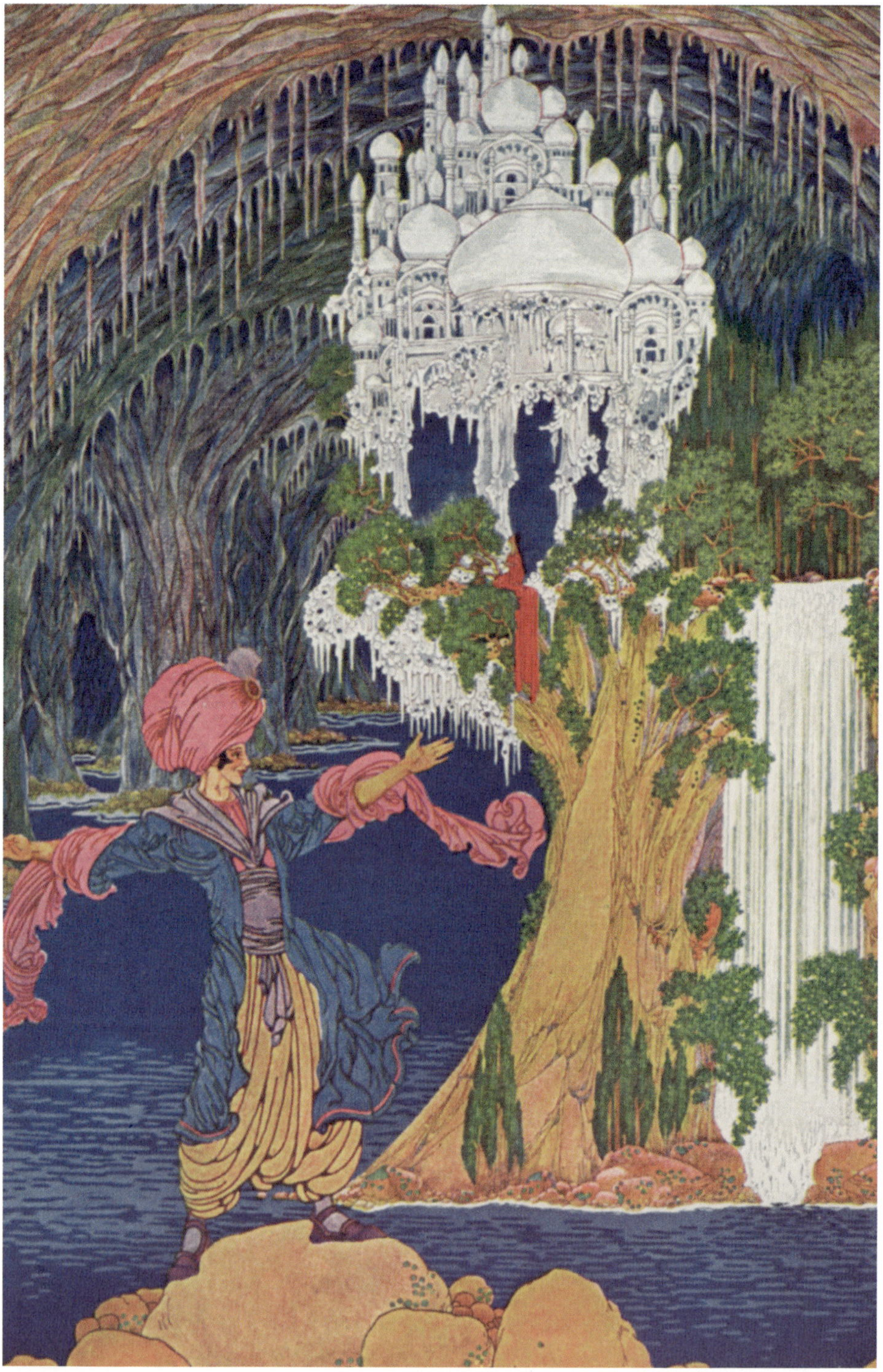

流入無日之海

我們三個人坐在騎樓的藤椅上,一邊抽著雪茄、啜飲干邑白蘭地,一邊觀看血紅色的夕陽掉進慢慢變黑的海裡。我的家鄉就在將近一萬公里之外的大海彼端。周遭的溫暖樹林傳來知了的叫聲,而我身後的飯廳則傳來微弱的音樂和交談聲。我又抽了一口菸,發出開心的嘆息。我承認,這是非常「男人」的時光。

一如往常,觀察太陽落下、光線退去的速度,是一件令人著迷的事。前一次啜飲時,我還坐在薄暮之中,再一次啜飲時,我已看不清楚同伴的身形特徵,只看見他們的哈瓦那雪茄頭在黑暗中發光。

瓦斯奎茲喃喃地說:「那首英文詩是怎麼說的?『流入無日之海』。」

賈西亞說:「沒錯。不曉得柯立芝(Coleridge)寫下那段永恆的詩句時,心裡想的是不是我們剛剛看見的景象?」

我說:「很多人都知道,那首詩是在他吸食鴉片陷入恍惚期間所寫的,所以大海——任何大海,無論有日或無日——很有可能沒有直接的關聯。」

這讓我們開始談起詩詞經驗的本質,說到在解釋詩詞文字時,現實性(包括詩人的生平)佔了多大的因素。但,當我們喝完酒,準備回屋裡時,我們的談話又回到柯立芝那段神祕的詩句。

我提議:「我們不如玩個遊戲吧?」我們每一個人都要為「無日之海」這個意象想出一個緣由,然後在下一次聚會(已安排在耶誕節前)說出自己的想法。

對頁:杜格爾德・沃克(Dugald Walker)為柯立芝的〈忽必烈汗〉(*Kubla Khan*)所繪的插圖,取自《彩虹黃金》(*Rainbow Gold*),1922 年,X990/397

失落的地方與虛構的空間

《卡普里島的藍洞》(*The Blue Grotto, Capri*)，阿爾伯特・比爾施塔特（Albert Bierstadt）的畫作（1857 到 60 年），華特斯美術館，巴爾的摩

在場的人認為最具有說服力的那個人，就能獲頒桂冠。

中間這幾個月跟平常一樣過得很快，實在太快了。我跟妻子從城裡開了很遠的路程之後，全身疲累又沾滿塵土，不久便由親切的東道主歡迎我們回到海邊的別墅。我們抵達時已又暗又冷，因此我們很高興看到友善的燈光和熊熊的火焰，也很高興再次加入志同道合與令人愉悅的友伴。

晚飯後，遊戲在專注的觀眾面前展開。向來自認是幽默大師的瓦斯奎茲根據柯立芝和華茲渥斯兄妹的友情想出一個異想天開的詮釋，尤其是因為這位詩人在旅居薩莫塞特期間，常被安排跟可人的多蘿西相處的情事。他將「肥沃土壤」和「高塔」引述為證據；還提及佛洛伊德；不用說，我們的分析家對「深不可測的洞穴」這段話自然也解釋得不亦樂乎。

他說，「無日之海」這個意象放在這樣的詮釋中特別適切。現場的女士當然感到很害臊（我猜這就是他的主要意圖），男士則對他的理論表達高度的懷疑，但是瓦斯奎茲提醒我們，這場比賽的評判標準是「趣味」和「創意」，不是合宜或可信。

接著，換我們的東道主（現場所有人都知道他非常熱愛書本和典籍的歷史）闡述一個跟一批失落手稿有關的理論。首先，他的偽敘事說到十四世紀初的一個土耳其文譯本，翻譯的內容是魯斯蒂謙（Rustichello）相當受歡迎的馬可·波羅中國冒險遊記。這份手稿不知怎地來到英國（可能是在十字軍國家瓦解之後，被一位逃離當地的騎士帶去的），在某個大宅乏人問津的圖書館沉睡兩百五十年後，跑到近代一位知名旅遊作家理查·哈克盧伊特（Richard Hakluyt）的手裡。為了替著作《英國的重要航程、旅程與發現》(*Principall Navigations, Voyages and Discoveries of the*

失落的地方與虛構的空間

English Nation，1589 年）進行相關研究，哈克盧伊特委託他人將這個土耳其文譯本翻成英文，接著注意到這跟他手上的標準法文和拉丁文版本有一些細微的差異。後來，哈克盧伊特在 1616 年去世後，有大量手稿落入塞繆爾・珀切斯（Samuel Purchas）手中，他接著在九年後把這些手稿集結出版成《哈克盧伊特遺作，或朝聖者珀切斯》（*Hakluytus Posthumus, or Purchas His Pilgrimes*，1625 年）。

文學史向來聲稱（在柯立芝親口證實後），他在陷入鴉片夢境之前所讀的文本是 1613 年的《珀切斯的朝聖》。我們在文中找到這段話：

> 忽必烈汗在夏都建了一座宏偉的皇宮，包含佔地十六英里的平地和高牆，裡面有肥沃的草地、宜人的泉水、美妙的溪流和各種野生動物，中間則有一間奢華的娛樂屋，可以四處移動。

然而，賈西亞猜測柯立芝應該是把「朝聖者珀切斯」和「珀切斯的朝聖」弄混了（這不叫人意外，因為他當時迷迷糊糊的），也就是這位詩人當時閱讀的其實是 1625 年引用哈克盧伊特大量手稿的著作，其中包括魯斯蒂謙土耳其文譯本的英文翻譯。此外，他讀的也不是標準的版本（即印刷商威廉・史坦比〔William stamsty〕在倫敦印製的那一版），而是亞伯拉罕・費爾胡芬（Abraham Verhoeven）在安特衛普盜印的版本，其中只有兩三個副本在戰爭頻繁的十七世紀後成功流傳下來。那個版本的相關段落是這麼寫的：

> 忽必烈汗在夏都建了一座宏偉的皇宮，包含佔地十六英里的平地和高牆，裡面有肥沃的草地和各種野生動物，中間則有一間奢華的娛樂屋，可以四處移動。阿爾夫河流經宜人的花園和美妙的樹林，接著往下流過許多洞穴，進入一個廣大的地下之海，那裡從來不曾有陽光照耀。

賈西亞認為，不知什麼原因（他暗示可能是中國暗中施壓），地下之海的部

分在這段文學史當中的某個階段遭到抹滅。

儘管有許多瑕疵，我們都很喜歡這則故事的豐富內容，賈西亞馬上就被認為會贏得這場競賽。

他指著我說：「但是這位詩人，我們還沒聽這位南美詩人說故事呢。他肯定會有一些特別的想法，他的故事肯定會是最令人信服的。先生，換您說吧！」

妻子捏了捏我的手，我站在大家面前。我緊張地開口：「各位女士和先生，前面的故事都很迷人，令我欽佩。但是，我的理解是，〈忽必烈汗〉跟所有詩詞一樣，到頭來都是在講詩詞本身，在講詩意想像的本質與侷限，在講人們對想法和文字之間達成平衡的渴望。既然所有的詩詞都是為了表達生命奧祕所做出的、注定失敗但英勇的努力，我認為『無日之海』代表的是原始人類潛意識的象徵。你也可以說，這是人類共同的夢，是超越歷史、甚至超越『故事』本身的地方。詩人告訴我們，這是一個黑暗的地方，完全不識在這顆我們稱作地球的奇蹟飄浮岩石上維繫萬物生命的太陽。但，這也是一個祥和的地方，可以讓我們放下詩詞的重擔，好好休息。思索海洋會帶領我們通往永恆，那是我們最終的目的地。我推薦你們思考一下柯立芝本人說過的一句話，這在不同的脈絡下，迫切點出了目前遭遇的議題。『我多麼希望，』他曾寫給一位朋友說，『我跟印度的毗濕奴一樣，安坐在蓮花中，漂浮在無垠的海洋上，每一百萬年只醒來幾分鐘，知道我將繼續沉睡一百萬年。』」

「女士和先生，這就是我對這個問題的想法，謝謝你們的聆聽。」

在座的人接著投票表決，結果是瓦斯奎茲贏得比賽，賈西亞第二名，而我則殿後，並因為發表新世界的做作言論被溫和嘲弄了一番。

反思

這則故事是我根據偉大的阿根廷作家荷黑・路易斯・波赫士（Jorge Luis Borges，1899—1986年）的風格嘗試寫成的，他被普遍公認是二十世紀最天才的文學大師之一。波赫士選擇的創作文類包括詩詞、散文、寓言和（從他最有名的著作英文版就能知道的）短篇故事。《迷宮》（Labyrinths）這個書名非常適合永遠都在探討存在奧祕這個主題——尤其是透過迷宮般的文學史試圖解開謎團——的作者所寫的文集。在作家、文本和讀者錯綜複雜的關係裡，波赫士為探索生命永無止盡的複雜性找到了豐富肥沃的譬喻。

這則故事的敘述者是個旅居外地的阿根廷詩人，試圖在內戰前的西班牙文人之間建立一席之地。時間大約是1932年，地點在卡迪斯，而故事的主題則是英國浪漫主義詩人塞繆爾・泰勒・柯立芝（Samuel Taylor Coleridge）1797年創作、但到1816年才出版的詩作〈忽必烈汗〉（Kubla Khan）的其中一句話。

柯立芝這首備受讚譽的詩作，是世界文學少數「文本創作的脈絡跟文本本身一樣出名」的例子之一。根據他自己的說法，柯立芝1797年的時候住在英國西南部的薩莫塞特，跟友人威廉和多蘿西・華茲渥斯（William and Dorothy Wordsworth）住得很近。有一天出門散步時，他身體不舒服，便在當地一個農夫的家裡休息。這位詩人在服用兩毫克鴉片後便睡著了，做了一個跟他最近剛讀的《朝聖者珀切斯》有關的複雜夢境；這本書是十七世紀初期的英國旅遊作家塞繆爾・珀切斯（Samuel Purchas）所寫的。柯立芝醒來後，馬上開始把記得的夢境盡可能寫下來，但中途卻被鄰近村莊的訪客所打斷（「波洛克來客」後來變成才思遭到打斷的譬喻用法）。柯立芝後來要繼續記錄時，卻發現自己已經忘了大部分的夢境詩。

很久很久之後，他出版了〈忽必烈汗〉，

是一個更冗長、更連貫的文學願景的片段。原本的手稿現在在倫敦的大英圖書館永久展出。

我希望，做為後設文學片段的〈忽必烈汗〉會很適合跟波赫士有關的故事。這位阿根廷作家在一個又一個的故事中所使用的手法，目的是要頓悟一個道理，打破文學與現實的隔閡。這種頓悟時刻對現實、認知與經驗的本質隱含了哲學的意涵。在這個方法中，古代圖書館、佚失的手稿和文人墨客等反覆出現的裝置是關鍵。

那首詩的開頭幾行是：

忽必烈汗下令在夏都
建造輝煌的娛樂圓頂屋：
神聖的阿爾夫河在那裡
流過了深不可測的洞穴
最後又流入無日之海。

故事人物為這最後一個意象做了三種解讀，每一種都或多或少取自某個二十世紀著名的批判論述，因此在座的人肯定都很熟悉。佛洛伊德主義在該世紀的前幾十年影響漸大，所以可以看到瓦斯奎茲試圖運用一些笨拙的精神分析概念，來理解「無日之海」的意涵。賈西亞運用了一種常用在聖經分析的文本詮釋形式，後來被稱作「文本生成學」，大略來說就是從文本的物質歷史和創作過程來理解文本。

至於那位名字沒有說出來的阿根廷詩人，則以浪漫主義詩人的眼光看待這個意象，也就是把它喻為詩詞本身，體現了唯有詩詞才能接近的人類經驗的本質。從這個角度來看，「無日之海」是個格外適切的意象：它位於地下，就像存在於「真實」生活之下；它非常黑暗，因此帶有神祕和遙遠的意涵；它是一座海，而正如同我們在這整本書常常看到的，大海算是一個普及的象徵，表示人性所牽涉的東西比它自己更龐大、更古老、更強大。

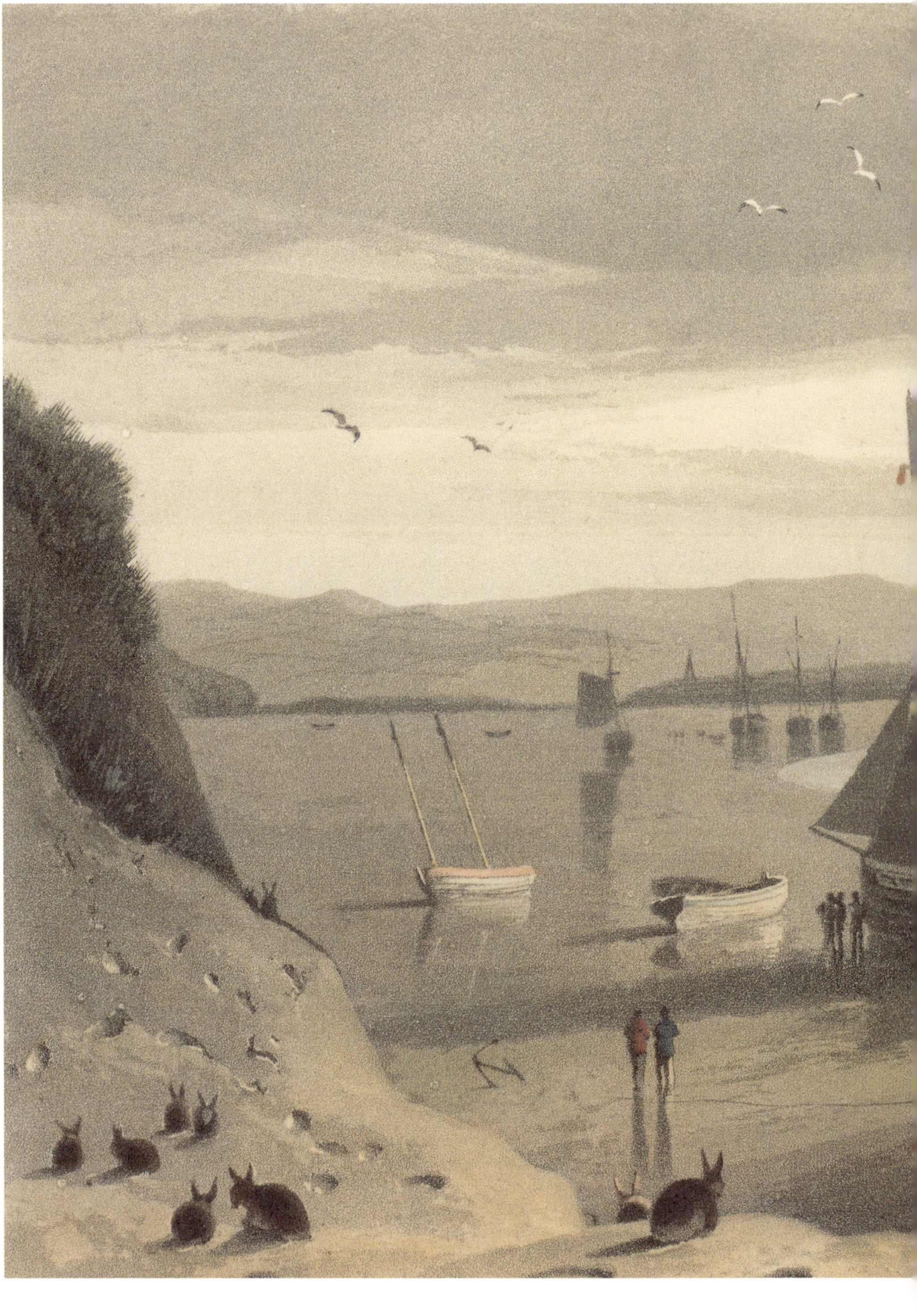

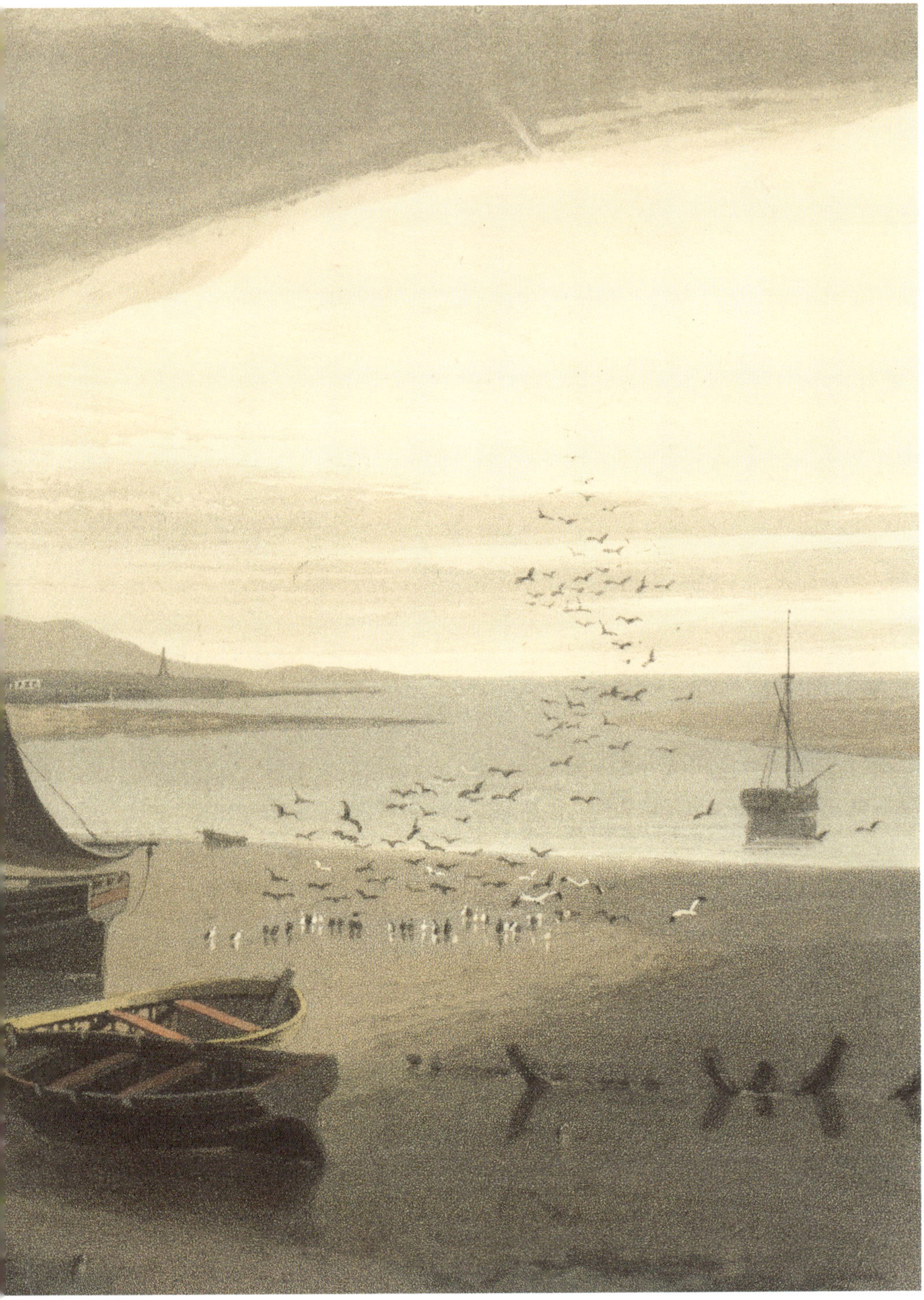

海邊野餐

老人與小孩沿著很多人踩過的小徑跋涉過沙丘。城鎮漸行漸遠,他們總算聽見海灘的聲音變得越來越清楚,包括各式各樣的鳥叫、微風吹過蘆葦的低語,還有大海低沉穩定的呢喃。此時是清晨,還有點涼意,沒有其他人。

老人帶著一個裝滿備品的背包,裡面有一支漂亮的遮陽罩(雖然太陽被一片濃密的烏雲遮住了)、食物和額外的水,還有一本老舊讀物,是為了有機會閱讀而準備的。男孩也背了一個背包,裡面裝滿各式各樣古老的玩意,是他前一晚從爺爺的物品之中小心挑選的:一些塑膠鏟子、一條魚線和漁網以及一對望遠鏡。沒有戴鏡片,使他有點頭暈,但是爺爺堅持要來這裡就不能戴鏡片。

他們繞過一座沙丘,大海完整映入眼簾。男孩嘆了口氣。一如往常,真實的海洋有點令人失望,完全不像他想到「大海」這個詞時出現的那些沉浸式影片:轟隆隆的太平洋巨浪、洶湧的大西洋浪潮或是鮮明湛藍的地中海景色。反之,他看見一片低平的灰色在一片低矮的雲層下方延展,邊界有一小點一小點髒髒的白。

爺爺說:「就選在這裡吧。」

他想起女兒嚴格的叮囑,叫男孩喝點水。接著,他開始拿出背包裡的東西。男孩坐在小沙堆的一側,摘了一根長長的草,開始用手指纏繞著。

他說:「爺爺,你有溺水過嗎?」

前頁滿版:赤夏的荷雷克附近的景觀,威廉・丹尼爾(William Daniell)所繪的印版,取自《1813年夏天環大不列顛航程》
(*A Voyage round Great Britain Undertaken in the Summer of the Year 1813*, G. 7043)

老人說:「當然沒有。」他按下遮陽罩的鬆開按鈕,罩子彈開來,隱形盤旋在他們周圍。「要是有,我肯定會記得,而且應該之前就會告訴過你。」

男孩不滿意地翻滾到一旁。在他前方,有一隻海鳥的遺骸半掩在沙子裡。他用鏟子想把它挖出來。

「別碰它。」

男孩再次不高興地嘆了口氣,但他還是繼續挖,使遺骸完整呈現在他們面前的沙子上。爺爺躺在一條毯子上看著他。油黑的羽毛從曬白的骨骸上脫落。

男孩用鏟子輕敲骨骸,說:「你覺得牠發生了什麼事?」

「不知道,牠可能只是老了。」

「跟你一樣老?」

「以鳥的年齡來說。」

「牠們不能像你一樣更換老舊的器官嗎?」

「我想只有人類可以那樣。」

「真不公平。」

老人坐起來說:「沒錯。你何不寫一封信:『親愛的醫生,我的好友海鷗先

「海洋與我」明信片(二十世紀初),紐約公共圖書館

失落的地方與虛構的空間

生很老了，我想訂購全套器官，包括新的心臟、肝臟和腎臟。噢對了，你可不可以也順便放一個新的大腦進去？感激不盡，湯姆，荷雷克。』」

爺爺呵呵笑，躺回毯子上。男孩放下鏟子，慢慢晃到潮汐線。他停下來望向沙丘後方那一長排的房子。他的家就在那裡，靠近那座映著聳立於灰色天際的老燈塔，而他媽媽大概正坐在餐桌旁，啜飲今日的第一杯咖啡。

他站起來，讓海水滲入他的腳趾間。下一波漣漪升到他的腳踝，他感覺自己緩慢地陷入沙中。再下一波打來時，一片海草繞住他的小腿。黑黑的海草感覺有如橡膠，他不喜歡那種觸感，便厭惡地撿起來，奮力拋到海浪中。

男孩雙手插著口袋，沿著海岸線往舊救生艇站的方向走去。在海面上，他看見一群海鳥掠水飛行。牠們是什麼鳥？從哪裡來的？都吃些什麼？他的鏡片若是知道這些問題，這樣他就可以**知道**答案，而不是在這裡一邊**走來走去**，一邊納悶不已。漸漸地，他發覺有人在叫他的名字，在海浪的聲音中幾乎聽不見。是爺爺在揮手叫他回去。湯姆嘆了口氣，開始往回走。

男孩走近到可以答話的距離時，老人說：「喝點水。」他慍怒地接過水瓶，但其實他很渴，因此喝了很多。

「有看到什麼有趣的東西嗎？」

「不多。」男孩回答，再次坐下來。

兩人靜靜坐著，時間漸漸流逝，早晨變得暖和起來。

老人雖然閉著眼睛，但卻聽得見海水慢慢打上海灘，越來越接近。

他坐起身說：「要不要吃點東西？」

他打開野餐袋，把食物一一放在毯子上。

男孩咬了一口三明治。

他看著海灘，問道：「漲潮時，這些多餘的海水是從哪裡來的？退潮後這些水又流去哪裡？」

爺爺說：「這就好比一個臉盆，有各種事物讓它朝某個方向傾斜，然後又朝另一個方向傾斜，但是整體的水量其實不變。」

「什麼事物？」

「太陽、月亮、旋轉的地球、不同的海流，我也不知道。」

「那是什麼？」

男孩指著退去的海水留在沙子上的某個東西。爺爺站起來。

他說：「看起來像是水母，我們過去看看。」

他們慢慢走近海灘，遮陽罩在他們四周的空氣中顫動。沙子上有一個圓形的紫褐色肉團，周長約半公尺，在早上的空氣中閃閃發亮。男孩蹲下來。

老人說：「不要碰它。」他搖搖頭：「跟我想的一樣，是龍王的水母，可憐的傢伙。」

男孩說：「什麼龍王？」

現在，換老人嘆了口氣。「就是住在海底下的龍王。那是一個悲傷的故事。有一回，龍后病得很嚴重，醫生說唯一的解藥就是猴肝。於是，龍王派其中一位魚大臣去找猴肝，把它帶回來。魚大臣來到岸邊，看見棕櫚樹上有一隻猴子，便試著說服牠跟他一起回去海底王國。但是，猴子發現他只是想要牠的肝臟，因此拒絕離開樹上。要是你，你也會拒絕對吧？總之，魚大臣回去龍王那裡，告訴他發生了什麼事。龍王大發雷霆，要侍衛毒打魚大臣，把他打到骨頭都斷了，身體變成果凍狀。龍后看見他的慘狀，用力地哈哈大笑，結果竟感覺身體變好了，健康完全復原。然而，像果凍般的水母被趕出龍宮，從此便必須游遍世界各地的海洋。有時，你會在漲潮後看見他在沙裡，還在找那隻猴子和牠的肝。」

男孩說：「可是，這附近沒有猴子啊。」他剛剛找到一根樹枝，現在正在戳沙子上的肉團。

爺爺說：「不，我從來沒看過，但是我想他大概不知道。」

兩人慢慢走回去，開始收拾野餐的東西。

反思

這個故事將場景設定在英國西北部的小鎮荷雷克（Hoylake，我居住的地方）旁邊的海灘。不過，這之所以算是「想像出來」的地方，原因是故事是發生在未來。

過去幾年來，荷雷克海灘因為怎樣才是處理當地天然資源的正確方式，引發很大的爭論。這處海灘因其鳥類生態及作為一個離岸棲息地，是國際上相當重要並具特殊科學價值的地點，保護責任於是落在地方委員會身上。這個議題很複雜（這種議題向來如此），許多「利害關係人」都有意見，但問題的根本其實已存在很久，那就是文化與自然之間的僵局。

在一方面，有些人（主要是心生不滿的當地居民）基於個人回憶和人類使用而對海灘擁有深切的情感，因此希望「他們的」海灘可以被「妥善」管理，繼續做為放鬆娛樂的地方，例如夏天可以去野餐。觀光業有時被認為是令人難以信服的藉口。另一方面，有些人（科學界和擁有「綠色」意識的人們）則堅持，海灘的「自然」生態（包括但不限於鳥類和植物）應該看得比任何人類使用還重要。一個團體覺得自己跟這個空間的傳統關係遭到當紅的環保意識所犧牲，另一個團體覺得所謂的「傳統關係」是相對晚近的發明，且環境主義可能帶來的好處（主要包括更大的生物多樣性和更好的防洪能力等）遠遠超過人們對傳統沙灘的需求。

無論如何，耙沙和噴灑農藥的活動從 2019 年宣告終止，之後荷雷克海灘其中一段便開始長出多樣茂密的植被。做為諮詢過程的一部分，威拉爾委員會委外進行生態與地貌研究，試圖預測這個區域在接下來一百年會有什麼變化。研究發現，當地最近出現「原始」或稱「胚胎」型的沙丘，也就是小面積的沙堆，促使各種野草扎根；報告預測，在「什麼也不做」的情況下，現存的植被界線會在接

水母，取自《環遊世界》（*Voyage autour du monde*，一八二六年）的印版

下來的幾十年往大海遷移，增加植株在沙灘上的面積，並創造空間讓成熟的沙丘體系發展。這個體系可以部分減弱全球暖化預期造成的海平面上升現象。這就是現在這則故事構想和書寫的場景。

這則故事刻意以朵貝·楊笙（Tove Jansson）的《夏日書》（*The Summer Book*，1972 年）為靈感，她就是以姆米這種貌似山怪的小生物為主角，寫了一系列廣受歡迎的童書的作家。這本「真正」的小說聚焦在一名老婦和她的六歲孫女在芬蘭灣的小島上度假時，兩人呈現出來的關係。這本小說受到死亡（即老婦的女兒、女孩的媽媽的離世）、大自然以及深切到難以表達的愛等主題所縈繞。如同島嶼這個場景可以讓人料想到的，海洋確實也是這個故事的重要元素，是易怒的婦人和戒慎恐懼的孩子解開兩人共同傷痛時，始終存在的背景。

那麼，到二十二世紀初，生命會是什麼模樣？

環境應該會有很大的改變，像是出現目前沒有的沙丘，或者我們需要更努力防曬。此外，科技應該也會有很大的「進展」，例如有些人相信，進步的神經科學加上我們對資訊和通訊的著迷會演變成像這則故事所提到的「鏡片」等裝置。在腦中想一個東西，那個東西的影像就能馬上出現在你眼前，會是什麼樣子呢？此外，也有人暗示生物科技、遺傳學和醫學的進展可以延長人的壽命（終極目標是長生不死）。這些都是待寫的故事。

另外，故事對我們的後代子孫來說應該也是依舊那麼重要，就像它們對我們的祖先和現在的我們一樣——像日本童話裡的龍王、水母和猴子那樣的故事。

那則故事相當典型，因為其關注的議題包括權力（龍王）、人命無常（生病的龍后）以及希望（水母尋找解藥）。不過，這則故事在這裡還有一點很重要：它讓兩個因為年紀和思維不一樣而看似難以親近的角色有了溝通的時刻。大海的各種型態與邂逅讓我們有機會思索什麼可能使我們團聚，而非什麼使我們分離。

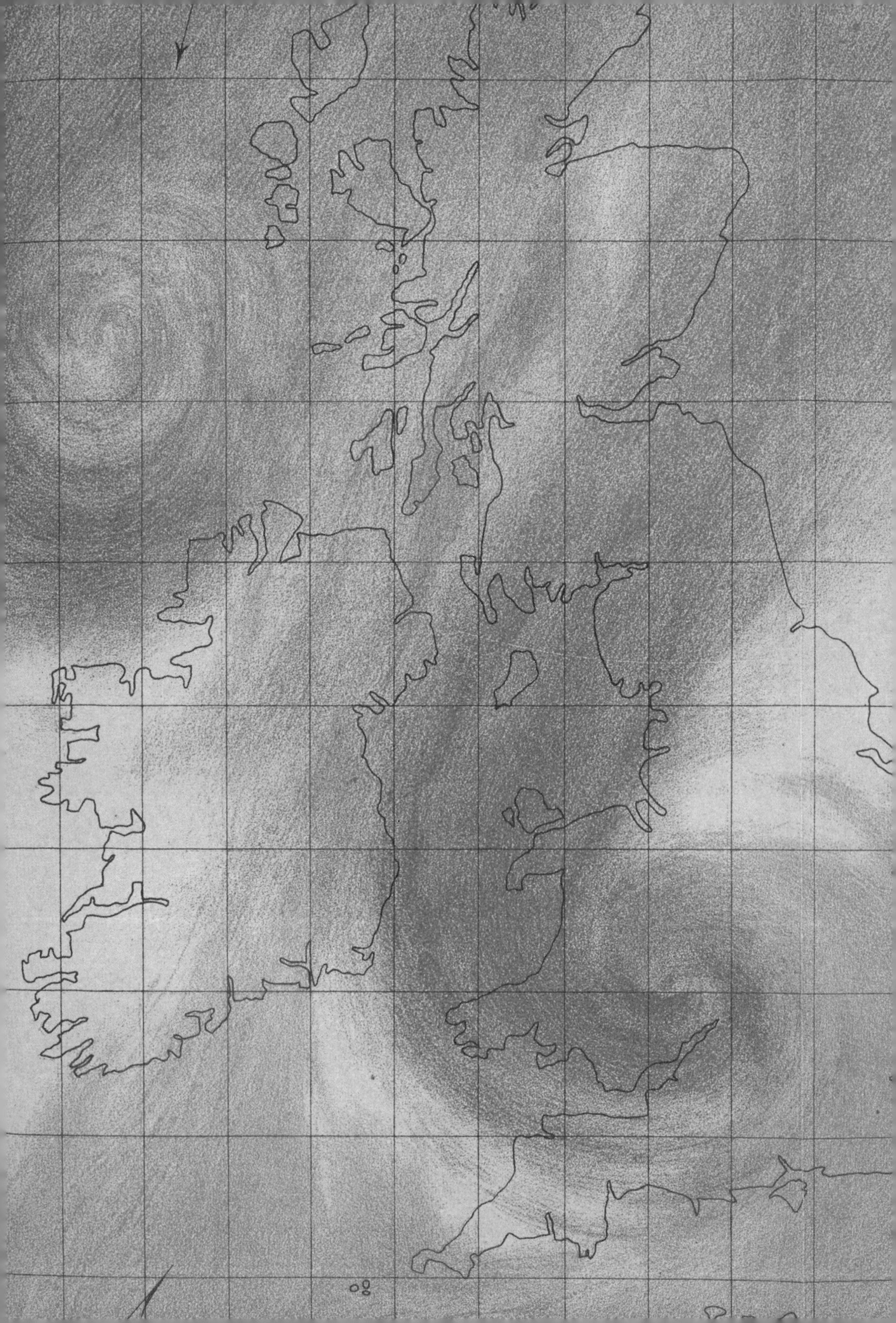

氣候和自然

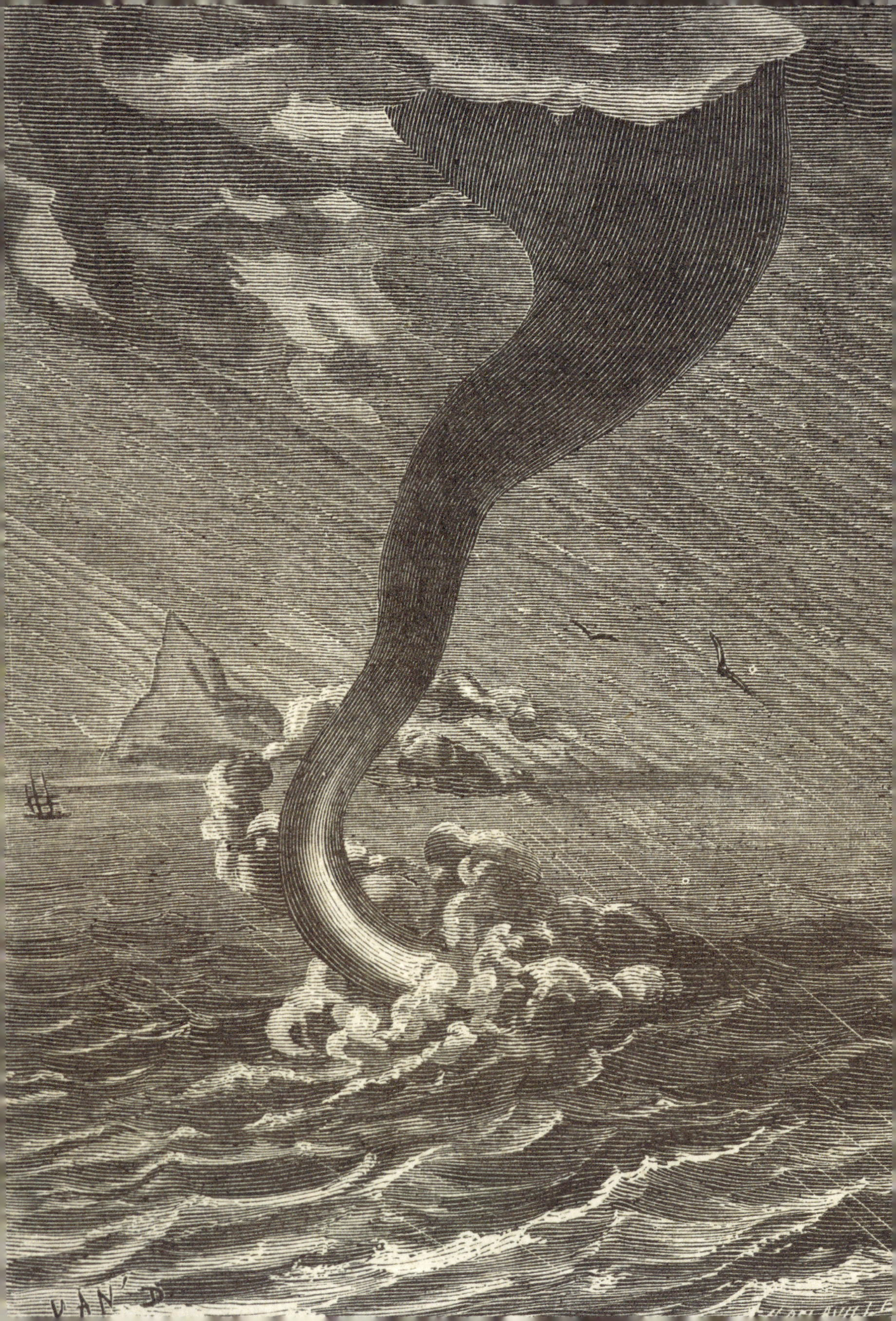

海洋平原的一場巨大風暴，猛烈跨越高聳的
邊際；狂風起來了，狂野的冬季已經殘殺我們；
它來自廣大兇狠的海洋，狂野冬季的尖矛
已經超越它。

平原的行徑，海洋全部平原的行徑，
使我們堅忍的宿主大感驚異；
對一個比所有一切更重大的事物而言，
有什麼比這無法匹敵的龐大故事更美妙的？

〈海上風暴〉（A Storm at Sea），愛爾蘭，作者不明，十一世紀

人類的海上旅行史已經漸漸由傳說變成知識。瑞秋・卡森告訴我們，地球存在的時間有多久，空氣移動的氣流（也就是我們所謂的「風」）就來回吹過地表多久。因此，有關天氣的民間傳說絕對可以回溯到最早以前的人類時期。除了風之外，還有波浪、風暴、降雨、海流等各種對我們遠古的祖先來說，運作機制肯定相當艱澀難懂的效應。換句話說，氣候存在了多久，有關天氣候現象的起源、行為與影響的故事就被我們人類述說了多久。

　　早期的航海家在試圖理解氣候的同時，也碰過各種只能以超自然力量來詮釋的海洋現象，例如生物發光、漩渦、海嘯、赤潮、冰山、水龍捲、霜花等，還有這個章節最後一則故事的神祕主題——字面上的意思為「妖精摩根」（fata morgana）的上蜃景。世界各地的圖書館都有許多書籍詳述了關於這類現象的

前頁滿版：天氣圖，取自羅伯特・斐茲洛伊（Robert Fitzroy）的
《天氣圖》（*The Weather Map*），1863 年

對頁：「蒸汽落在海面上」（Vapour falls on the sea），取自《天上空間與熱帶自然》
（*L'Espace céleste et la nature tropicale*）的插圖，1866 年，10003. d. 10

傳說。

對於不是水手的人而言，自然系統的操作方式往往令人覺得違反直覺，例如想要航行到東邊，其實可能需要先往北航行很長一段時間，或者任何航程都必須考量看不見的水下海流。這些經驗積累了數千年，後來才有科學出現，解釋這些事情「真正」的運作原理；但，早期那些保存在故事、風俗、諺語和迷信當中的傳統知識某種程度上也流傳到現代世界。

除了「故事、風俗和迷信」，還應該要加上「語言」。例如，彼得·D·讓斯（Peter D. Jeans）就有說到，從古至今人們曾使用過許多聖人的名字來描述

生物發光現象，取自路易·菲基耶（Louis Figuier）所著的《陸地與海洋》（*La Terre et les mers*，1864 年）的插圖

「冰山之間」（Among the icebergs），取自《深海圖說編年史》
（*Pictorial Chronicles of the Mighty Deep*，1887 年）的插圖，W46/5396

氣候和自然

「大氣條件適當的話……探險家會看見的置中落日景象」，取自馬歇爾・B・加德納（Marshall B. Gardner）的《深入地心之旅》(*A Journey to the Earth's Interior*，1913 年) 8560.dd.30

一種現在被稱作「聖艾爾摩之火」的現象：厄墨、埃勒密、厄明、特爾密、赫爾姆、安瑟莫、海倫、厄姆、赫姆、克雷爾、彼得和尼古拉。其他時期用過的名稱還有海倫之火、傑克燈籠、卡斯托耳和波魯克斯、*corposanto*（義大利文的聖體）、跳躍的山羊、柯爾比的阿姨及安匹贊特。既然天氣始終存在，描述天氣的各種詞彙自然也是。

然而，那些傳統詞彙很多可能都快要消失了。這便是極具影響力的劍橋大學研究員羅伯特・麥克法倫（Robert Macfarlane）所提出的議題，他是二十一世紀率先研究自然與人類文化之間的關係的歷史學家。在著作《地標》(*Landmarks*，2016 年) 中，麥克法倫集結了一份已經很少人使用的詞彙片語的清單，反映大西洋群島各地的人們傳統上是如何利用或跟大自然（包括海洋）的許多層面進行互動的。

麥克法倫想要傳達的重點是，少了「*aggy-jaggers*」（源自肯特郡北部，意思是沿著大海邊緣形成的霧氣）、「*bar'ber*」（源自昔得蘭群島，意思是空氣非常

蛇妖、賽蓮、漩渦

冰冷時從海水表面升起的薄霧）或「briming」（源自康瓦耳郡，意思是海洋生物發光現象）等詞彙，意味著我們越來越沒辦法受到奇妙的大自然所吸引，但也表示我們自己和我們關心自然世界的能力同樣受到減弱。他主張，認識這些詞彙「並不是為了跟科學知識和生態分析競爭，而是為了補充和支持這些領域。我們當然需要了解自然的運作方式，但我們也需要在描述自然時保持赤子之心，頌揚不甚理解、神祕化與誇大的事物。」

當然，對某些人來說，最神祕難解的議題就是，既然任何航程都有可能遇到各種自然威脅，為什麼還有人會想出海？瑞秋·卡森在《大藍海洋》提到，美國船艦拉瑪波號（USS Ramapo）在1933年從馬尼拉前往聖地牙哥途中，記錄到風暴造成高達34公尺的巨浪。你可以說我是個航海軟腳蝦，但是在我看來，那樣的天氣對任何人來說真的都太嚴峻了。

布拉孔王子與
科立夫里坎的巫婆

有一個海上巫婆，住在蘇格蘭西岸的斯卡巴島（Scarba）和侏羅島（Jura）之間的海峽裡。據說，巫婆因為自己青春不再、美貌流失而發狂瘋癲，當她大發雷霆之時，周圍的海水便捲成一個龐大的漩渦。巨大的水柱會噴到空中，發出一種類似雷擊的聲音，傳到方圓數公里之外。島民聚集在冬天的火堆四周時，會說：「你們聽，巫婆在生氣。」附近的漁民都知道要避開那個地區，因為任何人被捲進漩渦必死無疑。

一個名叫布拉孔（Breccán）的愛爾蘭王子到蘇格蘭替父親辦事。在宮廷裡，布拉孔聽說克里南公主長得很美，於是他前往西方想跟她說話。當他看見她真的跟大家說的一樣美，布拉孔便向她求婚。可是，公主說她不能答應。

她說：「我受了一個**詛咒**，就是只能嫁給可以跟巫婆相處三晚後還倖存的人。」

布拉孔這時才聽說海峽那個人人畏懼的漩渦。

他決定接受這個挑戰，開始認真思索要如何完成。有一天，他沿著海邊散步時，遇到一位一身黑的老太太彎著腰在撿貝殼。布拉孔禮貌地鞠躬，準備走過她身旁。

她問：「壯漢，你在思考什麼大事？」於是布拉孔便告訴她自己的故事。

老太太說：「我知道打破**詛咒**的魔法是什麼，你必須製作三種不同的繩子，在通過難關的那三晚用來做為船錨。第一條繩子必須使用馬毛製成，第二

對頁：「捲進大漩渦」，取自哈利・克拉克（Harry Clarke）所著的《神祕和想像故事集》（*Tales of Mystery and Imagination*，1923 年）的插圖，12703.i.44

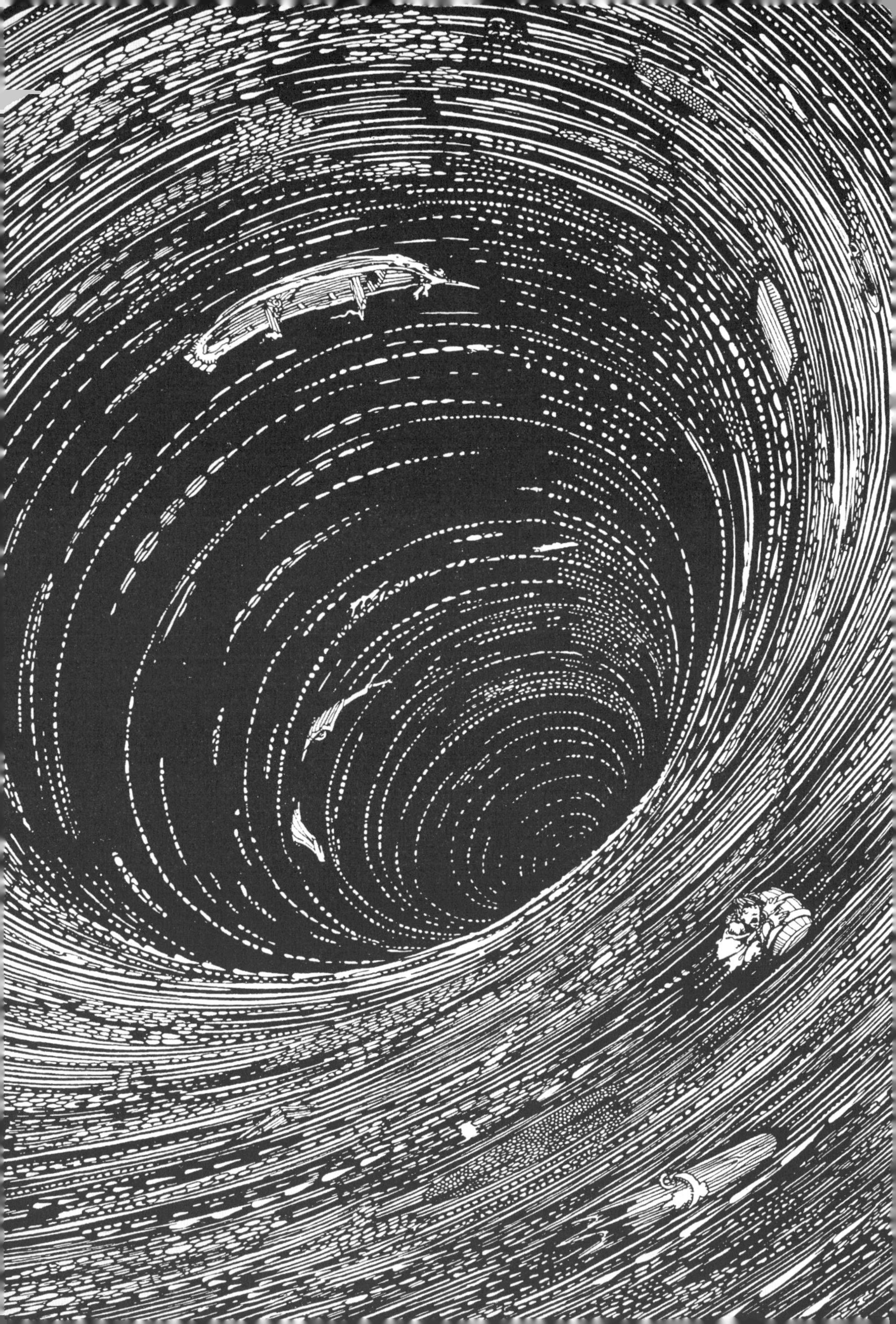

條則用海豹皮，第三條則必須將愛人的三根頭髮編織在裡面。假如她還是處女，繩子就不會斷，你便能通過考驗，娶她當新娘。」

布拉孔謝過老太太，開始著手製作她說的三條繩子。他派手下到蘇格蘭各地蒐集馬毛和海豹皮，並聘請島上最好的工匠把這些製成不會斷裂的繩子。接著，他去找公主，告訴她自己的計畫。公主從自己的一頭金髮剪下三根長長的頭髮給他。

那天晚上，頭髮被編進一條強韌的長繩子之後，布拉孔便出發前去找巫婆。布拉孔的船在海峽裡高低起伏的浪濤中奮勇前進。

當他抵達漩渦中央的一個點後，他便將馬毛繩綁在一個大石塊上，做為船錨。大海狂亂地翻騰，王子以為自己的船肯定會沉沒。然而，石頭沉下去之後，繩子並沒有斷，布拉孔安然度過第一晚。

隔天休息一整天後，他在第二晚又來到漩渦中央。海水比前一晚更加洶湧，布拉孔幾乎難以把海豹皮的繩索綁在他選為船錨的大石塊上。視線不清楚又凍僵的他，勉強將綁好的石塊丟進海裡。石頭沉下去後，繩子沒有斷，布拉孔安然度過第二晚。

王子精疲力盡，隔日一整天都在睡。快要晚上時，他被巫婆的怒吼聲驚醒，巫婆似乎比以往還憤怒，因為竟然有人敢挑戰她的威力。布拉孔不屈不撓地開始做事，把石塊船錨拉上船，並檢查處女頭髮編成的繩索。薄暮將至，他再次出發前進海峽。

這次，布拉孔感覺自己好像上了沙場似的。狂風夾雜殺人的意圖不斷呼嘯，海浪彼此衝撞，宛如鐵斧砍在盾牌上。布拉孔用盡所有的力氣和意志，拼了命讓小船不偏離航道也不沉沒。當他抵達漩渦中央時，他勉強成功把繩子綁在石塊上，用剩餘的力氣將石塊扔進水裡。

石塊緩緩下沉，但小船仍像一匹野馬般顛簸晃動。突然間，海灘上的老太太出現了，她漂浮在船尾上方，指著瑟縮在船桅的布拉孔。

「傻瓜！」她說，「竟然相信青春的樂觀、女人的一致性或男人的力量！」

布拉孔畏懼地看著憤怒的大海湧起，接著打下他的小船。木板碎裂、繩索斷開，包括年輕的愛爾蘭王子在內，所有的一切都被捲入漩渦可怕的深淵。後

來，這個地方便被稱作「科立夫里坎」（Corryvreckan），意思是「布拉孔大鍋」。

第二天，侏羅島有一些在海灘撿東西的人發現一具年輕男子的遺體被沖上岸。出於憐憫，他們把他扛到附近的洞穴，但是由於他們還有事要做、有地方得去，便把遺體留在那裡，沒有掩埋，也無人哀悼。

沒多久，就像這種事情通常會發展的那樣，這個溺死的年輕人的故事傳到了公主耳裡，於是她便單獨前去尋找布拉孔被擺放的洞穴。她將遺體盡可能地拖到洞穴深處，並用石頭掩埋起來。接著，她為這位為了愛甘冒一切風險並失去一切的英勇王子哭泣。

當公主重新迎向陽光時，她變身成一位穿得一身黑的老太太。她深深嘆了口氣，彎下年邁的身軀，開始撿拾貝殼。

反思

「科立夫里坎」（Corryvreckan）這個詞源自高地蘇格蘭語的「*Coire Breccáin*」，意思是「布拉孔的大鍋」或「斑雜的大鍋」。這是當地人給蘇格蘭亞蓋爾外海兩個海潮系統碰撞後形成的天然漩渦所取的名稱，地點在界於斯卡巴島和侏羅島之間的狹窄海峽。

科立夫里坎漩渦因為複雜的水下地形，所以更加湍急，包括在海峽北端接近水面的一塊突起的岩石。在不同的時期，科立夫里坎曾經被認為是世界上第一至第七大的漩渦。儘管那裡並非無法通過，英國皇家海軍仍對這個現象發布了永久警告。只要看看那個大漩渦流動的影片（我絕對、絕對不會實際靠近那裡！），就能明白為什麼。

科立夫里坎漩渦也有一段複雜的文化史。許多中世紀文獻都提過那個地方，特別是跟當時愛爾蘭僧侶大量往返愛爾蘭和蘇格蘭有關的史料。現存文獻中最早提及這個漩渦的，是七世紀的一本聖高隆（St. Columba）傳記，由他的追隨者阿當南（Adomnán）撰寫。聖高隆（在愛爾蘭被稱作 Colum Cille）是西元十世紀以前凱爾特基督教的一位核心人物，他的眾多事蹟之一便是在附近的愛奧納島興建一座知名的修道院。在書中，阿當南描述另一位僧侶（科爾曼）是如何運用禱告的力量成功通過漩渦。阿當南用來形容這個漩渦的拉丁詞彙「*carubdis Brecani*」——布拉孔的卡律布狄斯——證實他對荷馬的經典故事相當熟悉，令人驚豔。*

使科立夫里坎漩渦威力如此強大的那個水下石峰，在高地蘇格蘭語被稱作「An Cailleach」。這個詞有很多不一樣的神話、文化與地形涵義，但是其中一個常見的涵義被翻成「巫婆」（hag）。在凱爾特神話裡，這是一個創世女神，跟荒野和冬季天氣特別有關。

從一開始，這個詞似乎也已經與海洋有關。民俗學家伊蓮娜‧赫爾（Eleanor Hull）說，中世紀愛爾蘭詩歌《比拉巫婆的哀歌》（*The Lament of the Hag of Beara*）是「一個很美的例子，證明人類的生命受到海潮的漲退所主宰，退潮就會縮減，下一波出現後又會充滿力量和能量。」

因此，大海被比喻為生命本身——這不是我們第一次、也不是最後一次碰到這個論點。

另一方面，我們可以發現提及巫婆的文獻在整個蘇格蘭特別常見，跟所有的異教神祇一樣，她有多種型態、可塑性強，在

---

* 譯註：卡律布狄斯是希臘神話中的一個海妖，會創造大漩渦，吞沒經過的船隻。荷馬史詩的主角奧德修斯便曾面臨這個大漩渦的考驗。

各種地方和風俗都會出現。例如，把「布拉孔」的原意解讀成「斑雜」，便是因為根據傳說，巫婆在大鍋子裡用力洗蘇格蘭格子呢，所以才創造了漩渦（格子呢洗完後攤在蘇格蘭的山邊曬乾）。大體來說，巫婆是典型懷有惡意的非人類存在：對於完全不懂潮汐和海流的人來說，漩渦不是深海裡的憤怒怪物造成的結果，還會是什麼？

在這個故事的某些版本，布拉孔是一個挪威維京人，被威脅他的對象　化身為大自然的凱爾特女神所擊敗。然而，在這邊的這則故事中，布拉孔被描述成一個歷史人物，文學紀錄也再次提供了一些有趣的線索。在西元九到十世紀的愛爾蘭文本《寇馬克詞彙表》(Cormac's Glossary)，布拉孔被寫成是九人質的尼爾（Niall of the Nine Hostages）的孫子。帶有半神話色彩的尼爾，就是在第一個千禧年後半葉活躍於整個愛爾蘭（以及蘇格蘭）政治圈的歐尼爾王朝的創始人（無獨有偶地，這也使布拉孔變成聖高隆的親戚，因為聖高隆是歐尼爾家族的後裔）。像布拉孔這樣的歐尼爾「王子」竟然會命喪知名的漩渦，並不是不可能。把這故事跟老巫婆連結在一起，就有了一個「傳說」，進而衍生出「科立夫里坎」這個名稱，也就是布拉孔的大鍋。

故事中的詛咒概念原文是「geas」，也可以翻譯成「禁令」或「義務」、「禁忌」，這是一個凱爾特形式的命令，多少普及於當地。這其中的涵義是，世界上存在一股力量，會設想和監管各種沒有規則可循的規定，人類一定要遵守。水手們在傳統上都對各種凶兆十分迷信和敏感，因此對這個概念當然不陌生。但，在凱爾特傳說中，往往就是因為主角違抗禁忌的要求，才有發展敘事的動力。有時（像是這則故事），假如沒有其他可信的理由存在，這便可以用來催生一股行動的衝動。

這個故事先前的版本也都找得到繩子的元素，是源自傳統的父權制世界觀。原本的涵義是，公主吸引人的地方（她的價值）在於她的純潔無瑕，也就是她的處女身分，結果後來被發現原來早已「喪失」。王子遭到不忠的年輕女子背叛，才被因失去自己最珍貴資產（青春和美貌）而充滿怨懟的老太太給奪去了性命。很典型地，布拉孔可以因此被視為女性特質的受害者，女性特質也再度被證實是充滿瑕疵、本質危險且應受譴責的。

儘管我試圖保留故事的精髓，卻希望削弱這樣的道德觀。故事裡的複合女性角色（既是處女也是巫婆）保留自己的力量，卻讓人感覺她只是在扮演父權制賦予她的角色（包括由我創造的這一個）。其實，其中還有一個層面，一個祕密的層面仍然隱藏著，無論是故事中的英雄，蘊含的神話，或此刻的重述都無法揭露。

氣候和自然

「窮」木匠的
故事

很久很久以前，某一座城鎮住了一千名窮木匠。我說他們「窮」，並不是指他們「貧苦」、「窮困」或「匱乏」；這些木匠很「窮」，是因為他們「技窮」，也就是不夠專業或不夠能幹。為什麼他們要當「窮」木匠，不當窮農夫、窮漁夫或窮哲學家，這個故事沒有提到。

多年來，鎮上的居民已浪費很多時間和金錢在這些木匠未能實現或令人不甚滿意的作品。很多時候，人們要求製作的物品都沒有成形，就算成形了，板凳會晃動、櫥櫃的門關不好、床板也非常不舒服。漸漸地，越來越多人生氣地談論，這些木匠連最基本的物品也無法完成。大家都說，這對城鎮的形象很不好，應該要做點什麼。

木匠頭子和她的副手討論了一番，同意他們最好到別的地方重新開始。

她說：「我們來蓋一艘船，帶著家人和財物順著大河航行，出去外海。或許我們可以找到一個地方，就算我們欠缺木工技巧也不會是個大問題。」

副手同意了。兩人都沒想到，這座城鎮的木匠所蓋的船頗有可能沉沒。

事實上，船沒有沉，儘管有一兩次確實差點就沉了。他們順著大河而下，途經城鎮和寺廟還有隨風飄曳的玉米田，最後來到大海。由於船上沒有人會航海，他們便任由海風把船隻吹到任何地方。過了一個星期，他們看見陸地——是一座島嶼。

木匠頭子率領她的副手和另外五名木匠上岸勘查。他們遇到的第一件事物，是一個裸男，他因為有一副長到腰部以下的鬍鬚，所以得以遮羞。這名男子快活地走在海灘上，大聲唱一首〈船難倖存者的快樂歌〉給自己聽：

從前我過著耕犁石塊地的日子,每天工作禱告;
現在我過著躺著看天空的生活,每天無憂無慮。
遠在故鄉的人們依然辛辛苦苦,生命來日方長,
我卻能飲酒睡覺思考……是快樂的船難倖存者!
船難倖存者、船難倖存者、快樂的船難倖存者,
啦啦啦啦,我很高興當……快樂的船難倖存者!

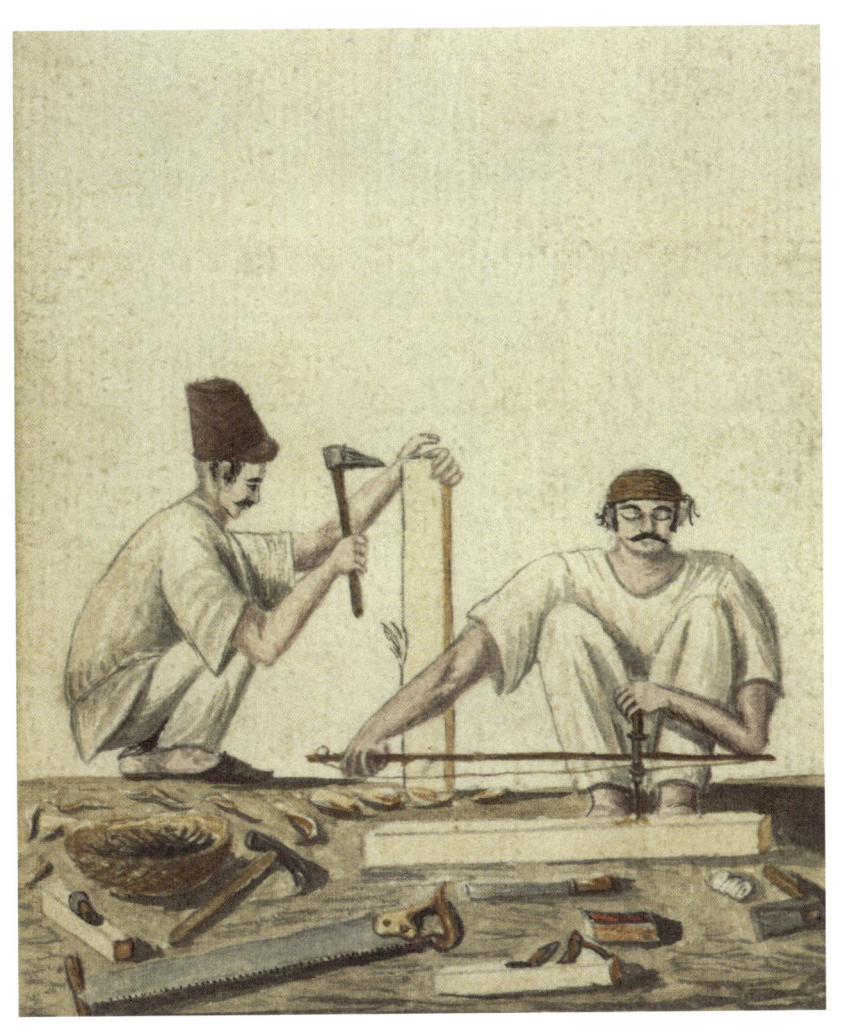

印度祆教木匠,取自一本收錄 91 張圖畫的孟買畫冊(1810 到 11 年),WD 315

「一艘用來乘風破浪的清奈船隻」，南印度（約 1790 年），Add. Or. 4285

　　木匠們認為這個怪人可能是魔鬼，因此準備速速撤離。但是此時，他熱情地跟他們打招呼。

　　他走近說：「新朋友，歡迎歡迎，不要害怕。我已經在這座島上流浪多年，所以外表才這麼奇怪。這裡的飲食非常充沛，我也不必像以前在印度那樣工作。但，我很懷念有人陪伴，所以我再說一遍：歡迎！」

　　雖然這位船難倖存者身上有濃烈的酒味，但他看起來蠻健康的。因為就像

他說的,這座島出產各種野食,足以養活一群流浪的木匠。船難倖存者很樂意分享這個地方,但是他有一個警告要給他們。

「仔細聽好了,這座島上的島靈相當寬容,只有一件事不能容忍,那就是人類的排泄物。因此,告訴你們的人,他們如果需要上廁所,一定要在土裡挖一個洞,將排泄物掩埋起來。不照做的話,神靈就會生氣,招致某種破壞。」

木匠和他們的家人便棄船來到島上(反正這艘船也不能再繼續航行)。有

一段時間，他們過得頗為舒適，有香蕉、芒果、椰子和野米可以吃，同時他們也都很小心地遵守船難倖存者有關排泄物的規矩。他們都安頓好之後，木匠頭子說：

「我們應該舉行慶典，慶祝我們幸運找到這座吉祥的小島。」

於是，他們準備了一場筵席。然而，副手說：「我們用蔗糖製酒吧，這樣在慶典上就能喝得痛快！」

木匠頭子聽到這番話就感到焦慮。確實如此。

他們在海灘上升起大火，慶典在日落時分展開。然而，木匠們喝了酒以後，有些人開始變得吵鬧、無法無天。到了午夜，許多人都在大吼大叫、唱歌跳舞；接著，他們忘了有關排泄物的規定，開始在島上四處大小便。木匠頭子和追隨她的人（他們沒有喝酒）試著阻止這些醉漢，卻沒有用。隔天早上，令人作嘔的糞便散布在美麗的海灘上。

島靈憤怒地看著這一幕。

其中一個說：「我們應該給這些可恥之人什麼樣的懲罰？」

另一個說：「被玷汙的東西永遠無法恢復潔淨，我們必須讓海水升起，淹沒整座島嶼。」

島靈都同意這麼做，但是有一個神靈不希望無辜的人跟有罪的人一起受苦。於是，他透過異象來到木匠頭子面前。

他說：「聽好了，因為你的手下在慶典期間所做的行為，這座島嶼即將面臨毀滅。會有一場大水襲來，留下來的都無法生還。但我可以把它推遲兩週，直到下次滿月那晚。這樣你就有十四天可以想辦法把你的人帶離這裡。」

木匠頭子把所有人聚在一起，告訴他們這個異象。有些人十分驚恐，有些人則懷疑她的故事。

還有一點宿醉的副手說：「一個神靈譴責我們，另一個神靈可憐我們，祂們還真猶豫不定！感覺祂們也不知道自己想要什麼。此外，我想知道這些神靈到底在哪裡？我們找到一個這麼棒的地方，你休想因為一場惡夢，就害我們其他人放棄它！」

認同他的人點點頭，接著便到海灘上慵懶度日了；有人說那天晚上還要再

開一場派對。

木匠頭子嘆了口氣，搖搖頭。她開始安排不同小組的工人到內陸的森林砍伐和準備木材。從印度載他們到這裡的那艘船還停泊在港灣，於是接下來兩個星期他們便辛辛苦苦地把它改造得適合航海。

大水來臨前一天，木匠頭子和她的追隨者帶著所有的財物上了船。那些決定繼續留在島上的人嘲笑他們，然後繼續花天酒地——現在那已經變成他們的日常活動。隔天早上，那個快樂的船難倖存者（他選擇留在岸上）指著大海說：「那是什麼？」

海平面出現一道低低的水牆。大家停止飲酒作樂，望向大海，用手遮擋刺眼的晨陽。

副手說：「沒什麼，海市蜃樓罷了。」

另一個人說：「好像越來越大了。」

船上的人也有看到那道海浪。

木匠頭子喊道：「孩童到下面去，其他人站穩了，大浪很快就會打過來。」

隨著海浪越變越大，海灘上的人先是開始低語，接著互喊彼此的名字，然後大叫出聲。最後，他們全都尖叫起來，懼怕即將到來的大水。有的人開始以最快的速度跑向內陸，有的人試圖爬上附近一叢棕櫚樹。這些都沒有用，海浪用巨大的力量衝擊小島，沖走路徑上的一切人事物。

船上的人緊緊抓穩，任憑海浪托起船隻，就像水流湍急的小溪帶走一根稻草那般，將他們帶離沉沒的島嶼。希望在木匠頭子睿智的領導下，他們能夠生還並過上豐足的生活。但是，他們最後去了哪裡、是否有改善自己的木工技能，這個故事沒有提到。

次頁：清奈的破浪艇，喬治・錢納利（George Chinnery）所繪（約 1807 年），WD 147

氣候和自然

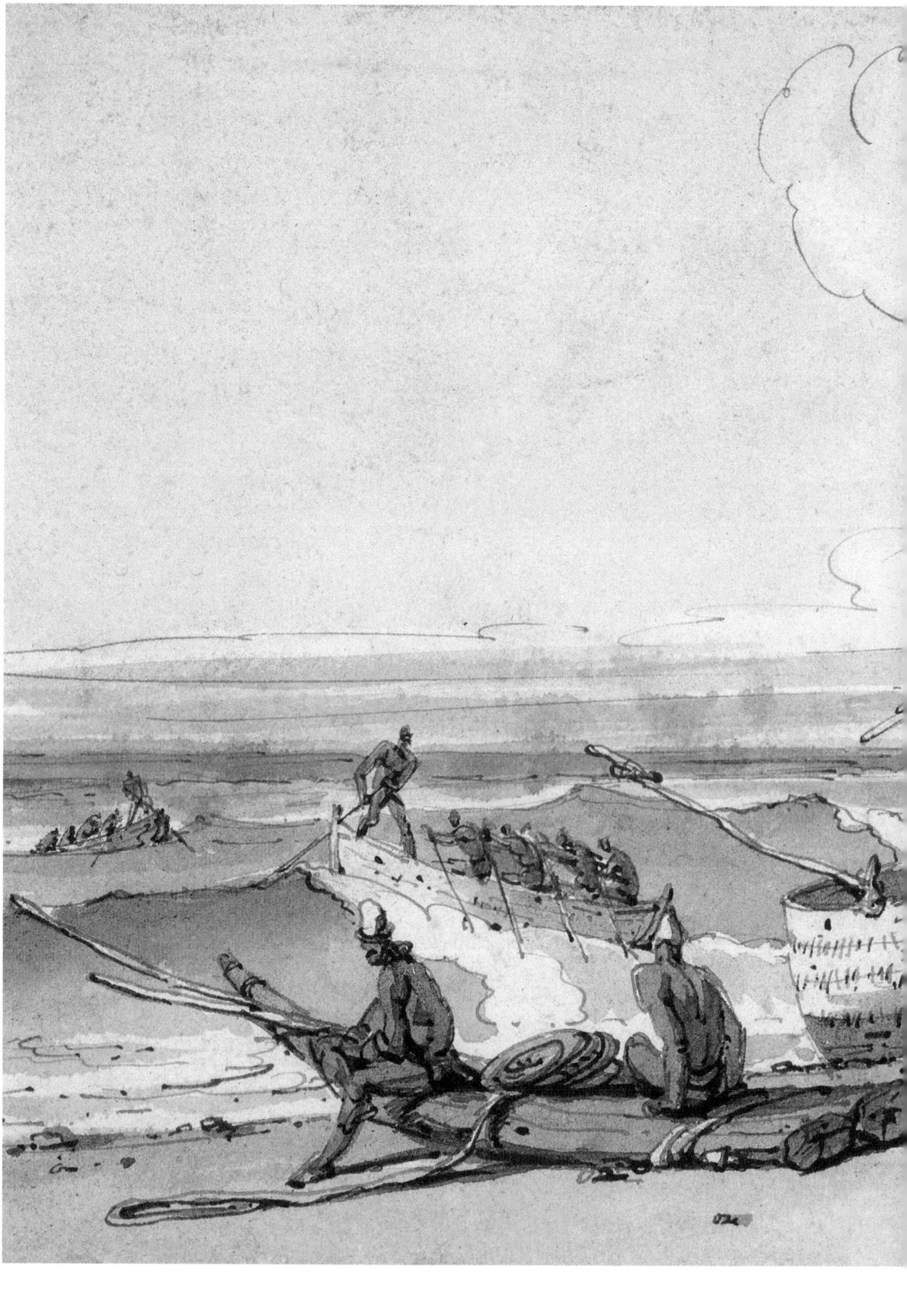

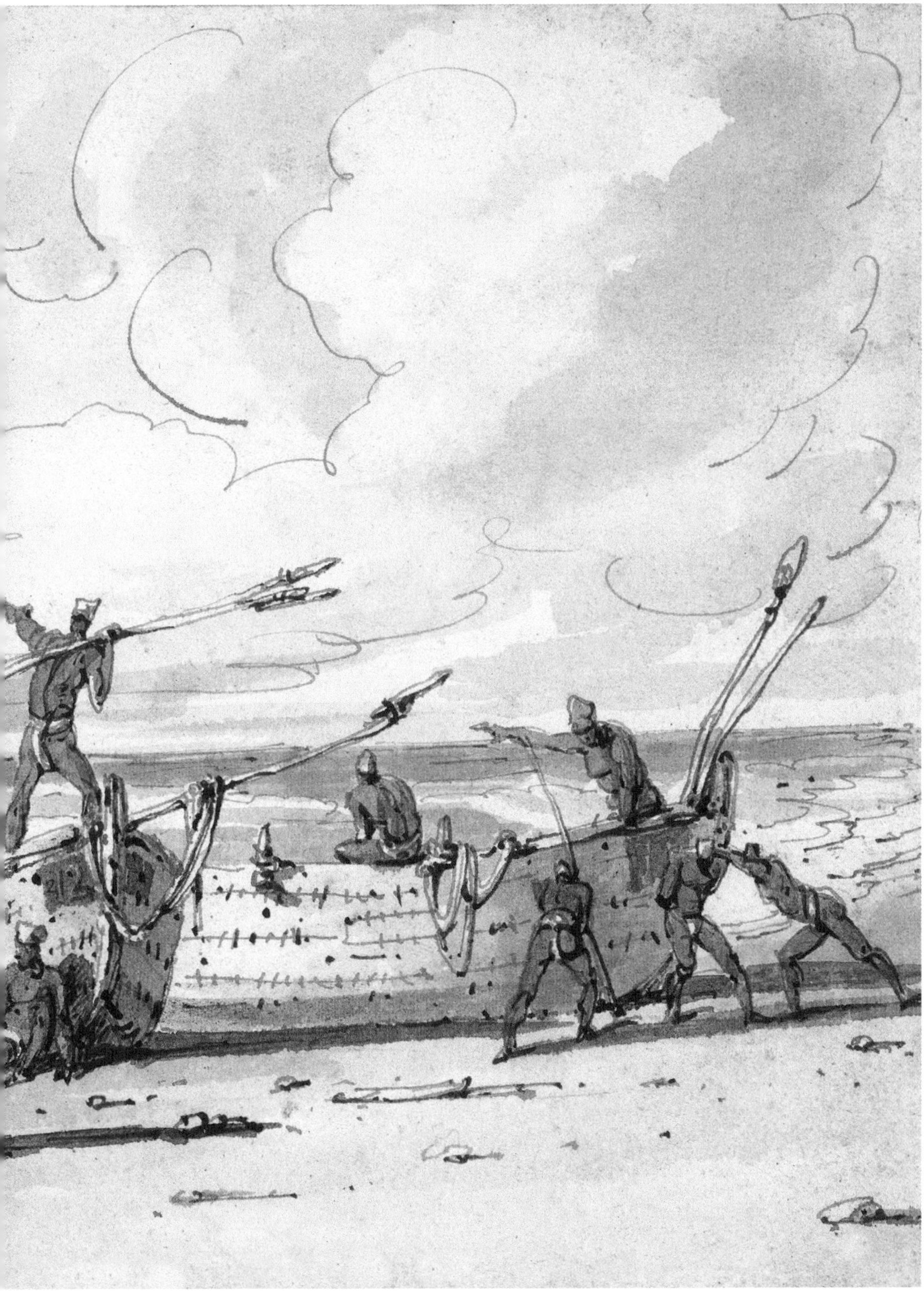

反思

這則印度傳說是一個洪水神話，世界各地還有非常多類似的故事。地質神話學是一個相對新興的領域，重點放在某種災難事件隨著時間演變成民俗敘事的過程。以某方面來說，地質神話學是由瑞典的海洋學家奧托・佩特森（Otto Pettersson）發展出來的，他在著作《歷史與史前時代的氣候演變》（*Climactic Variations in Historic and Prehistoric Time*，1912年）引用大量的文學和民俗文獻，建立起這顆星球的氣候史。佩特森推測，由於多種氣候效應的結合，洪水曾在整個現代歷史的不同時間點好發，因此才有大量關於洪水的故事出現。

地質神話學的研究學者發現，這個過程有一個反覆出現的特徵，那就是實際事件會被賦予一個道德意涵：神明因為不滿人類的狀況，因此才會送洪水來懲罰罪人、洗淨地球。有時，犯錯的文明會整個遭到殲滅，例如亞特蘭提斯的故事；有時，大洪水會帶來更好的心態和淨化的人類，使這個世界有機會重新開始，如猶太教和基督教的傳統。

印度的洪水神話把主軸放在印度教神祇毗濕奴毀滅世界和所有人類的始祖摩奴（manu），讓人類重新繁衍的故事。這個敘事的各個細節跟《創世記》與更古老的蘇美傳說《吉爾伽美什》（Gilgamesh）所提到的許多主題和文學手法非常相似，包括神祇預先警告會有災難發生、選擇一個值得留下的人類、建一艘船、把動物帶上船、船隻後來停靠在高山上等等。

現在這則故事有時被稱作〈海上商人的故事〉，是源自描述佛教創始者釋迦牟迦多次輪迴生平事蹟的古老經籍。這類故事通常帶有說教意味，以誇大戲劇化的方式描述為了通往般若所必須獲得的美德和道理，藉此教育讀者。

故事發生在印度北部的北方邦一座稱作貝那拉斯的城市（現在名為瓦拉納西〔Varanasi〕），當時是梵摩達多王（Brahmadatta）的統治期間。故事中描述了不只一個道德敗壞的例子，第一件就是工匠技藝差勁。木工是一項古老的技藝，人類學家認為人類使用木頭的歷史肯定幾乎

跟使用石頭的歷史一樣悠久,而且史料似乎清楚證實,隨著木工越來越重要,擅長木工的人地位也跟著提高(可敬的木匠同業公會在1271年以前就已經在倫敦運作)。因此,整座城鎮的木工都很低劣似乎太過不幸。

然而,這些離鄉背井的木匠真正的缺點其實是不潔、放蕩和酗酒——這些全都是他們決定在島上新家釀酒的結果。小心處理發酵的蔬果汁,便能完成釀酒,但是這裡經過的時間長度其實做不到。這則故事要遏止的,其實是隨處排放人類排泄物對公共衛生所造成的危害,這是非常古老的禁令,世界上的每一個文化或多或少都有自己的版本。佛教特別嚴禁汙染,把這視為懶散的證明,會阻礙人們追求自我覺察。因此,酒醉木匠的行為是邪惡的,無論他們表面上過得多快活。

這則故事有個稍微不協調的角色,那就是「快樂的船難倖存者」。一方面,他有參與那些墮落木匠的不良行為,但在另一方面,他肯定是有遵守關於排泄物處理的禁忌,才有辦法在島上生存。他的道德觀模稜兩可,或許就是因為如此,他才會落入這樣的處境。獨居生活對人類這種社交動物來說有時候很困難。宗教隱士或許會很樂意有這個機會,在不受干擾的情況下思索神格,而文學世界中最知名的船難倖存者魯賓遜在面對磨難時,也頗堅忍淡然;然而,整體來說,獨自在荒島上生活通常會被認為是不快樂的命運。因此,〈船難倖存者的快樂歌〉是在歌頌那些過著不正常的反社會生活,卻能凸顯正面優點的人。

很不幸地,印度洋常常發生故事結尾所描述的那種自然現象。「海嘯」(tsunami)是極少數進入全球通用語彙的日文單字之一,起因是發生了大規模事件(如海底地震或火山爆發),讓大量海水無處可去,只好形成一系列巨浪,對沿岸地區造成嚴重的災害。舉例來說,2004年12月26日發生的南亞大海嘯便奪走印度洋周圍14個國家將近23萬條人命。

「哥倫布航行於藍色海洋」

蛇妖、賽蓮、漩渦

本人，佩德羅・德・特雷羅斯（Pedro de Terreros），聖瑪利亞號（Santa Maria）過去的船上男僕，在主曆1552年12月25日這天完成這份證詞。我已經活了很久，比我應該擁有的壽命還久，但我現在行將就木，希望為後代子孫留下一份真實紀錄，記載上一個世紀末前往新世界的第一趟航程所發生的某些事件。我的孫子多明哥曾在沙拉曼卡學法律，因此可以替我寫下這段文字。

我上那艘船時，對大海一知半解，對航海更是一無所知。我認為，我的父親只是跟許多人一樣，被當時大家談論的榮耀與財富所迷惑。他抱持會得到重大報酬的期望，很樂意讓我替這場探險服務。於是，那年夏天的某個晚上，我便搭船離開西班牙的海岸，在眾多經驗豐富又充滿決心（但我當時不知道他們也非常無情）的男人之中，只是個興奮不已的12歲男孩。

打從一開始，我就感覺我們的船上以及我們跟另外兩艘船之間氣氛很緊張。在那之後，我苦思了很多年，最後認為問題在於發號施令的階級順序從沒有好好經過確認。對，負責整趟探險的是海軍上將，我們都知道。可是，還有三艘船的船長，他們總是嫉妒彼此的權力，堅持掌控完全屬於航海的事務。此外，君主的代表也老是喜歡發表意見，要讓每個人知道斐迪南和伊莎貝拉（編按：意指15世紀的西班亞卡斯提爾女王Isabella和亞拉岡國王Ferdinand，兩人奠定日後西班牙的強權基礎。）在任何情況下希望怎麼做（好像他們很清楚似的）。我的朋友薩爾塞多是海軍上將的私人男僕，是他告訴我這些人在關上門後做出的激烈爭執。

船員之間也很躁動不安。我們離西班牙熟悉的海域航行得越遠，他們越擔心各種事情，例如怪物和人魚，或是會從世界的邊緣掉下去。有些人不想聽從一個熱那亞的紈絝子弟（而且還是有葡萄牙腔的傢伙！）給他們的指令，有些人認為這趟探險會冒犯上帝。然而，所有的焦慮和疑心都因為發大財的可能而被擱置在一邊，因為我們所有人小時候都聽說過東方的各種驚奇事跡，很久很

對頁：哥倫布《西班牙國王所發現的島嶼寄來的信件》
（*Lettera dellisole che ha trouato noaumente il Re dispagna*，1493年）的卷首插圖，IA.27798

氣候和自然

久以前就有旅人在談論了。

　　不過，這些事情讀者大概早已知曉。讀者可能也知道，我們去了加納利群島進行補給，並首次看見被我們命名為聖薩爾瓦多（San Salvador）的那座島嶼。讀者或許也知道，聖瑪麗亞號後來毀壞，於是我們用它的木材建造了納維達德（La Navidad）這座堡壘，但是之後駐守那座堡壘的人員面臨了可怕的命運。

蛇妖、賽蓮、漩渦

克里斯多福・哥倫布，手工上色的雕刻畫
(1550-96年)

然而，讀者可能比較不知道的是，探險隊在前往新世界的旅途中曾遇到一些怪事。比方說，讀者可能不知道，在離開哥美拉島（La Gomera）大約一週之後，我跟其他幾個值班船員看見某個極亮的東西從半空中掉進前方的海裡，宛如一道很大的火焰。距離和大小很難判斷，但是我認為它大概在十六公里之外落海，如此一來它確實極為龐大。原本就很緊張、不緊張的時候也很迷信的

氣候和自然

水手們，簡直嚇壞了。他們堅持立刻諮詢海軍上將和他的士官，看看是否應該繼續旅程。

船長用流星、閃電和聖艾爾摩之火的故事搪塞，而海軍上將則聲稱那道光肯定是成功的吉兆。水手們竊竊私語，不情願地回到工作崗位。

不久後，舵手的羅盤開始出現問題。我不怎麼了解這些事情，但是羅盤給的資訊似乎跟星空給的資訊不一致。跟一般的水手不同，舵手受過教育，因此他們的擔憂比較受到嚴肅看待。我必須說，他們確實相當擔憂，擔憂到恐懼的程度；恐懼情緒傳到整個船員（包括我自己）的內心，使他們本來就難以抑制

哥倫布遊印度，取自泰奧多爾·德·布里（Theodor de Bry）的作品《美洲》
（America，1634年），215.c.14.(1.)

的恐慌感更加惡化。但，海軍上將仍維持冷靜沉著的表面，只有在回到艙房內才大罵同胞的愚蠢無知（這是薩爾塞多說的）。

我們一直往西方挺進。某天晚上，上將跟我和薩爾塞多一起站在前方甲板，結果我們都看到前方的那片漆黑之中，出現一道微弱閃爍的小光源。在我看來，那就像蠟燭在戶外隨風搖曳的模樣。除此之外，那道光似乎不斷上升下降，彷彿有人故意將它抬上抬下，要示意什麼。上將便叫我把國王的大臣佩羅先生找來，一起見證那道光，而他也這麼做了。接著，我又找來皇家督察羅德里戈先生，但他什麼也沒看見。上將似乎深信那道光是陸地很近的確切跡象，於是吩咐在場的人誦念《又聖母經》（Salve Regina），紀念這起事件。

幾個小時後，看見陸地了，剩下的故事就是歷史了。

自從奇蹟似地回到西班牙後（這中間的故事太長，不太可能在這裡講述），我就一直保持低調沉默。我得到了一個美麗女子的愛，也得到了子女在身旁長大的喜悅。我還親眼見證1492年的探險開啓了西班牙光榮的發現與征服時代（編按：意指哥倫布發現新大陸）。然而，很多事情依然未被揭露與知曉。我不是指那些出現在空中、吸引許多不必要注意的神祕光芒。空中的光芒？！我呸！我是指基督徒對我們碰巧找到的那些陸地上的原住民所施加的可恥待遇，還有那些人為了不被剝削與奴役，理所當然做出反抗時兇猛的表現。我是指，害聖瑪利亞號撞上伊斯帕紐拉島（Hispaniola）沿岸沙洲的，正是本人佩德羅・德・特雷羅斯，因爲當時我是完全沒有航海經驗的年輕小子，結果卻在其他人睡覺時被賦予掌舵的任務。此外，我也是指住在納維達德堡壘的36名基督徒當中，最後只有我一人倖存的事實。這或許是其中最奇怪的一件事了——當地部落的勇士冷血無情地殘殺我的同船夥伴時，我竟然被饒了一命，這背後的原因我一直百思不解。

反思

一千四百九十二年，哥倫布航行於藍色海洋……

……在這段航程期間，這支由三艘船和九十人組成的迷你艦隊，經歷了一些相當怪異的事件，包括羅盤失靈以及（10月11日星期四晚上10點鐘觀測到的）遠方的神祕光芒。關於後者，很多人提出了各種理論：那是岸上村莊的原住民晚間進行沐浴儀式時所攜帶的小火把；那是原住民的狩獵隊伍；那是月光反射在另外兩艘船艦——平塔號和尼尼亞號——其中一艘的羅盤座，然後被聖瑪麗亞號（由哥倫布親自指揮的那艘）的人員看見；那是熱帶地區的閃電；那是人稱聖艾爾摩之火的天氣現象；那是海浪撞擊岩石所觸發的海洋生物發光現象；那是一群會發光的裂蟲。或者，也有人說那是外星人。

最後這一個理論引起最多爭議和關注。這是因為，在1492年的那次首航所發生的怪事被某些人認為是「百慕達三角」（Bermnda Triangle）確實存在的早期歷史證據。百慕達三角一詞最早由美國作家文森‧蓋迪斯（Vincent Gaddis）提出，他在1964年發表了一篇文章，描述由西邊的佛州、北邊的百慕達群島和南邊的波多黎各連接起來的三角海域經常發生神祕事件，包括無數船隻和飛機消失的案例。自蓋迪斯主張百慕達三角是超自然、甚至外星活動的產物之後，科學家便一直嗤之以鼻，但也有很多人熱情擁戴，有的是真心相信神祕力量發揮了影響，有的純粹是想要靠這樣的迷信獲取商業利益。

百慕達三角不是全世界唯一一個被認為是海洋超自然現象的例子，但它或許是最有名的。人們似乎對這個可能感到興奮，因這起爭議變得激昂。其實，1492年探險的真實情況並沒有像外星人綁架那樣刺激，儘管肯定同樣具有爭議。自從最初哥倫布大航海之後，有五百年的時間，這支探險隊的故事及其後來衍生的漫長法律糾紛（延續到十七世紀末）就一直是非常多人關注的研究主題。許多文字紀錄都被當作證據使用，包括海軍上將當時撰寫的日記。

其中一個反覆出現的爭論焦點，跟西班牙天主教雙王斐迪南和伊莎貝拉承諾賜予第一個看見陸地者的巨額獎金有關。有些人認為，哥倫布本人不太可能真的是第一個看見陸地的人，就算是也純屬好運。畢竟，這支艦隊在那之前已經碰見陸棲鳥類和其他跡象（例如人工雕刻的木頭物件）好幾天，海軍上將肯定猜得到他們即將看見陸地。確實，10月12日星期五的凌晨兩點，一個名叫羅德里戈・德・特里亞納（Rodrigo de Triana）的水手看到陸地，那是當地人稱作瓜那哈尼的島嶼，但是馬上就被哥倫布改名為聖薩爾瓦多。有些歷史學家認為，西方的那道神祕光芒其實是為了讓哥倫布聲稱自己先看到陸地的手段。無論如何，雙王接受了哥倫布的說詞，但此時這整件事已經引發其他各種糾紛，包括「哥倫布訴訟」（los pleitos colombinos）。

這些法律議題儘管令人著迷，我們卻不該忘記這場探險更根本的道德爭議，也就是這些早期的航海冒險透過暴力使當地人流離失所、人口減少，確立了往後數百年歐洲人在「新世界」進行擴張的模式。

問題就在，人們用歐洲中心主義的觀點來看待這些航程，將之視為探險、發現、帝國擴張和信仰改正的旅程，並沒有思考殖民者入侵的那個世界的原住民可能如何看待這些活動。我們不應該誤會：哥倫布和之後跟隨他的腳步出航的那些人，目的都是為了財富（除了各種頭銜，海軍上將還被允諾可以拿到第一趟旅程百分之十的利潤，以及日後所有生財活動的股份）。這些「財富」的創造方式，就是將新陸地的物質和人力資源轉變為可營利的交換單位，包括眾多土地、木材、貴金屬、奴隸等。

這則故事的虛構敘事者就是在這樣的背景下，說出自己的臨終證詞。這本書收錄的〈海洋之星〉和〈飛天荷蘭人〉等故事也擁有相同的脈絡。事實上，由於海洋向來都是往返不同陸地的交通途徑，由於不同的陸地向來因為科技、文化和世界觀而有權力不均的問題，這裡收錄的每一則故事其實都迴盪著那些令人髮指的剝削活動，微弱但始終不散的回音。

妖精摩根

船隻輕輕滑過海浪，準備帶著亞瑟（Arthur）和他的一小群隨從返回威爾斯。這位國王正在船尾睡覺時，突然被前方的一聲喊叫吵醒。

「又怎麼了？」他咕噥地說。不管是什麼事，讓其他人處理吧。亞瑟拉起斗篷裹住疲累的身軀，試著再次入眠。

他為什麼會在這裡？是哪些事件和決定帶他來到這個境地，整個人精疲力盡，意志消沉，衣服上濺了血，只想趕快回家？船身輕輕搖晃。

某天，亞瑟的親戚卡胡赫（Culhwch）突然來到他位於樹林間的美麗宮殿，要求進入宮中（儘管筵席已經開始），使看門人相當困擾。當他終於獲准進宮後，這位年輕人表示他愛上一個名叫歐雯（Olwen）的女子（但他連看都沒看過她！），因此希望亞瑟幫他獲得對方的青睞。看在卡胡赫父親的面子上，也為了維繫王家的名譽，亞瑟答應了。

亞瑟派信使到各地尋找這名女子的消息，可是卻沒有得到任何音訊或跡象。於是，亞瑟提供這位年輕人物資，讓他自行尋覓這名女子，還派遣宮中最有能力的人跟他一起去，包括六位知名的武士。果不其然，一行人很快就得知行蹤神祕的歐雯身在何方，馬上動身前往。

此時，事情開始變得複雜。所有消息都指出，這名年輕女子對這樁婚事很有興趣，但是她一定要先得到父親的首肯才行。她的父親是一名很有威望的巨人，名叫伊斯巴達登（Ysbaddaden），但他不願同意這樁婚事，因為有一個預言說，他會在女兒結婚那天死亡。然而，在沉重的壓力下，伊斯巴達登散布消息說，只要完成一連串的任務，這兩個年輕人就能結婚。只是，有兩個問題：第一，每一個任務都比上一個任務還艱鉅；第二，卡胡赫似乎希望亞瑟替他完成任務。

亞瑟必須找到的第一樣東西，是一個名叫迪武納赫・威鐸（Diwrnach Wyddel）的男子擁有的魔法大鍋；他是愛爾蘭海對岸的埃德加（Odgar）國王

的大臣。埃德加似乎願意接受，但是有人回報，迪武納赫不願為了愛情或金錢捨棄亞瑟想要得到的這樣東西。於是，亞瑟不得不飄洋過海，到愛爾蘭看看該怎麼處理。他們受到禮貌的歡迎，但是在小心交涉的過程中，使節團的某些成員因為不耐煩且感覺自己的國王遭到冒犯，於是殺死迪武納赫，把大鍋搶走。埃德加理所當然對此暴力行徑感到憤慨，因此雙方爆發激烈的打鬥。亞瑟一行人在早晨的熱氣中奮力通過沙丘，勉強帶著大鍋及時回到普利德溫號（Prydwen）。現在，他們正在返家途中，在愛爾蘭和威爾斯之間那片幫不了任何忙的海域航行。

附近一隻海鳥發出刺耳的嘎嘎聲，使亞瑟清醒過來。有一小群海鳥從愛爾蘭就一直跟著他們的船，想要撿東西吃。他突然有了一個念頭：男人願意為女人做的事可真誇張！

他先前從未見過歐雯，但她肯定有某一點迷住了卡胡赫。是她傳說中的美貌嗎？還是她有某種女性的神祕色彩，彷彿這些生物是大自然設下的謎題，要

亞瑟王與隨從登船，王后在岸上表達哀傷。取自《蘭斯洛特聖杯》（*Lancelot-Grail*，1316 年）的迷你圖畫，Add. MS 10294, f. 79r

「史柯瑞斯比船長 1822 年在蘇格蘭外海航行時看見的海市蜃樓效應」，取自羅伯特·布朗（Robert Brown）的《全民科學》（*Science for All*），約 1890 年

讓男性來解開？不，不只是那樣：是「女人」這個**概念**迷住了像卡胡赫這樣的男人，是這個**概念**迫使他們（或他們的親戚）跨越陸地與海洋，進行不可能的血腥任務。

亞瑟想起了在凱利維格的家園耐心等著他的美麗關妮薇（Gwenhwyvar）。他對她真正的了解是什麼？他也想起了同母異父的姊姊摩根，她是如此睿智、仁慈卻又神祕。亞瑟知道摩根有時會出現黑暗的一面，儘管他們那麼親近，他永遠也不會想要仿效。

船首又傳來喊叫聲，這次有人開始叫他。國王掙扎起身，他口很渴，太陽讓他頭很痛。他沒有受傷，但是他的骨頭出現一種他不熟悉的生硬感。亞瑟不悅地走到船首，經過奮力將普利德溫號划過這片死寂大海的手下（他們有些人倒是有受傷）。他的大臣黑格維一隻腳踏在船頭上站著，凝望廣闊的海洋。

亞瑟說：「什麼事？」

黑格維說：「我不確定，陛下，或許沒什麼⋯⋯」

蛇妖、賽蓮、漩渦

亞瑟很兇地說：「如果沒什麼事，那你叫我做什麼？」然後，他看向黑格維指著的地方。

威爾斯的海岸隱約在海平面形成一條細細的藍線。但，在這段距離的中間，亞瑟看見海上似乎飄著一座石頭城堡。他沒有看到任何人，但這座城堡有延伸到高空的高塔、角樓和旗杆。這棟建築似乎在微微波動，但它顯然不是雲朵；事實上，有幾朵雲正漫無目的地飄過午後的天空。這超過他認知的景象使亞瑟的腦袋一陣暈眩，他感覺一股寒意竄過全身。

他輕聲說：「這是什麼妖術？」

此時，船上的每個人都意識到事情不太對勁。亞瑟的手下全是英勇的武士和積極的水手，但這超越了他們的理解範圍。前方天空飄浮一座城堡的詭異畫面使他們發出不可置信和驚恐害怕的叫聲。他們拋下船槳、扯掉身上的盔甲，使普利德溫號面臨翻覆的危機。

國王叫道：「冷靜！不准驚慌失措，馬上回到你們的工作崗位。」

大家靜下來不動，看著他們服侍的傳奇人物亞瑟。他的性格在他們心中留下深刻的印記，於是他們慢慢回到自己在船上的崗位。

國王說：「這無疑是令人生懼的事物，但我們是武士，過去也曾遇到並克服令人生懼的事物。因此，就讓我們保持冷靜。首先，有誰看過或聽過這樣的東西嗎？」

貝德維爾起身說：「陛下，有一次我乘坐一艘商船航向遙遠南方位於中海的一個地區。我在那裡聽說了空中城堡以及對人類不友善的妖精種族的謠言。但，我自己從來沒看過這種事，便以為那只是外國人的胡言亂語。」

令人嚮往的威爾斯海岸在海平面上顯得越來越大，只要靠努力和一點運氣，他們就能夠在幾小時後抵達乾爽的陸地。另一方面，空中的景象似乎變得沒那麼清晰了。一隻海鷗發出嘎嘎聲，使亞瑟短暫分神。當他回過神來，那個幻影已經不見了。

他說：「我們暫時別再說這件事了。回到凱利維格後，我會諮詢我的姊姊，因為她對這個世界和所有世界的事物相當了解，可以替我們說明這奇景是什麼。現在，我們應該慶賀這部分的任務完成了，很快就能好好休息養傷。大海對我們很好，家鄉已經近了。划吧，兄弟們，划吧！」

反思

亞瑟傳奇雖然變成許多國族文學的重要部分，但其根基事實上源自早期的威爾斯口述傳統。有幾個重要的中世紀手稿都表明亞瑟是凱爾特人，包括《不列顛人的歷史》(*Historia Brittonum*)、《威爾斯紀》(*Annales Cambriae*) 和《卡馬森黑皮書》(*The Black Book of Carmarthen*)。然而，後來變成中世紀各國傳奇的亞瑟第一次成為焦點人物，卻是在蒙茅斯的傑佛瑞 (Geoffrey of Monmouth) 寫於十二世紀的《不列顛諸王史》(*Historia Regum Britanniae*)，這本書的依據也是來自上述那些更早的史料，還有許多已經亡佚的口述史料。傑佛瑞告訴我們：「亞瑟繼承父親烏瑟潘德拉貢的 (Utherpendragon) 王位時，是個年僅十五歲的少年，但他擁有過人的勇氣和慷慨，而他天生的善良賜予他很大的恩典，使他受到幾乎所有人的愛戴。」傑佛瑞著作的歷史準確度雖然有待商榷，但他確實成功將亞瑟傳說許多歷久彌新的元素融合在一起：亞瑟存有疑點的身世、他跟魔法師梅林 (Merlin) 的交情、他得到石中劍的過程，以及他在沙場戰死後前往魔法國度阿瓦隆的最後旅程。

其他一些著名橋段都是後來加入的，像是亞瑟的妻子關妮薇和他的朋友蘭斯洛特之間的戀情、圓桌武士及聖杯等。跟所有的傳奇人物一樣，亞瑟從古至今也經過多次的重新詮釋。他的故事是世界神話中最基本、最普遍的故事類型：已逝的國王等著在重生後，復興即將滅亡的王國。

亞瑟前往愛爾蘭的橋段是出現在一個叫作〈卡胡赫與歐雯〉(Culhwch ac Olwen) 的故事裡；這個長篇散文故事可在兩份重要的中世紀威爾斯手稿找到，分別是《赫德赫白皮書》(*The White Book of Rhydderch*) 和《赫傑斯特紅皮書》(*The Red Book of Hergest*)。整體故事是將既有的口述故事進行文學潤飾後的成果；或者應該要說，這是許多口述故事的集合體，在一個跨國族的故事類型中融合許多家喻戶曉的元素，包括離別的戀人和傳說寶藏的尋覓之旅等。〈卡胡赫與歐雯〉的出處片斷破碎，因此它的無名氏作者非常努力地敘述

亞瑟在船上睡著了，取自《布魯特傳奇》(*Roman de Brut*)（十四世紀）的迷你圖畫

了一個連貫整體的世界,讓亞瑟和他的子民居住其中。

亞瑟的船普利德溫號在更早的一則故事〈安溫的戰利品〉也曾出現過,將亞瑟帶到凱爾特神話的異世界,進行一趟救援任務。除了到愛爾蘭獲取一件珍貴的廚具(這也是口述敘事很受歡迎的橋段),亞瑟還靠普利德溫號替親戚完成不少任務。他也是在這艘船的船頭看見「妖精摩根」(Fata Morgana)這個天氣現象(如同這則故事所想像的)。

亞瑟的姊姊(有時被寫成同母異父的姊姊)摩根是源自法國傳統的一號神祕人物,因此她最常被拼寫成法文「Morgan le Fey」。她模稜兩可的身分(一下是亞瑟的知己和幫手,一下是他的超自然敵人)隨著時間的過去和多次的重述漸漸演變,不同的作者都試著在基礎傳說之上增添心理和政治層面的複雜度。這段關係的不確定性使亞瑟在這則時間順序其實不太正確的故事中,思索自己扮演的積極出擊角色,跟妻子扮演的消極顧家角色形成對比。男人總是渴望某些事物,女人則是被渴望的事物;男人會做出行動,女人則負責等待。但是,摩根似乎打破了這個框架。

亞瑟的手下在返回威爾斯的途中,看見前方的海面上出現一個幻影,但當時他們並沒有給它取任何名稱——那是後來的事。摩根既是女性、又是超自然媒介的身分,讓她後來跟這個有時被稱作「上蜃景」(superior mirage)的現象扯上關係。

這其實是種光學效應,會在陸地、海洋和大氣不同的溫度互相碰撞時產生,導致光線彎折,實物(例如遠方的海岸線或雲朵)因此在地平線上方一條狹窄的帶狀區域出現扭曲閃爍的影像。義大利的美西納海峽因為常常出現這種現象,當地水手便將它取名為妖精摩根,紀念中世紀歐洲文學最偉大的超自然角色之一。

那些義大利水手相信,他們看見的那些不可思議飄在空中的城堡是由某個人或某個東西創造的,目的是要引誘凡人走向死亡。我們一再看見,看似違背正常物理學的自然現象被歸咎於超自然的力量,比方說:轟隆隆的雷聲是神祇索爾跟邪惡的巨人打鬥時發出的聲音;北方的天空出現奇怪的光芒,是因為祖先想要跟我們溝通;光天化日之下出現在空中的城堡,則肯定是住著危險的女巫。我們很容易把古人這種反射性的反應斥為無知,但是我們對這個世界(例如海底世界)的認識其實也極為有限,所以多一點接受、少一點批評或許比較睿智。畢竟,誰曉得海下有什麼在等著我們。

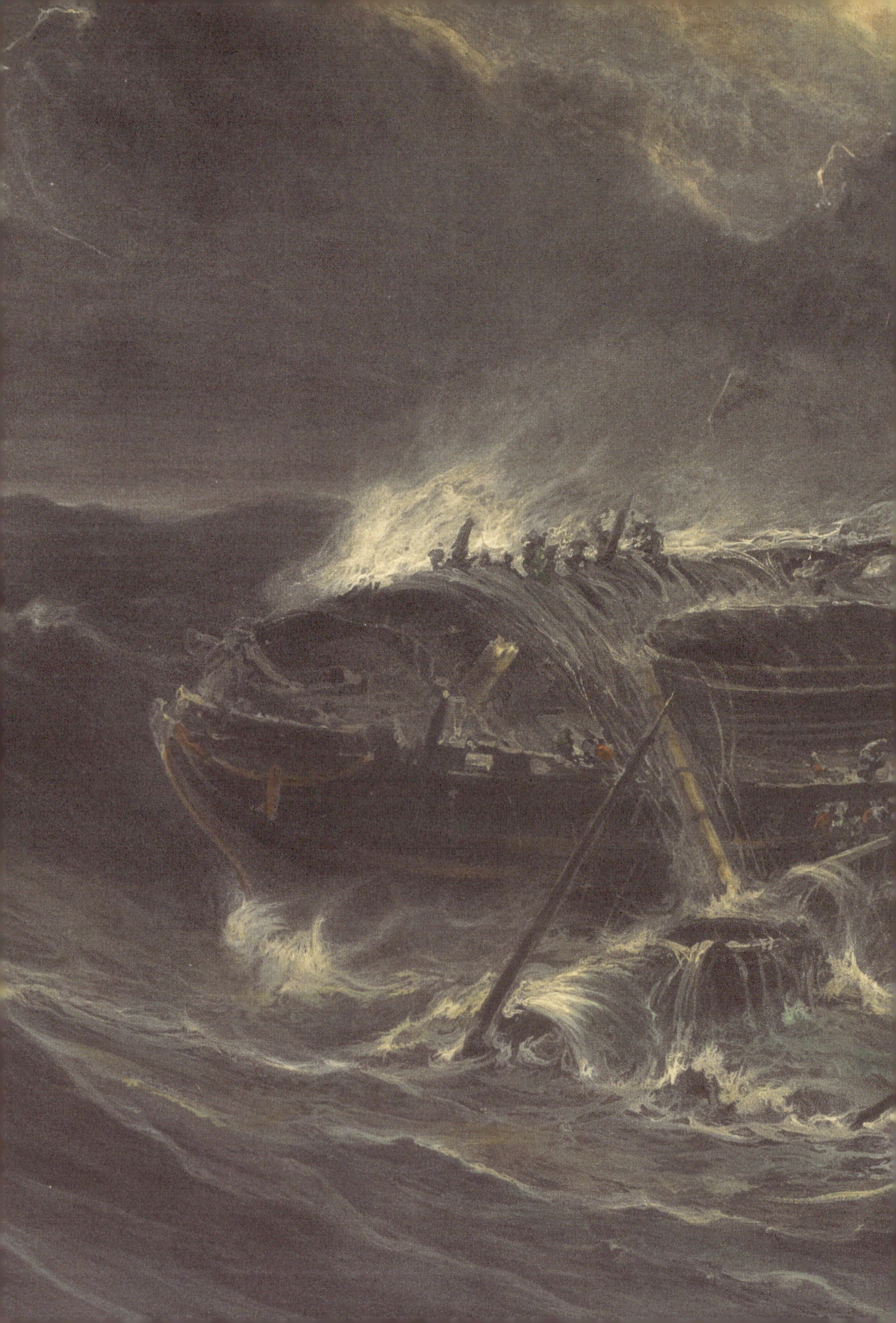

乘船出海

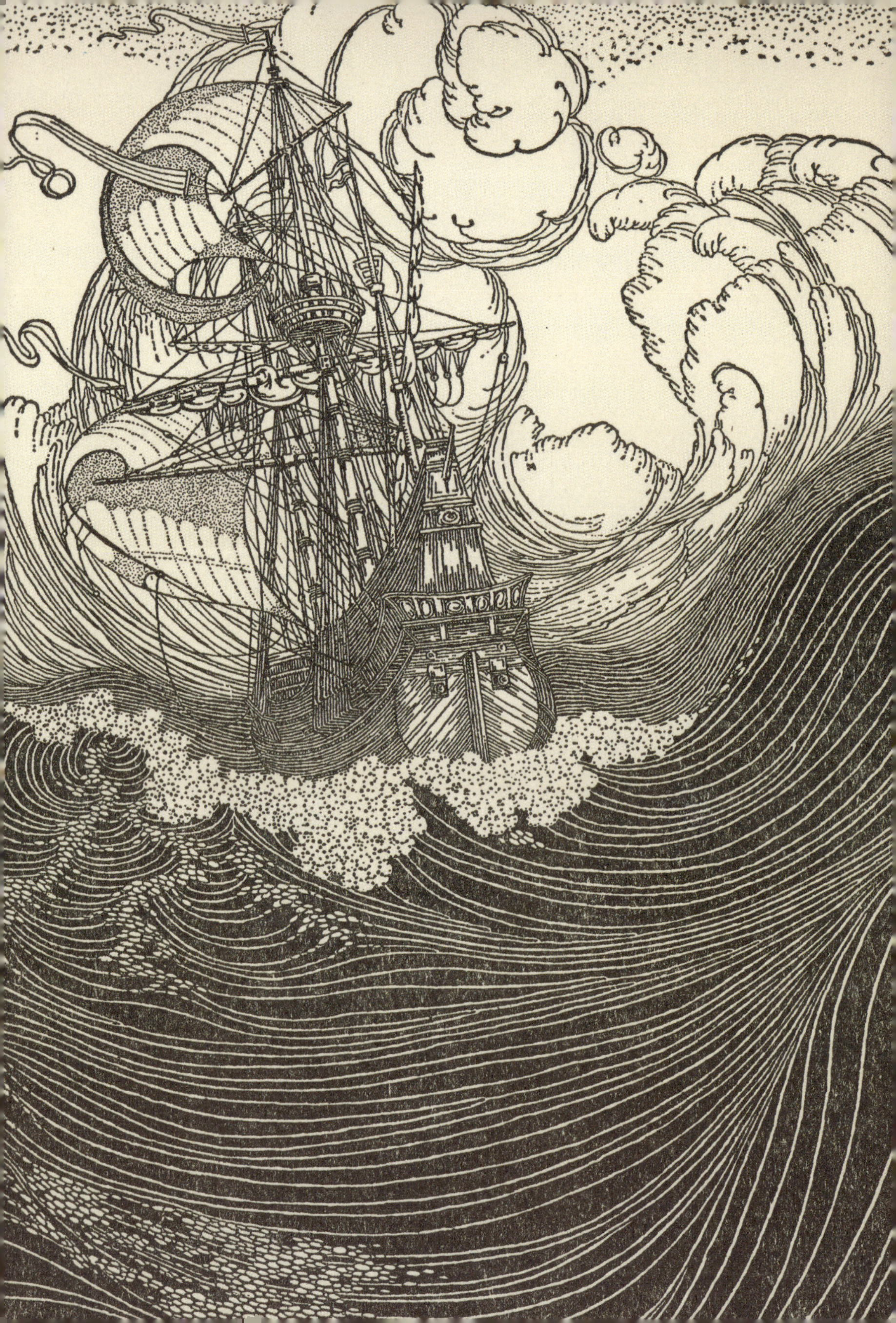

一八〇六年七月四日，我們從美麗的科克港出航，
帶著一批磚塊出海去，要給紐約那宏偉的市政廳所用，
這是一艘很棒的船隻，前後有帆，又有狂風驅動，
歷經數次風暴，有二十七根桅杆，人稱愛爾蘭流浪號。

無名氏，〈愛爾蘭流浪號〉(*The Irish Rover*，航海歌謠)

航海家在世界各地的死鹹海洋進行危險的旅程時，是乘坐什麼交通工具？當然是體積龐大、款式多樣、設計越來越有野心的舟船。

關於世界上最早的船隻，我們知道得不多。然而，自從有了文字紀錄之後，船就在文明進步的故事中扮起關鍵的角色。在某方面來說，船隻一向是推進下一階段現代化的工具，有些歷史學家甚至認為，航海活動及其代表的所有跟發明與合作有關的涵義，是演化的關鍵推手。無論是諾亞的方舟、康提基號(Kon-Tiki)、小獵犬號(the Beagle)或俾斯麥號(the Bismark)，船隻都與人類在各個領域的歷史密不可分：科技、工程、商業、遷移、探險和戰爭。*

海上的船隻是個奇異的空間。由於危機隨時可能發生，事情沒有做好可能會危害所有人的安全，因此必須要有嚴謹的紀律。發號施令的階級順序所有人都得遵守，但是這卻會創造一種不真實感，令人感到迷失。法國哲學家米歇爾・傅柯(Michel Foucault)形容海上的船隻為「異托邦」(heterotopia)，意思是這是一個過渡、暫時、緊繃的空間，在陸地上維繫生命的價值觀雖然存在，但處於中斷的狀態。傅柯聲稱，船舶是格外卓越的異托邦，因為它是個沒有地

---

* 譯註：康提基號是挪威學者索爾・海爾達(Thor Heyerdahl)製作的仿古木筏，他在1947年乘坐這艘船跨越將近七千公里，目的是要證明玻里尼西亞最早的居民是從秘魯漂洋過海而來的；小獵犬號是達爾文考察南美洲所乘坐的船隻；俾斯麥號是納粹德國的戰艦。

前頁滿版：「斷桅的印度人」(The Dismasted Indiaman)，威廉・丹尼爾(William Daniell)使用凹版腐蝕製版法所繪製雕刻的圖畫(1826年)，P861

對頁：杜格爾德・沃克(Dugald Walker)所繪的插圖，取自《彩虹黃金》(1922年)，X990/397

捕鯨畫面，取自十六世紀一份「新法蘭西」地圖的細部插圖，Maps C.2.a.3.(2)

方的空間，自己單獨存在，自己籠罩自己。船隻做為一個移動中的空間，具有模稜兩可的特性，可能在某些方面跟佔據那個空間的人充滿不確定性的本質有所關聯。西爾弗（Long John Silver，出自 R・L・史蒂文森的《金銀島》）和虎克船長（出自 J・M・貝瑞〔J. M. Barrie〕的《彼得潘》）等海盜角色，都是展現這種不確定性很好的例子。

西方傳統上會用陰性人稱來稱呼船隻，這是相當古老且備受珍視的做法。

《英國最大海上島嶼地圖集》(*Atlas Britannia insularum in oceano maxima*，1583 年)
其中一張地圖的細部插圖，Maps.C.7.d.7

朱利安・斯托克溫（Julian Stockwin）曾說，當英國的《勞埃德船舶日報》（Lloyd's List）在 2002 年宣布他們打算把船隻的性別代稱從「她」改成「它」時，這個決定受到傳統派大力的反彈。皇家海軍後來宣布他們會繼續使用陰性代名詞，才終於扼殺了這項計畫。沒多久，《勞埃德船舶日報》便撤銷決定。

　　這個做法的由來至今仍無法確定。語言學的解釋並不合理，因為並沒有任

何文法規則要求使用陰性代名詞,而且有不少印歐語言的「船」都是屬於陽性,如俄文、德文和法文。另一種解釋是,自古以來,男性船東就一直喜歡用他們所保護或鍾愛的女性人物來命名自己的船隻。最後,這項做法也有可能源自人們都將女性和船隻視為具有母性的「載體」,兩者都有一個保護力強的「子宮」,能安全攜運人類「乘客」。

命名海上船隻也是一個古老的傳統。船名跟國籍、職業和時尚有關,但是這沒有回答,這些由隨機材料組合而成的漂浮集合體為什麼要有自己獨特的名字。答案或許是,人類習慣賦予船隻影響力,因為他們的生命很有可能遲早得要仰賴這些船隻。H·L·湯姆林森(H. L. Tomlinson)認為,船有名字,就跟人有名字一樣。船隻的誕生(它的形成)和後續的生涯(它的表現)都被賦予獨特性,而且我們如果想要跟船進行有意義的互動,也必須要能區別不同的船隻。

我們再次談到了水手與他操縱的船隻之間可能擁有的特殊關係。認為一艘船有知覺,跟認為大海無論如何都有意摧毀膽敢出海航行的人一樣,是源自相同的萬物有靈論。就是在這樣的脈絡下,水手決定要「摸透」自己的船隻。霍雷肖·克萊爾(Horatio Clare)在著作《乘船出海》(*Down to the Sea in Ships*,2014年)中寫到,這便是他在一艘航行各大洋的龐大現代貨櫃船上擔任駐船作家時,最早注意到的一件事:

> 就彷彿船也有靈魂似的(無論是善良或邪惡),而且船的靈魂不僅僅是她的經歷和船員性格的總和。你可以在深夜感受到船的靈魂,那時走廊和樓梯十分寂靜,只聽得見引擎的聲音;你可以在船尾最高層的無人空間感受到它,看著尾波打在下方的下層甲板,被推進器攪成兇猛的白沫;你可以在艏樓感受到它,那裡是整艘船最前端、最安靜的區域,船首就像一支矛,在咆哮的海面上不斷挺進。在這些地方,你不太會遇到人。船隻因為浪濤、海風及其柴油心臟的跳動聲活了過來……貨櫃堆有幾處地方傳來砰砰聲和敲擊聲,彷彿有鬼魂或偷渡上船的乘客被囚禁在高聳的貨櫃之中。凌駕在這一切之上的,是直直凝視前方的艦橋玻璃窗,就像不需要眨眼的眼睛,盯著世界的海洋通

道,盯著前方數不清的海里、風暴與風平浪靜。

　　克萊爾在這裡用現代的說法描述一個非常古老的原則:海上船隻擁有生命,比組成它的所有材料和技術加總起來還要偉大複雜,並且會對「照顧」它、而非單純「操控」它的人予以正面的回應。另外,全世界的水手都會同意,這種說法無關理性分析;就像跟他們的觀點和行為有關的許多事物(氛圍、似曾相識感、運氣、巧合、直覺等)那樣,不管科學有沒有辦法解釋,這都是真的。

　　克萊爾在海上這段時間學到的最後一個、也最重要的道理是:「地球是一艘船,我們所有人都是水手。」既然如此,我們都應該盡量安全有效率地照顧它,以免整艘船消失在我們腳下。

《英國最大海上島嶼地圖集》(1583 年)
其中一張地圖的細部插圖,Maps.C.7.d.7

Chiloe

Take
reif
may
take
ape

- Ototro
- Chope
- Chancos
- Calbuco
- Chidrape
- Tahon
- Alton
- Caleaguey
- Maulin
- Liulu
- Linne
- Linao
- Chacao
- City of Caled
- P. English
- Castro

Town of Carimapo

Isles of Peter Nunez

Point of Ancud

Port of Curao

the S:E: point of the Island of Guafo for it hath a small
round all the Chanel is clear & no danger but that so you
..de any where in Chiloe there being no rocks nor sands to:
..is Great Isle of Chiloe lyes N° & S° & being E & W with it: it
..ing to this description./

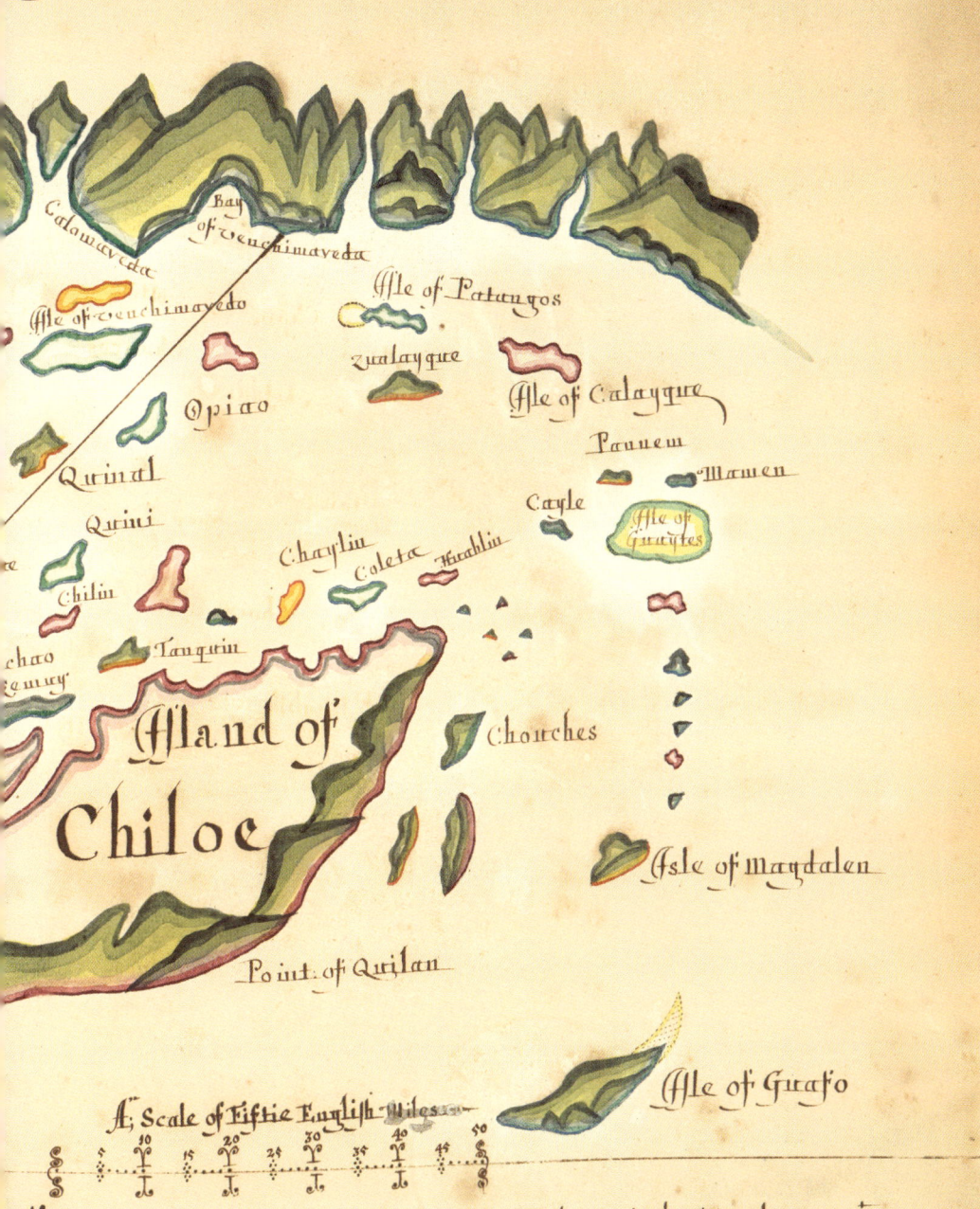

146

Map labels:

Calawaveda
Bay of Uenchimaveda
Isle of Uenchimavedo
Opiao
Quinal
Quini
Chilin
chao ..euuy
Tanquin
Island of Chiloe
Chaylin
Coleta
Huablin
Isle of Patangos
Zualayque
Isle of Calayque
Panuem
Cayle
Mamen
Isle of Guaytes
Chouches
Isle of Magdalen
Point of Quilan
Isle of Guafo

A: Scale of Fiftie English Miles
5 10 15 20 25 30 35 40 45 50

The 5 dutch ships in the year 1644 came through the straghts of S:
vizente into this sea & came here to rode & the small ship sailed thro:
Guafo Chanel & went up to an Isle & burnt a ship which was loading timber
after that they went to Baldivea & staid a long time then saild back thro:
the straghts they came in./

卡萊巫切號
拯救落難水手

「**岩**石！」

一聲喊叫劃過冰冷的夜空，黑暗中傳來急切的鐘鈴鏗鏘聲，使下方的尤斯特從不安穩的睡夢中醒來。又是一聲喊叫。

「岩石！就在正前方！」

尤斯特跳下吊床，跟其他水手一起前往甲板。甲板上充滿喧鬧和困惑。大副跑向一臉驚恐盯著前方漆黑海面的守衛。

大副抓著他說：「你看見什麼了？」

另一人說：「海浪。好像是水光，打在岩石上。」大副對身後甲板上那些驚慌的水手喝道：「安靜！不要再敲鐘了，我要仔細聽。」

大家都靜止不動。尤斯特聽見船隻緩緩駛過小浪時，海水輕拍船首的聲音。接著，黑暗中連續傳來三個聲音：岸上海鳥的叫聲、一名男子的笑聲，還有水花打在岩石上的潑濺聲。

大副叫道：「岩石！」但，為時已晚。帆船發出可怕的撞擊聲，頓時停住，害每個人滾過甲板。大副遲疑了一下，接著轉身跑下艉樓的階梯。

他叫道：「船身破洞了！船長在哪裡？」船身又劇烈晃了一下。「準備棄船！棄船！」

一陣驚慌失措。有些水手試著跑下去修補岩石造成的損害，有些水手則忙著尋找會漂浮的東西。從麥哲倫海峽之後就一直意見不合的船長和大副，在混亂中扭打起來。尤斯特嚇壞了，呆站在甲板上。熟悉的臉孔閃過他的面前，那些眼睛因為恐懼而放大變紅，嘴巴吐出聽不懂的話。不知為何，他的腦海突然浮現人在家鄉德夫特的弟弟的長相。船開始咯吱作響和傾斜。一盞燈摔到主甲板上，噴出一道火焰。又是一聲喊叫。

「她要沉了！大家自保！」

前頁滿版：奇洛厄島，取自威廉・哈克（William Hack）所著的《美洲南海的沿岸地區與島嶼描述》（*Description of the Coast & Islands in the South Sea of America*，1698年）的地圖，Maps 7.tab.122

對頁：佩爾薩特船長的巴達維亞號遭遇船難，取自《深海圖說編年史》（1887年）的插圖，W46/5296

乘船出海

尤斯特看見摯友漢斯抓住他的肩膀，對他大叫一些什麼。然後，一個大桶子衝過來撞到這兩個年輕人，下一秒鐘，他們飛過半空，越過欄杆。

在下沉的過程中，尤斯特和漢斯試圖抓牢彼此，但不知何時卻還是在冰凍的黑暗中分開了。尤斯特感覺上方出現一團混亂的光芒，一部分來自他剛剛墜落的那艘船熊熊燃燒的火光，但是此外似乎還有其他光源。他繼續往下沉，心情從驚恐變成絕望，再從絕望變成坦然，心裡一邊想，不知道其他的光是從哪裡來的。

就在此時，好幾隻手（他不知道有幾隻）抓住尤斯特，開始把他拉回水面。他及時冒出水面，一邊吐水、一邊吸氣，看見自從八個月前離開阿姆斯特丹後，就一直是他的家的那艘船發出嘶嘶聲沉入黑暗的海裡。但是，他很驚奇地發現有另一艘船出現了，非常龐大，（在他看來似乎）飄在空中，位於他們剛剛撞到的那些尖銳岩石上方。這艘船有三根桅杆，每一根有五張帆；它整艘都是白色的，而且雖然看不見任何明顯的光源，卻在烏黑的夜空中發出亮光。

尤斯特突然發覺一件更驚人的事：那些救了他的人。他身邊有三個人在水上浮沉，兩女一男。他們很年輕，感覺跟他年紀差不多，但是全都長得非常美麗，金髮碧眼，用明亮的眼眸和善——且似乎還有點饒有興味——地看著他。

其中一個女孩說：「平柯亞，帶他去船上，我們必須找到其他人。」

她和唯一的男孩潛回水中時，尤斯特覺得自己好像看見閃爍的鱗片以及一閃而過的魚鰭，但他告訴自己那只是驚嚇過頭的幻覺。留下來的女孩對他微笑。

她說：「放輕鬆，讓我帶你回卡萊巫切號（Caleuche）。」

尤斯特照做了，不一會兒就被協助登上那艘巨大的白船。將他救起的美麗女子潛回水中，尤斯特則滿懷感激和鬆了口氣的心情試著鎮定下來。

他四處張望，結果驚訝地發現船上似乎正在舉行派對。一群組成奇特的男男女女穿著各式各樣怪異的服裝隨興坐在甲板上喝酒、唱歌，替主甲板上一個好像在表演某種木屐舞的男子喝采。尤斯特再次覺得自己看見了不可能為真的東西。他甩甩頭、揉揉眼，定睛一看，發現自己沒看錯：他確實認識那名跳舞的男子。

他走上前說：「漢斯？真的是你嗎？」

漢斯露出大大的笑容，說：「就是我，親愛的男孩。尤斯特，我好高興看到你，你要跟我一起跳舞嗎？」

被救了一命的尤斯特此刻非常開心用跳舞來慶祝自己的好運。他四處張望，看見觀眾裡有幾個同船的夥伴，包括大副和船長。他們現在似乎和好了，一邊微笑一邊拍手鼓勵這兩位年輕的好友一起跳舞。

然後，音樂停止了，大家都轉頭看船尾最高層，一對穿著非常華麗的男女站在那裡。男子舉起手，說：

「新來的賓客，歡迎蒞臨卡萊巫切號，我是米拉洛博（Millalobo）船長，這是我的妻子。我們的孩子平柯亞、平可伊和賽蕊娜（Pincoya, Pincoy and Sirena）你們已經見過了，因為是他們把你們從海裡救上來的。你們在這裡會很快樂，想要的話可以唱歌跳舞，或者坐著聆聽風聲、看著波光粼粼的水面。」

「你們想知道，我們要航向哪裡。我告訴你們：哪裡也沒有。我們的旅程何時結束？我告訴你們：沒那麼快。家鄉那些親朋好友怎麼辦？你們一年可以拜訪他們一次，只要他們還記得你。可是，他們久而久之一定會忘記你們，這是很自然的。與此同時，你們不用再害怕風暴或海怪了。你們在這裡很安全，會感受到愛。現在，音樂家開始演奏吧！舞者開始跳舞吧！」

在齊聚一堂的群眾熱烈的掌聲中，尤斯特和漢斯來到甲板中央就定位。演奏開始，這兩位年輕人優雅地完成一個接一個的舞步，儘管他們從未跳過這支舞，卻好像非常熟練似的。

幾天後，尤斯特的遺體被沖上距離智利海岸幾公里之遙的島嶼沙灘上，但是他的魂魄卻繼續待在卡萊巫切號，在那艘魔法船的甲板上跳舞。有一天，你或許也會到那裡和他一起共舞。

反思

這是一個源自馬普切（Mapuche）文明的傳說，這個文明最初位於南美洲偏遠的西南部地區，今日受到智利和阿根廷統治。馬普切人原本躲過了西班牙征服最糟的影響，後來還是被十八和十九世紀席捲整座大陸的大規模國族建構計畫給波及。從此之後，那個地區的文化就變成典型的合成物，征服時期前的元素自由隨機地跟新支配者的歐洲文化混雜。

這則故事便是這種合成現象的例子，將哥倫布時期以前的人物和傳說跟舊世界文化結合在一起。體積龐大、擁有三根桅杆的卡萊巫切號，很顯然是現代歐洲科技的產物。有人猜測，卡萊巫切號的傳說是源自在該地區沉沒的一艘荷蘭船隻卡蘭什號（Calanche），甚至還有人說這其實是從飛行荷蘭人的傳說演變而來的。

據說，這艘船每天晚上都會在一座叫奇洛厄島的島嶼附近現身，在這個群島來回穿梭（有時還會鑽到水下），尋找落難的船隻。溺水的人會被海王米拉洛博（西班牙文「金狼」之意）及他的三個孩子賽蕊娜・奇洛塔（長得就像歐洲文化的人魚）、人類樣貌的平柯亞和海獅平可伊「拯救」。海王的三個子女全都年輕、貌美、擁有金髮（跟他們隸屬的神話體系背後的當地民族明顯不同）。

故事開頭提到的「水光」指的是海洋磷光，更正確的說法是生物發光現象。一種稱作渦鞭藻（dinoflagellates）的浮游生物被驚擾時，便會散發可見的光芒，導致這種現象發生（前面說過，哥倫布在看見西印度群島、創造歷史的前一晚，也有觀察到神祕的光芒，生物發光便是其中一種可能的解釋。此外，達爾文在小獵犬號沿著南美洲海岸航行時，也對他所說的「液態磷光」現象很感興趣）。雖然許多海洋生物都有這種生物發光的能力（包括鯊魚和烏賊，甚至是某些海參和海星），科學家卻不太確定這個現象真正的功用是什麼。我們最多只能說，這大概是一個我們還在了解的複雜海洋生態系所造成的演化結果。無論如何，這只是被納入海洋傳說的眾多海洋現象當中的一個，在人類看來美麗又引人遐想，可是卻也可能是危險的徵兆（就像這則故事所說的）。

卡萊巫切號在智利南部的一些民間故事和迷信中都有出現。一個典型的補償神話便說到，該地區失蹤的漁民其實是被綁架到那艘鬼船上工作。此外，這艘船有時也被認為是邪惡的奇洛厄巫師（Brujo Chilote）的家，他既是巫師，也是魔鬼，很多當地遭遇的壞事都歸咎在他身上。卡萊巫切號現身前會發生某些天氣狀況，只要看見神祕的光芒和聽見歡樂的聲音，就表示它在附近。但，它也可以隨心所欲憑空消失或改變外觀。卡萊巫切號的船員可以察覺生人的存在，所以看見它在奇洛厄島附近的海域航行的人，一定要搗住嘴巴掩蓋自己的氣息。生意興隆的商人和年輕貌美的女子在馬普切民俗傳說中是可疑的人物，被認為曾跟這艘鬼船做過買賣，才會這麼好運。另外，在那個地區靠海維生的人一定得遵守一些禁忌，不要引起卡萊巫切號的注意或嫉妒（在世界各地十分迥異的文化中，似乎都找得到有關在海上吹口哨的迷信，這或許也是這個傳說出處混雜的證據之一）。

簡言之，在那個地區的民俗傳說中，卡萊巫切號時而帶來惡作劇、威脅和禁忌，時而象徵仁慈、救贖和機會。它最終代表的是一股強大的力量，超越尋常可見的生活：我們人類在從事日常活動時，其實都同時與超自然現象並存，只要遵守相關的儀式和禁忌，就能加以推論和偶爾親身經歷。這樣的核心思想形成了馬普切人的宇宙觀及其衍生而出的文化風俗。

船上的居民只要還被在世的人記著，就能一年拜訪他們一次，這樣的概念是改編自亡靈節（Dia de los Muertos, Day of the Dead）的某些層面——亡靈節本身便融合了托爾特克文明、現代墨西哥和歐洲的傳統。同樣地，卡萊巫切號的歡樂氣氛顯示了當地文化對死亡採取慶賀的心態，跟基督教傳統的黯淡無望氛圍很不一樣。漢斯和尤斯特跳的舞不是中世紀歐洲的死亡之舞（danse macabre），而是對於生與死不可避免的雙人舞和對生命與不可避免的死亡更為肯定的表達方式。不過，是否真的有人想要永永遠遠跳舞，則是另外一個問題，因此才會有另一個受人歡迎的選項：「坐著聆聽風聲、看著波光粼粼的水面。」

Atlantic Right Whale.
Humpbacked Whale.

魔鬼與深海之間的取捨

在動員解除後,我重返紐約,試著回到戰前原本的生活。但是,我辦不到。戰場上——無論是在奧佩肯(Opequon)、彼得斯堡(Petersburg)、斯波奇爾瓦尼亞(Spotsylvania)或宛如人間煉獄的蓋茨堡(Gettysburg)——的慘叫聲,沒日沒夜地糾纏著我。我丟了代書的飯碗,養成在城市裡閒晃等酒吧開門的習慣。

有一天,我在華爾街盯著商店櫥窗發楞,看見一本書,書名是《捕鯨船艾色克斯號極其驚人悲慘的遇害事件敘述》(*A Narrative of the Most Extraordinary and Distressing Shipwreck of the Whale-Ship Essex*),是個名叫歐文・蔡斯(Owen Chase)的人寫的。這本書喚起了我回憶裡的某些東西。我把最後幾美分的酒錢遞給書店老闆時,他告訴我作者很可能還活著,就住在南土克特(Nantucket,美國麻賽諸塞州南部小島)。隔天早上,我啓程前往那座島;除了那本書之外,我已身無分文,因爲我把爺爺的手錶拿去典當,買了這張船票。

下了渡輪後,我到鎮上找了一間酒館,詢問蔡斯先生的下落,卻引起懷疑的目光和興味盎然的反應,兩者各佔一半。當地人毫不友善地戲謔我,其中一人問我有沒有吃的,旁人卻哄堂大笑,使我完全摸不著頭緒。不過,有一名婦人看我可憐,便替我指路。

敲了五分鐘的門都無人回應後,我只好在城鎮邊陲的那棟房子外等待,思

對頁:大西洋露脊鯨,取自阿契博德・索本(Archibald Thorburn)所著的《英國哺乳動物》(*British Mammals*,1920 年),LR.32.b.8

索下一步該怎麼做。此時，我聽見屋內傳來窸窣聲，接著大門打開了。一個老人站在我面前。他看起來年約七十，頭髮灰白稀疏，還有一把長長的白鬍子。他遲疑地站在門邊，似乎十分虛弱困惑，跟我預期的完全不一樣。老實說，他看起來在這世上的時間不多了。

「蔡斯先生嗎？」

他喃喃地說：「是我沒錯。」

「我從紐約來，想跟您說說話，蔡斯先生。我方便進屋嗎？」他依然遲疑。

他問：「有沒有吃的？」

「不，我沒有吃的，蔡斯先生。我只想聊一聊，可否讓我進入您的住家？」

他慢慢轉過身，拖著腳步走回木屋裡頭，我猜那應該表示我可以跟著進去。蔡斯重重地在一張破舊的搖椅上坐下來，然後盯著爐柵內緩緩熄滅的火堆餘燼。我坐在他對面的椅子，讓黑暗與靜默沉澱一陣子。

過了幾分鐘後，我說：「蔡斯先生，我最近讀了您的著作。」

他接過我遞給他的書，沒什麼興趣地掃了扉頁一眼。接著，他把書還給我，繼續將注意力放在搖曳的火光上。

他說：「不是我寫的，是一個小夥子，他很會讀書，把我說的給寫了下來。不是我寫的。」

我仔細看著他，說：「但這仍是一個令人動容的故事。」

他用手揉揉眼睛，接著慢慢轉頭看我。我以為他要針對那件事或涉及其中的人或他自己的行為說些什麼博大精深的話，但他只是哀傷地直視我的眼睛，說：「有沒有吃的？」

我語氣尖銳地回答：「不，我沒有什麼吃的，蔡斯先生。」我試著用力把書闔上，但是它發出的聲音卻是一種壓抑的悶哼聲，沒有達到我要的效果。我深吸一口氣，再嘗試一遍：「蔡斯先生，我想了解您在著名的艾色克斯號悲劇中經歷的事情，您還記得發生了什麼事嗎？」

他說：「你不是有那本書？都寫在裡面了。」他再次轉頭盯著無望的火堆。

我說：「我想親口聽您說。」但，他又不理我了。

他喃喃地說：「以前每年都有人來。每年都會來問，一直問，也是像你這

「捕鯨：攻擊一頭露脊鯨」，手繪平版印刷版畫（十九世紀晚期），國會圖書館

樣的年輕人。問那頭鯨魚，邪惡的鯨魚。問船長的事，問船員的事，問為什麼我們往東航行，而不是往西？過去這幾年沒那麼多了，自從蘇珊走了以後，就沒什麼人來了。」

「蔡斯先生」，我趕緊插話，「我想知道第三艘小船的事，跟其他艘分開的那一艘，您指揮的那一艘。」

他又轉頭看我。我以為他又要問我有沒有「吃的」，但他似乎成功讓自己的思緒連貫了起來。突然間，他知道自己在哪裡，也知道我在問什麼。

「彼得森死得很俐落，我們也很俐落地葬了他。是個好人。柯爾不是這樣。他有反抗，然後他絕望了，但接著又有反抗。他死得相當漫長辛苦，我、勞倫斯和尼克森只能坐在那艘小船上觀看。你無法想像。」

「木犀草號（Mignonette）的船員在海上風暴中一艘露天的小船上使用海錨」，J・奈許（J. Nash）仿木犀草號大副史蒂芬斯先生的素描所做的版畫（1884 年）

我說：「噢，我能想像，蔡斯先生。然後發生了什麼事？」

他說：「你既然有讀那本書，我想你很清楚接下來發生了什麼事。」

「我想您說得沒錯，但就像我說的，我想親口聽您說。」

他冷冷地看著我，說：「好吧，先生，我們吃了他。」這句話迴盪在空氣中。老捕鯨人彎下腰，丟了幾根腐爛的樹枝到火堆裡，火堆短暫地劈啪作響，又再次安靜，變回慍怒的火光。「我們挖出他身上所有可吃的部位，然後將他縫合好，放水流。先吃心臟，從來沒吃過這麼美味的東西。後來發現我們也應該取出肝臟和腎臟。其他人都這麼做，就連波拉德船長吃掉自己的親戚時也是。」他重重嘆了口氣。

「總之，我們把皮的部分切成條狀，攤開來晾乾。隔天，肉開始腐敗，所

以我們就生火把它煮熟。就像這樣的火堆。」他指著爐柵內散發出微弱火光的那堆餘燼。

「在小船上生火很危險，但是我們得在魔鬼與深海之間做出取捨。那些肉讓我們撐了大約一星期，期間我們都不需要動用從艾色克斯號拿走的麵包。沒多久，我們看見船帆，獲救後遇見在其他艘小船倖存下來的夥伴。」他將手掌根用力壓著雙眼。

「回到這裡後，我看見更多船隻。更多水手，更多鯨魚。出現很多婦女和孩子。快要五十年了，但是不知為何，跟那些人一起在那艘小船上度過那幾個星期之後，一切都變了。我到現在還聞得到燒焦人肉的味道。我想，我是逾越了某條界線，再也回不來了。」

我們一起沉默了一會兒，兩個受傷的身體和受傷的心靈一起待在海邊那又冷又黑的小房間。我不知道我來這裡是要尋找什麼，所以也不知道有沒有找到有用的資訊。我站起來。

我說：「謝謝您撥空，蔡斯先生，我會自行離開。」他悲傷地點點頭，繼續憂愁地盯著火堆。

我站在敞開的門口時，他喊道：「你叫什麼名字，年輕人？」

我回頭看那陰暗的房間。

「柯爾」，我說，「以實瑪利・柯爾船長，雅各・柯爾的兒子，艾薩克・柯爾的孫子。我要離開了，您還有什麼話要說嗎？」

他眼睛始終沒有離開火堆，說道：「還有一件事，有沒有吃的？」

反思

這則故事改編自一起著名的意外事件：1820年，美國捕鯨船艾色克斯號在太平洋中部某處遭到一頭巨大的抹香鯨撞擊沉沒。

艾色克斯號總長26.5公尺，由堅固的白櫟木建造而成。它的據點位於麻州的南土克特，這座島嶼跟附近的濱海城鎮新貝德福一樣，是大西洋捕鯨業的首府。南土克特至少從十八世紀初就存在這個利潤豐厚的產業，但是到了這時候已越來越難捕到鯨，因此船隻被迫航行到更遙遠的海域。當時，人們聽說太平洋的收穫比較好。於是，艾色克斯號接受委託，要進行一趟三十個月的航程，這以當時的標準來說都算是相當大膽。這艘船由喬治‧波拉德船長（George Pollard）指揮，大副是歐文‧蔡斯（Owen Chase），兩人當時都二十幾歲，也都熱血澎湃地想在自己選擇的職涯中獲取成就。波拉德普遍受到喜愛，但蔡斯在艾色克斯號則沒有特別受歡迎，不過其他船員仍不情願地承認他身為水手、領航員和獵鯨人的卓越技巧。其他船員是典型的大熔爐，包括自由的非裔美國人、外地人、南土克特本地人組成，還有一個名叫湯瑪斯‧洽波（Thomas Chapple）的英國水手。做好準備、找齊船員之後，艾色克斯號在1819年8月12日離開南土克特。

熬過糟糕的天氣和嚴苛的合恩角之後，艾色克斯號沿著南美洲海岸往北行，卻發現被看好的捕鯨地點嚴重匱乏。然而，波拉德船長聽說遙遠的西方海域擁有大量的漁獲，便說服船員，即使必須航行令人卻步的距離，前往那些陌生的海域捕鯨卻是必要的。現在，他們離開南土克特已經一年多了，船員開始神經緊繃，因為鯨魚依然難以尋獲，整趟旅程感覺越來越無望。

但，1820年11月20日清晨，在距離馬克沙斯群島東北方約1900公里的地方，艾色克斯號出動剩餘的捕鯨船，追捕一群鯨魚。水手們非常震驚地看見其中一頭幾乎跟艾色克斯號一樣龐大的巨鯨竟然脫離鯨群，開始撞擊主船，撞破船隻的木材，使它很快就沉沒了。二十個人分別乘坐剩餘的三艘捕鯨小船，每一艘大約十公尺長、兩公尺寬。他們計劃一起航向南邊，接著再往東航向南美洲。雖然馬克沙斯群島近得多，但是他們有些人（包括蔡斯）認為那裡住著食人族。波拉德和蔡斯知道往東航行的旅程很遠，但他們希望從艾色克斯號搶救出來的稀少存糧吃完前，救贖就會

出現，不管是一座島、一艘船或某種食物。

災難過後的那幾個星期非常駭人聽聞，一行人經歷了小船瓦解、越來越嚴重的飢餓感、短暫紓困（他們找到一座叫作亨德孫島〔Henderson Island〕的偏遠環礁島嶼），最後終究有人難逃一死。在某次風暴後，蔡斯指揮的小船跟另外兩艘失散了。第一個死的是理查·彼得森（Richard Peterson），他被葬在海裡，但是當艾薩克·柯爾（Isaac Cole）於 2 月 8 日死亡後，情況已經非常危急，剩下的三個人認為他們別無選擇，只好肢解和吃掉他的遺體。其他小船的命運也沒好到哪裡：有一艘船完全消失，另一艘船的倖存者（包括波拉德船長）則用抽籤的方式決定誰該死、誰可以吃掉死者，活得更久一點。

蔡斯的小船在海上九十七天後，終於被人救起。全部算下來，艾色克斯號的災難只有八名生還者（包括選擇留在亨德孫島的三個人）。回到故鄉南土克特後不久，歐文·蔡斯便出版了《捕鯨船艾色克斯號極其驚人悲慘的遇害事件敘述》（Narrative of the Most Extraordinary and Distressing Shipwreck of the Whale-Ship Essex）。這本書啟發赫爾曼·梅爾維爾（Herman Melville）撰寫《白鯨記》這本小說（1851 年），描述人類跟對人類志向似乎永懷惡意的大自然之間的鬥爭。蔡斯後來雖然有重返大海，過著相對富足的生活，但是在那艘捕鯨船上的經歷卻始終糾纏著他——想要聽他訴說親身經歷的人也是。他晚年曾在精神病院住了八年，後來回到南土克特的一棟房子，對食物的偏執變成當地人茶餘飯後的八卦。

2001 年，美國作家拿塔尼爾·菲畢里克（Nathaniel Philbrick）在得獎著作《白鯨傳奇：怒海之心》（In the Heart of the Sea: The Tragedy of the Whaleship Essex）重新敘述了這個故事。2015 年，朗·霍華（Ron Howard）執導了這本書的電影版，劇本由查爾斯·萊維特（Charles Leavitt）撰寫。現在這則故事仿效了電影的開頭：一名男子（赫爾曼·梅爾維爾）前去拜訪船難最後一名還活著的倖存者，也就是船上男僕湯瑪斯·尼克森（Thomas Nickerson，他當時在蔡斯的船上）。電影裡的梅爾維爾希望替自己的鯨魚故事尋找靈感，這則故事的敘述者則是因為在美國內戰經歷創傷，希望為自己和那些糾纏他的餓鬼找到某種救贖。

次頁：羅徹斯特號航海日誌裡的船隻素描，1710 年 8 月 27 日，(IOR/L/MAR/B/137B)

Europe.

Dover

Mead Frigget

Sherburne

S.t G

Rochester

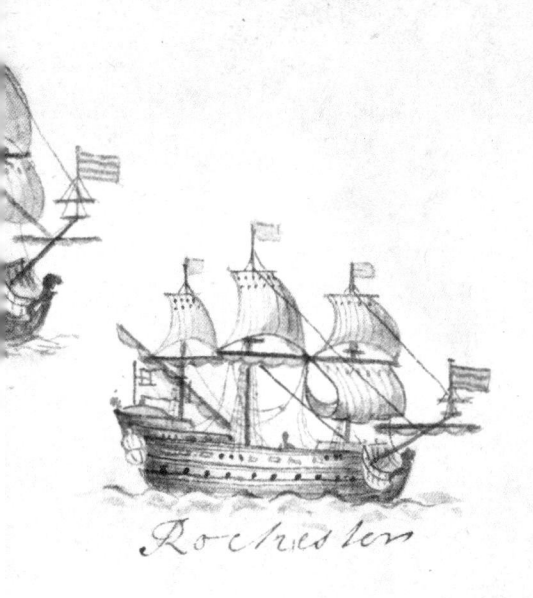

Susanna

King William

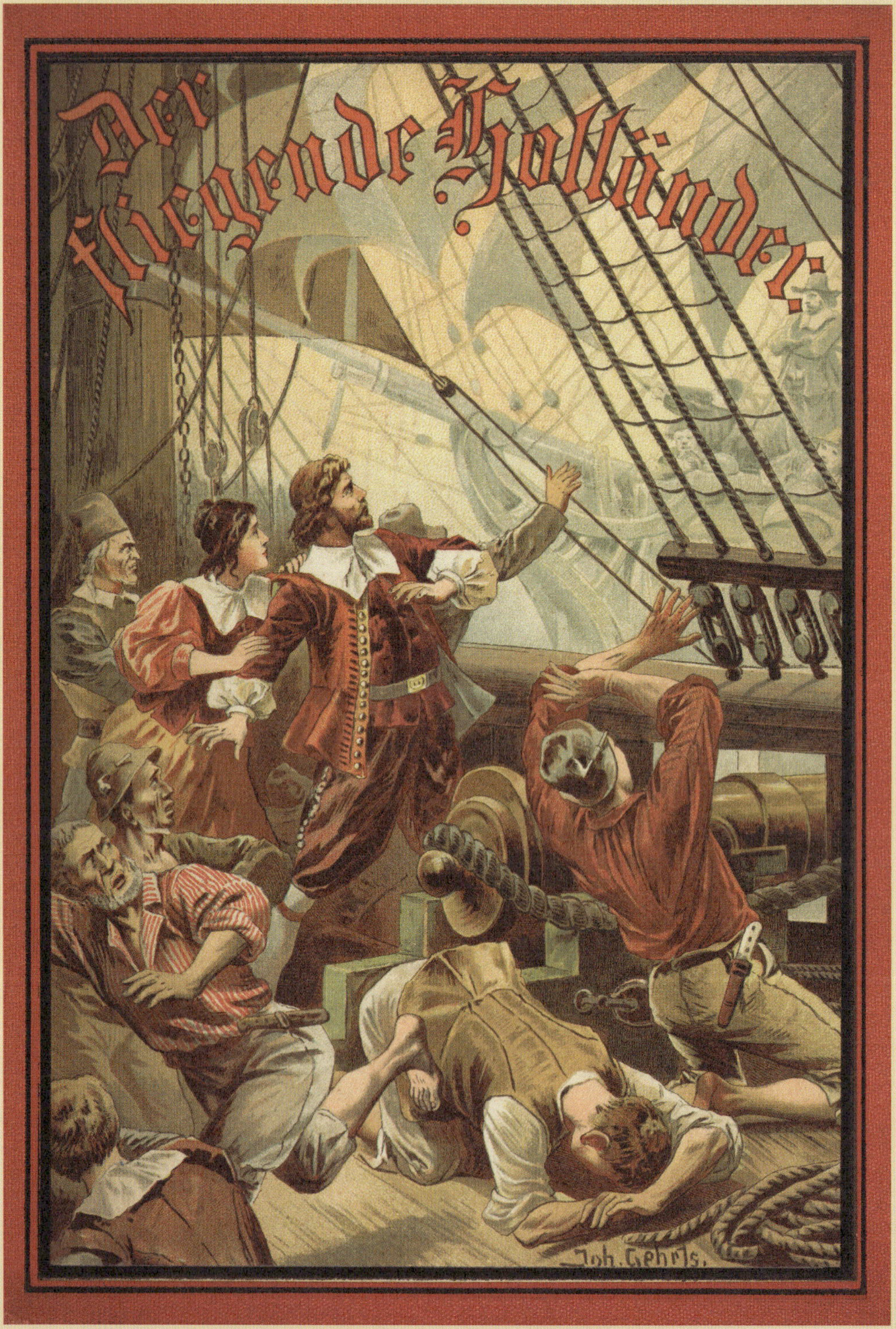
Der fliegende Holländer.
Joh. Gehrts.

飛天荷蘭人

我們偉大的祖國進入了貿易探險的黃金時期。數不清的船隊從我們的港口出發，載著貨物和乘客到世界各地。我們的銀行支配歐洲市場，我們的帝國延伸到亞洲和非洲。商業帶來財富，財富帶來安定，也讓我們有時間從事科學調查和藝術實驗。上帝早已預知一切。在這段時期能當個年輕的荷蘭人再美妙也不過。

身為歷史悠久商人世家的子嗣，人們期待我對家族事業有徹頭徹尾──或者應該說「徹艏徹艉」！──的認識。十五歲時，父親便安排一個職位給我，讓我登上一艘預計從好望角前往巴達維亞（Batavia，編按：荷屬東印度首都，今之雅加達）的船隻。我會出海超過一年，回國後再繼續完成正式的教育。

他告訴母親：「這會把他變成一個男人。」但她顯然很擔憂。在我預計出航的前一天，她把我拉到一旁，說：「你要盡量完成自己的本分，但是不要忘記你是誰，也不要忘了魔鬼總是在身邊。雖然我們所有人生來都有罪，但我們的靈魂渴望救贖。」她交給我一本聖經，上面刻有我的名字。「帶著，現在就跟著上帝去吧。」

隔天早上，我帶著一小只行李箱的物品抵達碼頭。我被叫上船之後，水手長上下打量我，讓我不太習慣。但我還是跟著他到甲板下，他吩咐我把東西放好，等船長叫我。我等了一個小時，然後又一個小時。等了好幾個小時後，還是沒有等到任何音訊。最後，飢餓無聊的我自行走上甲板，看見水手都在忙著準備。我走近船長發號施令的船尾最高層，對他敬了禮，接著自我介紹。我們

對頁：弗雷德里克・馬利亞特（Frederick Marryat）所著的《飛天荷蘭人》
（*Der fliegende Holländer*，1899 年）封面，12661.c.3

乘船出海

彼此互看。

　　他是一個容貌損毀、剛過中年的男人，打從一開始他就令我深感不安。他那冰冷的藍眼睛看著我時，幾乎沒有克制對我的不屑。他想知道，沒有獲得邀請，我怎麼膽敢自行出現在甲板上？我怎麼膽敢在他忙著指揮出航準備時打擾他？看在我父親的份上（他曾跟他一起做過生意，賺取不少利潤），他準備好了就會去找我，在那之前我必須離開他的視線，否則後果自負。

　　被這番責罵和羞辱之後，我回到甲板下。船出發了，往南展開漫長的旅程，但船長始終沒有傳話來。船員都不理我，只有一個混種的男孩除外，他是廚師的助手，船上的人對他幾乎就像對我一樣不屑一顧。他確保我不會餓死，並在少少的空閒時間帶我了解船的運作。他說的話夾雜來自世界各地的隻字片語，告訴我船長是個不信上帝的人，其他船員也沒有比較好，我只要盡量不讓他們注意到我就不會有事。這不是我父親希望讓我擁有的經歷，但是在這種情況下，我也無力改變什麼，只能保持安靜和低調。

　　我不習慣長時間航行，因此前幾週都嚴重暈船。當身體好一點時，我因為沒事可做，便會誦讀聖經，引起船員的訕笑。然而，神聖的經文帶給我慰藉，因此即使我適應了船上的生活，我還是繼續這個習慣。

　　由於沒有任何事情可做，我得以遠遠地觀察船長。每天早上他都會在甲板上走來走去，怒視和責備離他太近的任何人。他是一流的航海家，這點無庸置疑，但他似乎不怎麼喜歡這一行，對於他必須共事的人更是完全厭惡。他唯一的娛樂就是對船員做出人身攻擊，嘲笑這個人的長相或那個人的步伐。船員都很討厭和害怕這位船長。我聽謠言說他有一段放蕩的青春，生了一個私生子、得了致命的痘子，因此被上流社會排斥在外。我們就這樣繼續航行。

　　有天早上，他撞見我坐在艄樓靜靜誦讀聖經。

　　他對隨侍在旁的高級船員說：「男士們，你們看，是喀爾文的男寵！」

　　大家都笑了（沒有人敢不笑），所以從此以後船長的羞辱就變成船員稱呼我的綽號。若說我不為所動是不對的——事實上，我感到非常受傷。但，母親的話和她在這趟受詛咒的航程開始前送我的禮物始終支撐著我。

　　我們繼續前進，天氣變暖和了，但是在接近非洲之角時又惡化了。有一

弗雷德里克・馬利亞特所著的《飛天荷蘭人》
(*The Flying Dutchman*，1908 年) 的插圖「幽靈船」，美國紐約惠特尼美術館，12661. c.3

天，我們來到看得見陸地的位置，船員們竊竊私語地說我們必須找個安全的避風港，等待即將來臨的風暴過去。可是，船長堅持繼續原本的航線。在颳了一陣強風，海面恢復風平浪靜時，一群資深的高級船員拜託他重新考慮，他卻說他們這是在造反，用夾雜一大堆髒話的方式威脅要把不聽從他命令的人從船底拖過去，做為懲罰。* 我跟其他人站在一起，船長看見我，露出殘酷的笑容。

---

*　譯註：這是一種懲罰水手的方式，做法是將水手綁在一條繩子上，把他扔進海裡，接著從船的龍骨底下拖過去。

他挑釁地說:「你和你的上帝呢?祂也要我躲進港灣嗎?」

我望著烏雲密布的天空和逐漸湧起的大浪。

我把聖經舉高,大喊:「船長,無所謂,你的命運已定,不管你選擇留下或逃走都一樣。」

他慢慢走下樓梯,來到主甲板上,以魔鬼般的兇狠眼神來回看著我和我手上的聖經。最後,他氣呼呼地站在我面前,呼吸十分沉重。

路易斯・埃爾舍米斯(Louis M. Eilshemius)所畫的《飛天荷蘭人》(1908年),紐約惠特尼美術館

他對著我的臉咆哮:「我不服你!」接著,他搶走聖經,仰天對著烏雲低垂的天空大吼:「我不服你!你聽見沒?沒有任何東西可以左右我的命運,我就是我自己!」語畢,他將聖經撕成兩半,拋向風中。驚駭的情緒掃過集結的船員,儘管他們如此放蕩墮落,這樣的褻瀆行為也令他們感到驚愕。船長重新跑上樓,吼道:

「快滾,你們這些蠢狗,把你們那沒膽的上帝一起帶走。這是我的船,統治這裡的只有我,沒有別人。三分鐘後還留在船上的人,我一律殺了。」

大家遲疑不決。接著,有一個人衝向救生艇,我們全部的人便都跟進。我想,船員跟我一樣,覺得寧可在距離岸邊 1.6 公里的地方跳上小船碰運氣,也不要待在被船長招來天譴的大船上。在我等著坐上最後一艘小船時,我的少年朋友經過我身邊,跟跟蹌蹌走向甲板,要待在船長身旁。我抓住他的手。

我在狂風中大喊:「快來,你沒有必要聽從一個瘋子的命令。你可以在岸上尋獲自由,我會幫助你。」

男孩微笑著搖搖頭,抽出我的手,說:「我要跟我的父親在一起。」

下海的三艘小船沒有一艘抵達岸邊。我搭乘的那一艘被浪濤打碎後,我設法抓住一塊木板,憑著運氣和極大的努力成功來到海灘上。我遇見另一個生還者,接著又有另一個,我們等了一整天,看看最後會有多少人倖存。

答案是:七人。大船、船長和年輕的廚師助理都杳無音信。

儘管機率渺茫,我們還是抵達了殖民地,然後回到家鄉,在那裡發現我們的故事比我們更早到達。不久之後,開始有人說他們在好望角周遭的海域看見一艘鬼魅般的船隻。水手會談到飛行荷蘭人號和它的魔鬼船長注定永遠在海上航行,無法得到休息、慰藉或希望。

我現在已經老了,在家鄉這座偉大的城市掌管家族事業許多年了,還是常常聽說那艘厄運之船的故事以及遇到它的人會發生哪些不好的事。可是,最有理由相信這些故事的我卻很懷疑其真實性。此外,我告訴自己,就算故事是真的那又怎樣?那是船長自找的。

反思

在世界各地有關會帶來厄運的鬼船傳說中,「飛天荷蘭人」恐怕是最為人所知的一個。赫拉斯·貝克(編按:海洋民俗作家 Horace Beck)曾經追溯過這類傳說的由來和特性,說這是全世界所有民間故事當中「最複雜、古老和廣布的類型之一」。科學曾把鬼船解釋成海市蜃樓、濃霧、恐慌心理或集體歇斯底里所造成的幻覺等等。無論是什麼引起的,其廣大的分布範圍似乎表示幽靈船這個概念深植在世界各地的民俗文化裡。

貝克點出,飛天荷蘭人傳說的其中一個靈感來源是「流浪猶太人」這個民間角色。這位猶太人就是基督被帶去接受十字架釘刑時,催促他趕快走的那個人。耶穌當時說道:「我會去,但你則將在我回來之前逗留不止。」從那時起,他就一直在地球上遊蕩,無法死亡或休息。另一個靈感來源是一個很拼的荷蘭船長伯納德·福克(Bernard Fokke),他因為往返東印度群島和荷蘭的速度很快,遭謠傳是跟魔鬼訂立了契約。福克的船在某次航程中消失於好望角附近,據說是被撒旦奪走。而撒旦為了讓自大的他付出代價,便要他永遠遊蕩在世界各地的海洋,以尋找救贖。這個故事有時會跟另一個荷蘭船長范德碟克(Vanderdecker)的故事結合在一起:據說這位船長在繞過非洲時拒絕了上帝的幫助。

從文學的角度來看,在這則故事中,那位恣意妄為、厭惡上帝的船長可以跟莎士比亞的哈姆雷特、彌爾頓的撒旦和歌德的浮士德聯想在一起,因為這些角色都在某種程度上被生命的「禮物」和這份禮物給予個人的沉重自由意志所折磨。相關角色還包括查爾斯·馬圖林(Charles Maturin)的「流浪者梅爾莫斯」(Melmoth)以及所謂的「拜倫式英雄人格」,前者在 1824 年時賦予「哥德」這個文類最具有威力和最歷久彌新的情節,後者在深受勃朗特姊妹喜愛的浪漫主義角色中,可能還看得到一些影子,如她們筆下的希斯克利夫和羅徹斯特。然而,我們這位魔鬼船長最明顯的文學界化身其實是亞哈,也就是瘋狂追獵大白鯨的皮廓號船長。

有些評論家推論,像飛天荷蘭人號的船長這樣「有問題」的角色其實是具有醫學依據的,跟哥德文學想像出來的那些神祕幽靈有著相同的依據,那就是梅毒——水手的剋星(這則故事只說「痘子」)。

看似「超脫」、實則完全被牽扯在故事情節的敘述-觀察者角色,同樣也有相當複雜的由來。現在這則故事的讀者可能會覺得自己聽見《金銀島》的吉姆·霍金斯、《白鯨記》的以實瑪利、《海狼》的韓佛瑞·范·魏登以及(可能算是這當中最強而有力的)在約瑟夫·康拉德多篇故事中都有出現的

神祕敘述者查理‧馬洛（Charley Marlow）的聲音。在《黑暗之心》(1899年)裡，馬洛和庫爾茲這個「迷失」的角色之間的關係從某種角度來說，就像現代性的核心神話：後者對人類一切作為隱含的隨機無良感到驚愕，前者試圖從歷史所有的「恐怖」找回一絲意義。

飛天荷蘭人號的傳說最受歡迎的版本，可回溯到歷史學家口中的「荷蘭黃金時期」。荷蘭共和國在1579年宣布成立，其後的一百年間，這個國家在商業和文化方面變成一個重要的世界強權。這個帝國的「奇蹟」（有些歷史學家這麼形容）奠基在它的航海實力，船隻會航行到全球各地以從事貿易和建立殖民地。在蘇伊士運河於1869年開通以前，好望角是從歐洲到荷屬東印度群島的必經之地，而位於東印度群島的巴達維亞（即今日的雅加達）則漸漸變成經濟和文化中心。

同樣一群歷史學家也點出，「新教職業倫理」是促成這個奇蹟的另一個重要因子。十七世紀的荷蘭帝國是以十六世紀的信仰和道德革命為基礎，喀爾文主義是其中一個顯著的新教支派，發展出一套特別複雜的道德體系，把罪惡、救贖和宿命變成一支迂迴的神學探戈。絕對不只有這則故事裡的船長會這麼想：如果說某個人已經被「選中」會受天譴，要人做出「善良」的行為有什麼誘因？早已經注定死後會面臨永恆天譴的這個概念，是宗教改革很願意從傳統基督教繼承的，儘管這兩個體系有諸多差異。從這幾點來看，船長可以算是「被上帝遺棄者」：他拒絕基督教所傳遞的訊息，到了無法救贖的程度，因此會永遠受苦受難。

故事中提到的（同性戀）性傾向、拖過龍骨的懲罰以及船員對敘述者沒來由的敵意等，顯示航海文化從古至今都很嚴苛。此外，除了這些人禍，還有大海，在很多方面都意圖使可憐的水手經歷哀慟。

〈飛天荷蘭人〉也可以被解讀成一個有關親密經驗的故事，尤其是父子之間的關係。敘述者的父親要他去經歷危險和痛苦，為什麼？那個混種的男孩（令人有點聯想到《白鯨記》的黑人男僕皮普）選擇跟「父親」一起遭受天譴，而不願拋下他選擇救贖，為什麼？還有，船長本人也決定「不服」天父，以堅守自己的身分認同。他是否察覺到，在宣告「我就是我自己」的同時，他其實唸出了古代以色列人的神、基督教上帝前身之一的雅威在聖經裡的名諱之一，因此不服祂就等於是在迎接天譴？*

---

* 譯註：雅威（Yahweh）是舊約聖經對至高神的稱呼，由YHWH四個母音（又稱「四字神名」）加上子音而成，原意為「我是」（I am），後來衍生為「耶和華」這個名稱。摩西問上帝祂叫什麼名字，祂回答：「我便是我自己」（I am who I am，中文版聖經常見的版本翻譯成「我是自有永有者」）。

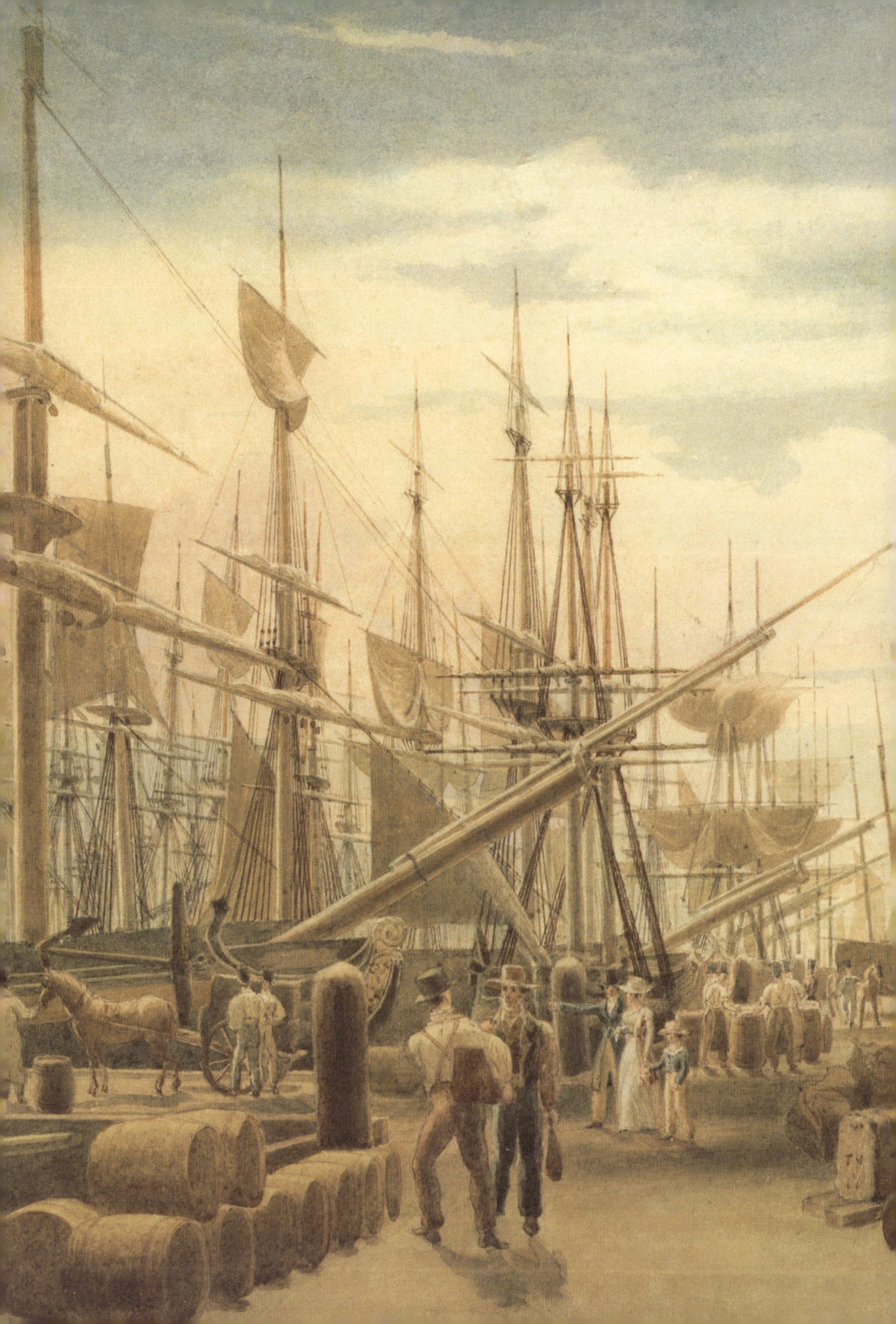

出航

馬車喀拉喀拉地穿越清晨的市區。亞瑟坐在座位的邊緣，望向窗外。他看見一個人站在角落，身上裹著圍巾和大衣，一邊等著過馬路，一邊跺腳禦寒。亞瑟很高興他們上馬車時，母親堅持要他包著一條毯子。他也很高興他的貓「特威德老大」溜出屋子，現在正躺在他的腿上，像一團溫暖的毛球。

母親發現時，說：「那隻貓！瑪莎，我們走了以後，妳得把牠帶回家。」

瑪莎擤擤鼻子，答道：「好的，夫人。」

「好的夫人！」蘇菲亞用唱歌般的嬰兒嗓音學她說話。「好的夫人好的夫人好的夫人！」

瑪莎將膝上的女嬰彈跳了幾下，說：「孩子，安靜。」

亞瑟在兩棟倉庫之間的縫隙瞥見河川。他整個早上試著壓抑的興奮之情再次蠢蠢欲動。他又想上廁所了，於是開始在座位上前後搖晃。貓兒發出不悅的喵喵聲。

母親說：「亞瑟，我們就要到了，記住爸爸說的話，你要冷靜，大口緩慢地深呼吸。」

他點點頭，但這真的很難辦到。感覺過了很長的一段時間後，馬車終於駛入碼頭旁一塊舖有鵝卵石的區域。

他們全部下了車，母親說：「跟緊一點。」受到驚擾的貓咪坐在階梯頂端，看著人類從馬車卸下手提箱和行李箱。然後，牠慵懶地轉身，重新鑽進座位上溫暖的毯子裡。

對頁：威廉・詹姆斯・班尼特（William James Bennett）所畫的《從紐約市處女巷望過去的南街景觀》（約 1827 年），紐約大都會藝術博物館

乘船出海

那艘船停泊在碼頭邊的水面上。亞瑟還沒看過它改裝後的樣子，肯定有變大吧？父親是這麼說的。而且也好美呀！那是世界上最美的船，船長就是他的爸爸。

人好多啊！一組一組的人專注盯著紙張；穿著逗趣的人在舷梯跑上跑下，手持一捆捆、一桶桶、一箱箱的東西；然後還有他的父親，跟一些紳士從跟碼頭有點距離的辦公室走出來。亞瑟再也克制不了自己。

他揮手喊道：「爸爸！」父親轉過頭，看見家人，也揮了揮手。接著，他跟其他紳士握握手，走向他們在等著的地方。走近時，他露出微笑。

「一切都還好嗎？」

母親說：「一切都很好，親愛的。強納森幫忙把東西搬上車，而且路上沒有很多車。馬車裡很冷，幸虧有了瑪莎。那隻要命的小貓也搭了順風車來！」

登上瑪麗賽勒斯特號，取自《河岸街》（*The Strand*）雜誌（1913年），P.P.6004.glk

父親笑道：「是嗎！特威德老大真棒！」

亞瑟問：「父親，已經快準備好了嗎？」

父親看起來有點遲疑地說：「是，快準備好了。貨物都上船了，股東都很

對頁：J・G・洛克哈特（J. G. Lockhart）所著的《海上大謎團》（*A Great Sea Mystery*，1927年）的卷首插圖，08806.d.42

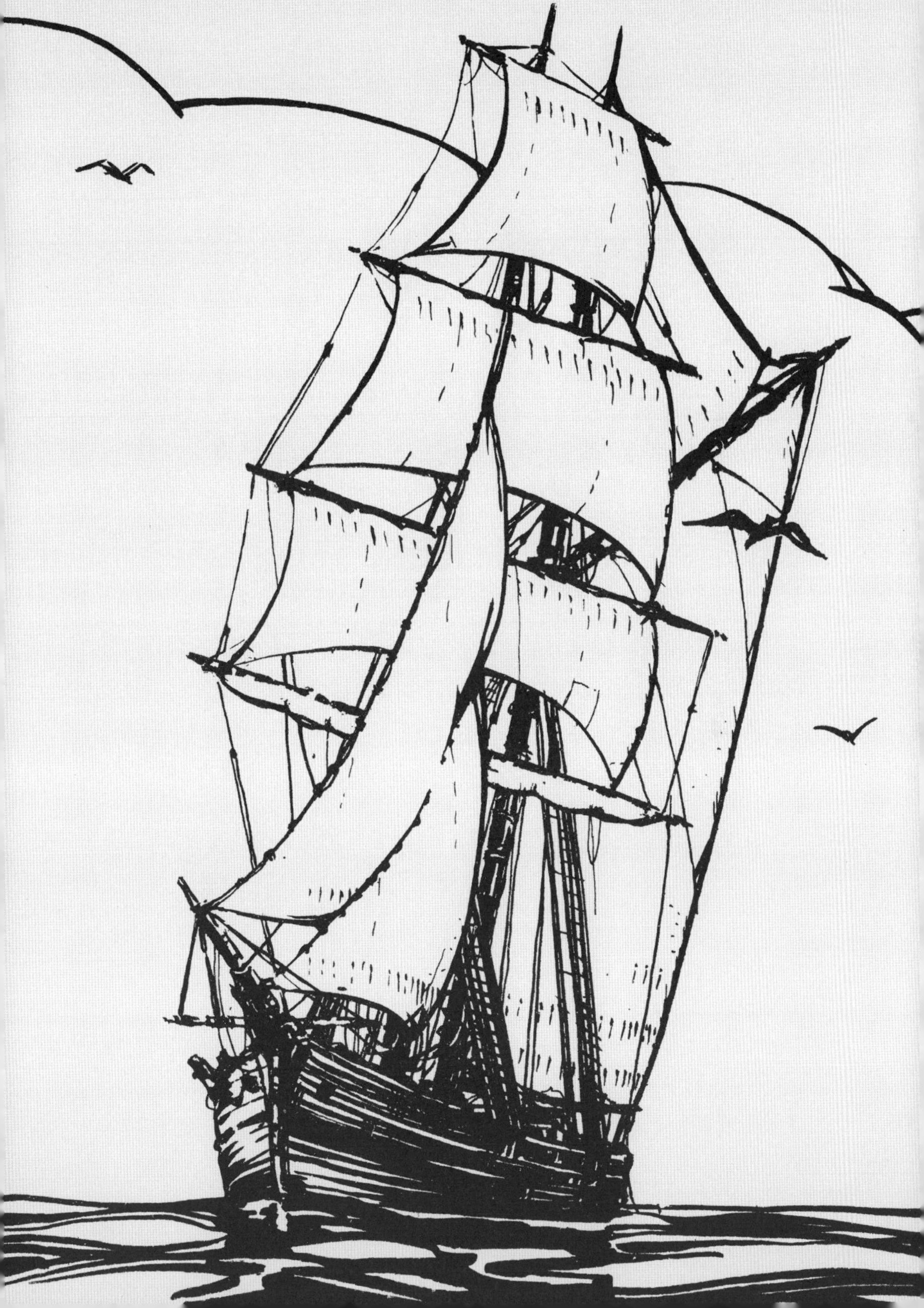

滿意。現在我們只需要將這個小東西帶上船，就可以快樂出航了。」他將蘇菲亞抱起來輕晃，她咯咯地笑：「快樂出航快樂出航快樂出航！」父親把其中一個水手叫來：「能不能請你把這些箱子拿到我的艙房，帶我妻子和女兒到船上？」水手點點頭。他有一頭金髮和明亮的藍眼睛；他把最大的行李箱扛在背上，彷彿那只是一袋糖果，然後對亞瑟眨眨眼。

母親雙手捧著亞瑟的臉龐，說：「父親有話要跟你說，親愛的。」亞瑟發現她的眼睛閃爍著光芒。「我們現在必須上船了。」她從丈夫的懷裡抱過蘇菲亞，頭也不回地跟著水手走上舷梯，進入甲板上的一扇門。父親看了看瑪莎，兩個人都不太自在地挪動身子。

亞瑟說：「爸爸，我昨晚在地圖上找到熱那亞了，附近有一個叫做『尼斯』的地方。爸爸，你有去過尼斯嗎？尼斯好不好玩？！」

瑪莎牽起他的手，說：「孩子，安靜。」

布里格斯船長蹲下來，直視兒子的眼睛：「亞瑟，聽我說，計畫有點改變，媽媽和蘇菲亞還是會跟我一起去，但我需要你留在家裡照顧奶奶。」

亞瑟搖搖頭。

他說：「瑪莎和強納森會照顧奶奶，我要跟你坐船去熱內亞。我要發酒給船員喝，就像我們之前說的那樣，就像我們計劃的那樣。」

船長說：「抱歉，兒子，你也知道我愛瑪莎和強納森，但如果有布里格斯家的人領頭，我會比較安心。此外，平克頓先生說你不能中斷學習。嘿，你的叔叔和堂兄弟姊妹耶誕節會來鎮上，想想你跟他們在一起會多好玩啊！」

亞瑟看著等著出航的船。他感覺淚水刺痛自己的眼睛，但他知道哭泣對父親沒有用。做什麼事都沒有用，父親一旦下了決定，事情就必須照辦。可是，他的心裡還是覺得這個轉變很不公平。母親和蘇菲亞可以乘坐美麗的船出航，他卻得回家跟枯燥到不行的平克頓先生上課。他們可以看見熱內亞，他卻只能在愚蠢的地圖上看著它。他發出氣惱的呻吟聲。

布里格斯說：「兒子，我知道你很難接受，但是人生總是充滿令人難以接受的事，這種事會把你變成我和母親希望你成為的堅強男人。我答應你，以後還有別的船和別的航程。現在，跟我握握手。」他對瑪莎點點頭；瑪莎滄桑的

臉上閃過一絲責備。

她牽起男孩的手，說：「來吧，亞瑟少爺，我們可以在這裡看。」

兩人手牽手，沉重地走到馬車等著載他們回鎮上的地方。其中一匹馬的下方有一坨糞便在冒煙。亞瑟聽見有人用他聽不懂的語言大喊，然後舷梯就被拖曳到船上，將船隻固定在碼頭的繩索也鬆脫了。他看見拖船將船隻緩緩拉到河中央，也看見父親跟母親和妹妹一起站在甲板上對他揮手。

瑪莎說：「你想待到看不見他們為止嗎？」亞瑟說：「不，我們可以走了。」

她打開馬車的車門，說：「至少回家的路上你有那隻要命的貓給你保暖。」可是，貓不在車上。亞瑟的眼睛掃過碼頭和馬車底下，都沒瞧見那隻貓。此時，他聽見船上傳來笑聲和叫聲。他四處張望，發現蘇菲亞竟抱著特威德老大。他的父母一邊微笑，一邊不可置信地搖搖頭。父親把手圍在嘴巴旁邊。

他喊道：「要命的貓！我們只好帶著牠了！」

亞瑟站著看那艘船移到河中央的川流。一分鐘後，拖船脫離大船，讓它順流滑向海灣。在它離開視線之前，亞瑟看到的最後一樣東西是用大大的黑色字體漆在側邊的船名：

瑪麗賽勒斯特號（*Mary Celeste*）。

在瑪麗賽勒斯特號的船艙內，桌上的食物都還留著，取自《河岸街》雜誌（1913 年），P.P.6004.glk

反思

1872年12月4日，一艘名叫瑪麗賽勒斯特號的小型美國商船被人發現漂浮在大西洋之中，位於亞述群島附近。這艘船原本預定載著一批工業酒精前往義大利的熱內亞港。船有部分受損，但仍適合航行；唯一的救生艇不見了。整艘船的人員都消失了，包括船長班傑明・斯普納・布里格斯（Benjamin Spooner Briggs）和他的妻女、大副和二副、一個管家以及四名德國水手，可是他們的私人物品都還在船上。航海日誌的最後一條是在九天前寫的，沒有寫到什麼不尋常的東西，只提到貨物發出一些隆隆聲——這是可以預期的，因為這批貨物具有容易揮發的特性。整艘船的船員就這樣銷聲匿跡，沒有人再看過他們。所以，他們發生了什麼事？

關於史上最有名的這起海上謎團，多年來累積的各種理論已經可以變成一本分量不小的書籍。

那本書可以把第一章的主題訂為各種不法行為，例如保險詐欺、船員叛亂、海盜、酒醉鬧事等等邪惡行徑。第二章則可以寫到各種天災，諸如海底地震、水龍捲、巨烏賊、冰山、鯨魚或沒有風造成船隻無法前進的狀況。

此外，肯定還得要有一個章節提及這個故事多年來催生的眾多陰謀論。瑪麗賽勒斯特號在布里格斯之前就曾死過一名船長（1879年又死了一個），因此有人認為這艘船會帶來不幸。迷信一點的水手會毫不遲疑地將布里格斯看成「厄運」的受害者。甚至還曾經有一個廣為流傳的理論認為，布里格斯因為這艘受到詛咒的船，突然一陣宗教狂熱發作，把船上的所有人都殺了。還有一些陰謀論跟百慕達三角有關（請參見〈哥倫布航行藍色海洋〉這則故事）。儘管這艘空船是在距離百慕達三角數千公里的地方被發現的，疑神疑鬼的人還是相信瑪麗賽勒斯特號是超自然活動的受害者。

接著，書裡還會探討各種比較可信的狀況：揮發性很高的貨物；船上發生的火災或爆炸；滲水程度到了危險的地步；儀器設備失靈（幫浦或精密時計或兩者皆出了錯）；沈船的擔憂；擱淺的擔憂；暫時棄船；操作救生艇技術不佳等。

再來，這本幻想之書的第二部分可把焦

點放在跟瑪麗賽勒斯特號傳說有關的所有虛構故事。比方說，當時擔任年輕船醫的亞瑟‧柯南‧道爾便寫了一個短篇故事〈哈巴谷‧傑弗森的證詞〉（1884 年），將這艘空船的謎團變成創意重述的背景（道爾的故事也是這艘船的名字「Mary Celeste」後來常被錯誤地拼寫成「Marie Celeste」的罪魁禍首）。從那之後，這艘船的命運成為許多巧思橫生故事的主題，以許多不同的體裁呈現，包括小說（長篇小說、短篇故事和圖像小說）、舞台劇、廣播劇、歌劇、歌曲、詩詞、電影、概念專輯、電視紀錄片、電玩和偽回憶錄。

這裡的版本把焦點從船本身轉移到年幼的亞瑟‧布里格斯，他被留在紐約，可能是為了不要讓學業中斷。這個決定某種程度上反映了班傑明‧布里格斯過去的事蹟，例如他宗教觀強烈，或是他竟然在國家發生內戰、奪走許多麻州同鄉的良知（當然還有性命）的第二年，選擇到地中海度蜜月。十九世紀的文學充斥著疏離的家庭，這在一個父權主義極重的社會中並不令人意外。亞瑟完全符合心懷不滿和叛逆

的兒子的條件，這下他還得應付倖存者會有的愧疚感。

還有一個地方是我自由發揮的，那就是讓船上成員多出了一隻貓。這是源自一個久久不散的謠言，儘管直布羅陀海峽的英國海事法庭在調查過程中，並沒有發現瑪麗賽勒斯特號上有任何貓咪存在的證據。這隻虛構的貓名字來自當時紐約家喻戶曉的人物威廉‧特威德老大（William M. 'Boss' Tweed）。特威德是商人和執法人員，並曾擔任消防員，同時也是「坦慕尼協會」（Tammany Hall）的首要成員——這個組織在美國內戰前後主導了該地區的政壇。把一隻貓取名為「特威德老大」，一開始可能只是個玩笑，但到了 1872 年，特威德本人已經因為使他的公職生涯留下汙點的嚴重貪腐事件而遭到彈劾，所以這個笑話就不好笑了。或許，這隻貓便是因為自己不幸跟特威德的醜聞扯上關係，因此才決定偷偷登上瑪麗賽勒斯特號。牠可真是倒楣。

VS

anos

海中奇獸

溫柔的帕克請過來。你還記得
有回我坐在一塊突出的海角,
聽見人魚騎坐在海豚的背上,
發出極為悅耳動人的呼吸聲,
粗暴的大海聽了也變得和氣,
星星從他們的世界瘋狂墜落,
只為了聽見海中人魚的樂聲。

莎士比亞,《仲夏夜之夢》

前頁滿版:取自亞伯拉罕・奧特柳斯所著的《寰宇全圖》(*Theatrum Orbis Terrarum*,1598 年)其中一張地圖的細部插圖,Maps C.2.d.7.(94.)

上圖:海豚,取自一本寓意畫冊*(1618 年),012305.e.4

---

* 譯註:寓意畫冊(emblem books)是一種藝術文學類型,盛行於十六到十七世紀的歐洲。寓意畫冊收錄許多富含寓意的插畫,每一張都會附上一句格言或一段說明文字(通常以詩體呈現),帶有道德說教的意味。

蛇妖、寶蓮、漩渦

大自然的充沛與多樣都很令人驚奇。在這顆星球不斷變遷的環境中，究竟有多少數量和種類的生物曾經誕生、茁壯和死亡，我們大概永遠也不會知道。

海洋是這些環境之中最神祕的一個，而且不只是因為它很廣大：大海不利於人類使用，因此現在已經變成我們爆發對未知的恐懼感的地方。

從古至今，我們真實遇見的怪異海洋生物，促使我們想像在世界各大洋廣大未知的地區還有更怪異的東西存在。鯨魚很大，所以有人認為存在更大的東西；鯊魚很兇猛，所以肯定有比這更兇猛的東西；水母很怪，所以海底下一定有更怪的東西。

神話充斥著這個思考過程的產物。例如，人們以前認為人魚其實是海牛（manatee）這種水生哺乳動物演變而來的；海牛是極少數從陸地回到大海（其最初誕生的地方）生活的動物之一。然而，海牛雖會哺育幼畜，且跟海豹一樣長得有點像人（鯨魚和海豚等其他水生哺乳動物則完全不像），但牠跟人魚之間還是不太可能有什麼關聯。

以人類的角度來說，海牛不符合傳統的美麗和魅力，但牠仍是一種非常迷人的生物。海牛屬於海牛目（Sirenia），其名稱來自希臘神話的賽蓮海妖。海牛目的大多數物種都已消失，只剩下四種，分別為三種海牛（亞馬遜、西印度和西非海牛）和一種稱作儒艮（dugong）的奇妙怪異生物。

儒艮科原本有相當多樣的物種，現在只剩下儒艮一種。儒艮的近親「史特拉海牛」十八世紀晚期才在太平洋最北端遭到獵殺滅絕（為了獲取牠們的肉、皮、油脂和骨頭）。目前棲息在印度洋和南太平洋的儒艮也有可能面臨相同的命運。狩獵仍是威脅之一，但是現今的問題還包括深海鑽探、水底拖網、化學物質汙染及開採等。

馬來西亞出土了五千年歷史的洞穴繪畫，上面便有出現儒艮，顯示人類從古至今就對這種生物感到好奇。在太平洋的部分地區，儒艮所扮演的角色類似西歐民間故事的海豹。儘管設立了一些保護措施，至今仍有人在世界各地盜獵儒艮，因為有些人相信儒艮的肉和「淚水」具有催情效果。我們應該可以說，獵人其實根本不在意儒艮流的淚。

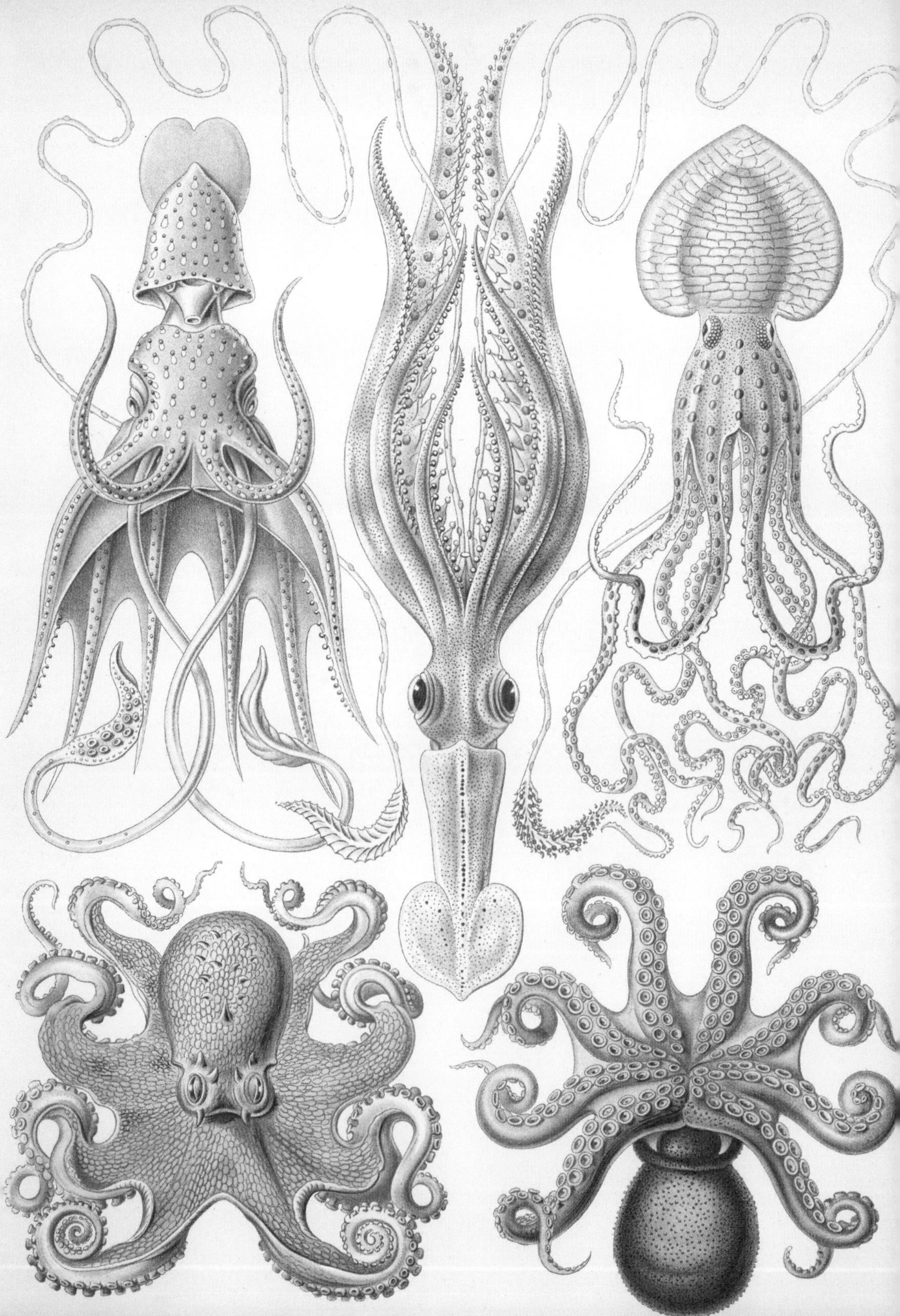

現在，將儒艮跟生態學、神話學和人類歷史連結在一起的傳統網絡有可能會瓦解。海洋的龐大體積可能讓它看起來堅不可摧，但事實上，就跟地球上的每個環境一樣，大海也會受到不當對待的影響，仰賴大海生存的生物也是。我們應該把自己納入名單上的物種之一：馬克·科蘭斯基（Mark Kurlansky）的《鱈魚》（Cod）便講述了「改變世界的那條魚」被趕盡殺絕的故事，以及依賴鱈魚生活的民族所面臨的命運。這當中的連結非常清楚：海洋受到威脅時，它支持的生命也會受到威脅。這影響了我們針對這些動物所述說的故事，進而又削弱人類對於自己的定義，認為自己的生活型態固定在某個時空。人們常說，人類是很獨特的物種，這雖然沒有錯，但或許並不像我們以為的那樣。我們的獨特在於我們擁有一個稀有的天賦：我們對自己作為照顧者的定義是，關懷比我們更早存在的世界、照顧未來將會出現的世界。

　　本書的最後一章收錄了有關四種「奇獸」的故事：海豚、海蛇、賽蓮海妖和海豹。但，這些故事也是在講這些奇獸居住的脆弱環境，還有必須靠這些奇獸和這個環境才能理解自我生命的人類。

對頁：烏賊，取自恩斯特·海克爾（Ernst Haeckel）所著的《自然界的藝術形態》（Kunstformen der Natur，1914 年）的版畫，Wf1_1811

上圖：獨角鯨，《普通鯨目或稱鯨魚的自然史》
（The Natural History of the Ordinary Cetacea or Whales，1843 年）的扉頁，1150.a.4

海中奇獸

阿里翁與海豚

蛇妖、寶蓮、漩渦

阿里翁（Arion）住在科林斯（Corinth），擔任佩里安德（Periander）的宮廷音樂家。阿里翁熱愛作曲和表演，看見自己的創作受到這座城市的重視，使他心滿意足。有時，他會創作情歌，只使用琪塔拉琴一個人表演；有時，他會創作大型合唱曲，讚美酒神戴歐尼修斯。不管哪一種，佩里安德都喜歡。

阿里翁的名聲漸漸傳遍希臘和整個地中海地區。有一天，他收邀到西西里島參加一場音樂祭的競賽。阿里翁相當高興受到這麼崇高的認可，於是跑去請佩里安德准許他參加。

佩里安德說：「我不想要你去，其他音樂家都不像你這麼討我歡心。我有很重要的政治事務必須處理，需要你的音樂讓我感到撫慰放鬆。」

阿里翁說：「但是我如果贏了，會為這座城市和您本人帶來多大的榮耀啊。更別說，身為我的主子，獎金您也有份！」

佩里安德聽了他的論點，重新考慮自己的決定，同意讓阿里翁去參加祭典。

他說：「可是，結束之後你一定要馬上回來，否則我會生氣，會派手下去抓你回來。」

阿里翁答應了，幾天後便搭乘這座城市的商船航向西邊。旅途中，他創作了幾首新曲，確信在西西里島一定會備受讚揚。確實如此，住在希臘殖民地敘拉古的居民都很喜愛他的音樂，因為那讓他們想起家鄉。雖然現場還有來自眾多地區天賦異稟的音樂家，但是阿里翁卻在所有比賽中獲勝。他領了獎，馬上準備返回科林斯。

然而，事情沒那麼容易。首先，他找到一艘船，最遠只能航行到義大利最南部的塔蘭托港（Taranto）。他在那裡等待合適的船隻載他回家，卻都等不到。幾個星期過去了。雖然他受到鎮上的人熱烈的擁戴，但是也有一些人吃味地提到他準備帶回科林斯的錢財。

終於，有一艘船出現了，船長主動去找阿里翁。

船長說：「你的事蹟已傳到佩里安德的耳裡，那位暴君命令我趕快把你送

對頁：《坐在海豚上的阿里翁》，取自阿德里安・科拉爾特（Adriaen Collaert）所創作的一系列海神主題圓形作品（1580 到 1600 年），紐約大都會藝術博物館

海中奇獸

回希臘，有一場英雄歡迎會在等著你！」

阿里翁很高興。但，船長其實是騙他的。雖然佩里安德的確有派他把阿里翁帶回去，但他其實是打算偷走阿里翁的獎金，將他殺害。在海上航行三天後，船員接近阿里翁。

他們告訴他：「我們要拿走你在西西里島贏得的獎金和獎品。此外，沒有人可以知道這件事，所以我們必須殺了你，把你的屍體扔進海裡。現在，準備受死吧。」

阿里翁哀求他們饒命，但是這些水手無動於衷。

他說：「如果你們不願讓我活著，那拜託讓我唱最後一首歌。」

話說，這些水手就跟任何人一樣喜愛音樂，既然世界上最偉大的音樂家提議要為他們演出，錯過這個良機實在太可惜了。於是，他們允許阿里翁拿起七弦琴（cithara），表演最後一曲。阿里翁即興創作一首讚美詩給波賽頓，希望在這危難的時刻得到海神的幫忙。那旋律如此美麗，阿里翁的嗓音又是如此繚繞人心，因此歌曲進行時，就連大海都似乎靜了下來。

歌曲結束後，阿里翁將七弦琴扔在甲板上，跳入海中。要他死在狡詐水手的手裡，他寧願獻身給深沉的愛奧尼亞海。

但，阿里翁沒有死。當他緩緩沉入海中，準備打開肺部讓海水結束他的生命時，他感覺到某個東西溫柔地碰觸他的手，開始把他往水面抬升。阿里翁在快要沒氣時破出水面，倒抽一口氣並叫了一聲。在他身旁的是一隻海豚。

人和海豚面面相覷。他們沒有共通的語言，但是阿里翁從牠的嗝啾吱喳聲就明白，這隻海豚是波賽頓派來拯救他的信使。牠將阿里翁挪到背上，接著像射出的箭那樣飛快穿越海浪。幾小時後，他看見希臘的海岸映入眼簾，沒多久海豚便游進希臘最南端的泰納魯姆（Taenarum）附近的淺水。阿里翁滑下海豚背，感激地鞠躬。海豚再次發出嗝啾吱喳聲，接著便轉身快速游回開放的大海。

歷經許多個星期和千辛萬苦之後，阿里翁總算回到科林斯。他前去觀見佩里安德，告訴君主發生的一切，包括他在西西里島獲得成就、找不到船返家，以及被派去將他安全帶回科林斯的水手所做出的奸詐行徑。佩里安德既震驚又生氣，雖然他是在氣有人暗算自己最喜歡的音樂家，還是在氣有人對他說謊，

就連他也無法確定。兩人談話談到深夜，最後一起擬訂一個計畫。

佩里安德得知他的船抵達港口時，立刻派人叫船長過來。

他問：「阿里翁在哪裡？我要求你儘早帶他回來，他人呢？」

船長說：「陛下，我們在塔蘭托找到阿里翁。他的成就使他獲得很大的名聲和榮耀，因此他想要留在義大利，說他希望找到配得上他天賦的雇主。我們提起陛下您對他和他的音樂有多麼賞識，但他堅持要留下來。」

船長話一說完，阿里翁就從一條掛毯後方走了出來。這名航海員臉色蒼白地看著音樂家慢慢走到佩里安德身邊，他知道自己的謊言被拆穿，他和船員的性命保不住了。

佩里安德說：「阿里翁，我們該如何懲罰他們？」

阿里翁說：「我因為海神的恩典而獲救，等我的物品都找回來後，就把這個小偷和他的手下送去泰納魯姆，波賽頓的信使會將他們帶到海底。」

阿里翁回歸佩里安德宮廷裡的首席音樂家地位，但他從來不曾忘記海神派來拯救他的信使。因此，他用自己剛獲得的錢財託人製作了一座小銅像，放在塔蘭托的波賽頓神廟：一個騎在海豚背上彈奏七弦琴的男子。

海豚背上的阿里翁，揚‧穆勒（Jan Muller）仿科內利斯‧科內利茲‧范‧哈勒姆（Cornelis Cornelisz van Haarlem）的版畫（約 1590 年），華盛頓特區國家美術館

海中奇獸

反思

阿里翁與海豚的故事最早是出現在希羅多德（Herodotus）那有關古代世界的精彩文集《歷史》(*Histories*)。佩里安德在西元前七世紀左右統治了強大的希臘邦國科林斯，這座城市會如此富庶，部分原因在於它有跟地中海地區的希臘殖民地從事貿易，特別是約一百年前由科林斯人所創建的西西里島城市敘拉古（Syracuse）。佩里安德後來被認爲是古希臘的「七賢人」之一，除了是一位哲學家，也是很有成效的政治人物和軍事領袖。有的文獻說他是殘酷的「暴君」（不過，這個詞對古希臘人來說跟對後來的人來說，意義不太相同），有的文獻則認爲他是公正的統治者，同時也很熱愛音樂。無論眞相爲何，佩里安德絕對不是歷史上第一個、也不是最後一個贊助藝術的統治者。這個慣例背後的成因是，掌權者能夠提供適合的環境和有利可圖的市場，讓任何社會最好的藝術家進行創作。通常，如此產出的作品都會在歷史上被認爲「意義重大」。

阿里翁就是這樣一個藝術家。他來自勒斯博島，後來被吸引到科林斯宮廷，（根據希羅多德所說）在那裡發明了用來頌揚戴歐尼修斯的「酒神讚美詩」（dithyramb，一種合唱讚美詩，結合詩歌、跳舞和戲劇），變成其主要的作曲家。酒神讚美詩這種類型被阿里翁發明出來後，持續演變了很久，對接下來數百年的歐洲藝術有相當複雜的影響。在古代的科林斯，酒神讚美詩是由一種稱作「琪塔拉琴」(cithara)的弦樂器伴奏表演的。琪塔拉琴雖然跟里拉琴類似，但音域比較廣、設計比較複雜，因此是阿里翁這種專業音樂家的首選。「琪塔拉琴」也是現代樂器「吉他」(guitar)的名稱由來。

阿里翁與海豚的故事跟另一個更早的傳說有關，那就是海神波賽頓追求海洋仙女安菲屈蒂（Amphitrite）以及海豚座（Delphinus）這個星座形成的傳說。希羅多德寫到，某一座波賽頓神廟有「一尊騎在海豚背上的男子的小銅像」，便是爲了紀念阿里翁的冒險，地點就在他在希臘南部登陸的馬塔潘角（Cape Matapan，那座神廟的遺跡到今天都還在，只是曾在拜占庭時期被改建爲基督教教堂）。這是第一個針對這起事件進行重述的成品，在往後數百年間還有許多作品也都重新想像了這起事件。使用各種媒體（繪畫、雕塑、文學，當然還有音樂）進行創作的藝術家，似乎都很

受到這個故事的象徵意義所吸引：同樣身為藝術家的阿里翁因為自己的作品遭到迫害，結果被象徵本質和善的大自然的角色拯救。這個神話象徵人類與自然合力頌揚一種超越兩者的藝術。

海豚在整個人類史上吸引到的注意力，幾乎跟海豹一樣。這迷人的哺乳動物有四十個散布在全世界的子物種，被公認是地球上除了人類之外最聰明的生物。牠們也被納入許多社會的神話體系之中。除了波賽頓，海豚也是希臘神祇阿芙蘿黛蒂和阿波羅的神聖生物，騎著海豚的人類在古希臘的錢幣和陶器上十分常見。哲學家亞里斯多德在他影響深遠的著作《動物史》(The History of Animals)當中讚美海豚愛好社交、富同情心和愛玩的本性。

除了一些猜測的「事實」(例如海豚是回歸大海的人類)，亞里斯多德還提到兩個很多古希臘人相信的事情：第一，海豚喜歡人類的音樂；第二，海豚會拯救溺水的人。這結合了民間故事、猜想哲學和神話的脈絡，便是阿里翁遇見海豚的故事誕生的背景。

阿里翁帶著他的「吉他」到古代世界的各大文化重鎮遊歷，讓人感覺他是個頗有現代感的「酷」男子：既是古典音樂大師，又是波希米亞爵士音樂家，還是備受歡迎的流行巨星。或許是因為他崇拜戴歐尼修斯這位跟美酒、生育、瘋狂和節慶有關的神祇，所以搖滾音樂家這個身分才會最為貼切。無論如何，知道古人跟今天的我們一樣熱愛音樂，知道他們很尊崇那些（因為受過訓練或得到啟發）能夠發揮音樂神祕力量的人，是一件令人寬慰的事。從這個角度看，海洋和音樂是相似的概念，因為兩者都表達了人類生活在這顆星球上的某種原始層面。音樂跟海洋一樣無所不在，但是其運作卻十分奇特、神祕、模糊；對於願意為其奉獻自我的人，兩者都會引發強烈的反應。

騎著海豚的音樂家，取自伊樹里亞地區（Etruria）出土的一件紅彩陶器（西元前 360 到 340 年），國立考古博物館，那不勒斯

格洛斯特灣的海怪

蛇妖、賽蓮、漩渦

跟三個當地人一起共乘同一輛馬車,沒等多久,就有人提起那個話題。我隔壁的男人說:「我哥哥在一艘帆船上工作。」從他的穿著和鼻子上頂著的小圓眼鏡來看,他感覺像是雜貨店老闆或商人;他帶有一絲絲歐洲口音,但我聽不出來是哪裡人。「三個星期前的某天早上,他們載了一批漁獲回來。整船的人一共八人都看見了,就在港灣外。我哥哥告訴我的,他好像很驚愕。他和幾個人說要試試看能不能抓得到。明天晚上要特別出海去。」

「美國海蛇」,取自《傳說與真實的海怪》(*Monsters of the Sea, Legendary and Authentic*),1886 年,7290.aa.12

馬車繼續行駛。倘若有比這更不舒服的交通方式，我還沒遇過。風暴之中的海上船隻或許是。坐在對面的女士也插一腳。

「強森先生，這是審判。」她對雜貨店老闆說，雖然顯然也是在說給整車廂的人聽。她全身上下都散發長老教會的氣息，就連那股淡淡的霉味也是。「那是從深淵被派來懲罰我們的魔鬼，因爲我們做了很多惡事。」她閉上眼背誦：

> 我站在海邊的沙子上。我又看見一隻獸從海裏上來，有十隻角七個頭；在十隻角上戴著十個冠冕，七個頭上有褻瀆的名號。*

她對我們每一個人點點頭：「留意我說的話，這是審判。」

---

* 編按：出自《聖經》〈啟示錄〉13:1，代表幾個王國或霸權。

「大海蛇」，取自《兩棲肉食動物的自然史》
(*The Natural History of the Amphibious Carnivora*，1839 年)，紐約公共圖書館

我嘆了口氣,可能嘆得比我希望的還大聲。女士生氣地看著我。

她用近乎威嚇的語氣說:「你不滿意福音的文字是不是,年輕人?」

我望向窗外,答道:「絕對不是,女士。信仰是信仰,事實是事實,我只是較傾向後者。但這不是……不是在對您或您的信仰做出任何批評,請您明白。」矮小的雜貨店老闆也變得生氣。

「你意思是說我哥哥騙人?」

我轉向他,說:「先生,您誤會了,跟這位女士一樣。有很多人提到跟您的哥哥所說的事情類似的東西,但大部分都在重要的細節出現歧異,因此我們必須有條有理。我波士頓的編輯派我過來找出事情的真相。我來格洛斯特只是要四處觀看和打聽,如此而已。」

「波士頓是嗎?」

這句話是第四個人說的,這是我們的旅程展開後,他第一次開口。似乎沒

「大海蛇」,取自《兩棲肉食動物的自然史》
(1839 年),紐約公共圖書館

海中奇獸

有人認識他。

「是的先生，波士頓，我從那裡來。我的報社就在那裡，叫《哥倫比亞哨兵報》(*The Columbian Centinel*)，您或許有聽過？」

「我有聽過。」他的穿著和舉止感覺跟航海職業有關，但似乎沒有取得什麼成就。他眼睛紅紅的，沒有剃鬍。儘管如此，他還是有某種令人感覺很了不起的地方，你會希望危機時刻有這個人在你身旁，例如我前面提到的風暴中的大海。但是也能看得出來，他的內心不太安寧。有什麼事情在困擾他。

我說：「那麼您一定明白這個故事引起人們多大的興趣。我只是希望盡可能準確地記錄這個故事，然後如果編輯同意，我會將它寫成一篇兼具娛樂、教育和教化性質的報導。」

男子發出一聲哼笑，在我聽來同時帶有嘲弄、不可置信和輕蔑的成分。

他第一次直視著我，說：「娛樂？！」現在我敢肯定了，他的眼裡確實帶有恐懼。「這裡發生的事一點樂趣也沒有，你如果親眼看過就會知道。」

那位年長的女士往後靠，看著水手。

「先生，這是說您有親眼看過那頭怪獸囉？」

男子閉上眼深呼吸，鎮定下來後，說：

「我有看過，不只一次。第一次是在島嶼附近，船長以為那是鯨魚之類的，但那不是鯨魚。然後又在港灣看見牠，距離人們在工作交談的岸邊不遠。如果要給牠一個名稱，就說那是蛇吧，某種海蛇。我評估大概將近三十公尺長。牠的頭是白色的，沒有牙齒，跟馬一樣大，但形狀像響尾蛇。身體跟酒桶一樣粗，到了尾端就變細了。像一條蛇那樣在水裡移動，扭來扭去，看起來很慢，但是一下子就游過很遠的距離。」

馬車繼續行駛。

老太太輕聲說：「願上帝保佑和拯救我們！」

「最後一次看見牠時，我就站在岬角，往下望著海浪，打算隔天出海到沙洲那邊。當時，我心裡有一種不祥的預感好幾個星期了。我看見下方的海水出現動靜，一個東西冒出海面，頭部和上半身大約伸出水中六公尺，轉來轉去，好像在找什麼。牠沒有七個頭或十隻角，但是牠的眼神瞬間讓我無法呼吸、勇

氣盡失。老天，我幾乎一輩子都在航海，超過四十年了。我雖然被教導要尊敬大海，但我從來不曾害怕大海。現在不一樣了，我怕死了。但，『害怕』這個字不太正確。事實是，牠在我心裡種下一股畏懼感，從那之後我一直試著甩掉，卻沒有成功。那個東西對上我的眼睛，我敢發誓我在腦海裡聽見一個不知從哪裡傳來的聲音，說：『我看見**你**。』就這樣：『我看見**你**。』」

他說完了，我察覺到車輪蹦蹦蹦往鎮上去的聲音、岸邊海鷗的尖叫聲，還有更遠處傳來的大海轟隆聲。

他繼續說：「我突然驚覺，我們什麼也不懂，或至少幾乎什麼也不懂。我們不知道海底有多深，也肯定不知道海底有什麼。就算你到達那裡，一切都會在你四周瓦解，不是嗎？波浪和海潮，風暴和海流，遷徙的魚和鳥。一切都很黑暗，我無法回去。」

我開始起雞皮疙瘩，但還是說：「可是不管那個東西是什麼，肯定都能解釋的吧？先生，現在是十九世紀。當然，這個世界或其他世界有很多我們不知道的東西，但是我們有工具和決心找出答案。我相信，我們就快要迎接一場知識的大變革。只要我們有心，沒有什麼解釋不了。」

我的三個同伴沉默不語。我可以從窗外看見鎮上的建築。一分鐘後，馬車在站點停了下來。我們四人靜靜坐著。接著，水手說話了。

「我是不曉得有什麼變革，但我聽過深淵傳來的聲音、直視死亡的眼睛。我現在只能去西部，那裡有陸地，很多陸地。我不會再出海了。」

就這樣，我們走下馬車，分道揚鑣。

反思

這則故事改編自1817年8月的一起事件,當時有人在新英格蘭的格洛斯特漁港外海看見一個大小和外型很不尋常的生物。這裡的描述是以一個名叫所羅門·艾倫(Solomon Allen)的船長所給出的證詞(收錄在赫拉斯·貝克的《民俗傳說與海洋》〔*Folklore and the Sea*〕)為參考依據,他聲稱自己連續三天觀察到該生物。格洛斯特事件之所以有趣,是因為這是在很長一段時間有無數人目擊的少數有紀錄案例之一。許多年來,那段海岸一直有人回報自己看見某個怪異的海怪,直到今天都還有。

如同這章的引言提過的,自從文明誕生以來,就一直有心懷不軌的單隻水中怪物出沒在某個水域的傳說。猶太民俗傳說裡的海怪只是古代世界的一個例子,就像這則故事的教會女士所引述的《啟示錄》片段;北歐神話有一條圍繞地球的巨大海蛇,稱作「耶夢加德」。不過,現代最有名的例子恐怕是出沒在蘇格蘭尼斯湖的那個怪物。關於尼斯湖水怪的解釋眾說紛紜,包括視錯覺、蘇聯潛水艇和被困在尼斯湖封閉環境中的某種蛇頸龍。但,這就是重點:人們似乎對未知事物深深著迷,情願猜測各種微弱的可能,也不相信最有可能的解釋。尼斯湖水怪很可能不是真的,但又會不會真有可能?

此外,人們也非常喜歡把這些「怪物」當作人類經驗某個層面的隱喻。有人認為怪物代表自然界,對人類的努力不是冷漠無感,就是充滿惡意。有人認為牠在我們的集體潛意識游蕩,既象徵了存在主義所說的「放棄」,也是這個概念的化身。

有時,是怪物完全殊異的本質和其極端的不可知特性,令人產生介於恐懼與絕望之間的感受。在艾瑞斯·梅鐸(Iris Murdoch)的小說《大海,大海》(*The Sea, The Sea*,1978年),敘述者查爾斯·阿羅比在漫長的劇場生涯結束後,選擇到海邊的小木屋退休,卻看見海裡冒出一個東西,上面提到的那三種反應在當下都出現了:

> 我無法用別的方式形容。在一片完全平靜、什麼也沒有的海洋中,大約四百公尺遠(或更近)的地方,我看見一個龐大的生物冒出水面,身體往上拱起。起初,那看起來像一條黑蛇,但是在長長的脖子之後,出現一個越來越粗、背部長滿刺棘的長長身

軀。好像還有類似魚鰭的東西。我看不見這隻生物的全身，但牠剩下的身軀，或者也許是一條長長的尾巴，擾亂了冒泡的水面，上方露出來的部分此時已經達到（看似）六到九公尺高。接著，這隻生物把自己盤繞起來，長脖子繞了兩圈，現在變得很明顯的頭部往下繞，貼近海面。我可以在牠繞成的圓圈中看見天空，我也可以清清楚楚看到牠的頭部，就像冠狀的蛇頭，眼睛是綠色的，嘴巴張開露出牙齒和粉色的口腔。頭部和脖子發出藍色的光澤。然後，一瞬間牠整個掉下去，盤繞的圈圈落到海裡，蠕動的背部依然破水而出，接著就什麼都沒有，只有牠消失的地方留下一大片冒著泡泡的漩渦。

此處，完全不凡的東西侵入絕對平凡的世界，會創造出佛洛伊德口中所說的「詭譎」效果，也就是當你以為你相當了解的事物（如大海）焦點突然轉換成你非常不熟悉的事物（如怪物）時，內心產生的毛骨悚然之感。

我認為，這便是這則故事裡的水手所經歷的事情，雖然他努力過，但仍無法接受——他感覺怪物的現身不是隨機的，而是直接針對他。這個觀點與另外三名同行者有所差異：雜貨店老闆的唯物主義、婦人的宗教信仰和記者敘事者的懷疑論理性主義。他的回應方式是放棄大海，選擇依附到另一個偉大的神話空間，也就是在美國文化想像中不斷迴盪的西部。

到最後，這位水手得到了十九世紀的挪威海洋作家約納斯·李（Jonas Lie）所說的「恐海症」（有些人甚至一出生就有恐海症！）。原因不只出在怪物身上，這個人也因為對自己投身的那個環境如此一無所知而嚇壞了。儘管預估數字不盡相同，但即使在這則故事所設定的時空過了兩百多年後，海洋物種仍有約百分之九十沒有被我們分類，人類也只探索了這顆星球水下世界的百分之五左右。

湯瑪斯·亨利·赫胥黎曾說：「我們站在一座小島上，四周是一片無法解釋的無窮大海。」我們應該謹慎對待自己的言論、思想和認為這個世界是如何運作的看法。我要再問一遍：誰知道海底有什麼？

最後一名
賽蓮海妖

我們的數量原本有六個。現在,只剩下我和一個妹妹。她看著年紀最大的我,想得到安慰和指引。

我們原本是半鳥半人。但是,在海中和海上住了數也數不清的歲月後,我們的羽毛掉了、皮膚變成鱗片、雙腳變成尾巴。現在,我們是半魚半人。

我們的父親是河神阿克洛奧斯(Achelous),他是歐開諾斯(Oceanus)和忒堤斯(Tethys)的兒子。我們的母親是卡利俄佩(Calliope),她因為歌聲美麗動人而出名。水和歌似乎註定是我們的宿命。

波瑟芬妮(Persephone)是我們的兒時玩伴,我們以前會在阿卡迪亞晴朗的草地上嬉戲。有一天我們在採花時,黑帝斯(Hades)把她抓去她的地底王國。波瑟芬妮的母親狄蜜特(Demeter)賜予我們翅膀,命令我們將她的女兒平安帶回來。我們在熟悉和未知的土地上搜尋,甚至到廣闊的西海以外尋找。我們找遍所有地方,就是找不到通往地下黑暗世界的入口。我們回去後,狄蜜特便詛咒我們。她說,我們被放逐到這些岩石上——這三個突出海面的小岩崖——苟活,要用我們的歌聲抓走水手。她還說,要是有任何水手逃過我們的掌心,我們就會死。

我們原本有六個人,其中兩個因為伊阿宋(Jason)而死*。事情的經過是這樣的。當阿爾戈號(Argo)靠近我們時,其中四個姊妹在岩石上等待,另外兩個跟前面做過的那一千次一樣開始唱歌。然而,這次我們卻聽見船上傳來音樂聲,那聲音非常美麗強大,無論我那兩個唱歌的姊妹怎麼努力,就是無法贏得水手的注意。只有一人臣服在她們的歌聲中,跳下海試圖游到岩石上。可是,女神阿芙蘿黛蒂(Aphrodite)降臨,將他救走了。我們不知道是誰演奏那段音樂的,但是當船離開視線後,我的兩個妹妹已經被海浪收走,沒有再回來。

---

* 編按:伊阿宋的英譯為傑森。希臘神話中建造大船阿爾戈號奪取金羊毛的英雄。在海上,音樂天才奧菲斯用神樂壓倒了賽蓮的歌聲,挽救了一船人。

賽蓮／人魚，取自一部動物寓言圖集的細部插圖；該動物寓言圖集附有威爾斯的傑拉德所著的《希伯尼亞地誌》(*Topographia Hibernica*)（十二世紀晚期到十三世紀初期）內容，Harley MS 4751, f. 47v

取自《瑪麗女王聖詠集》
(*Queen Mary Psalter*)（1310 到 20 年）
的迷你圖畫，Royal MS 2 B vii, f. 96v

悲傷歲月緩緩流逝。我們這些還活著的賽蓮因失去姊妹感受到的強烈悲痛，因為光陰而漸漸磨損成隱約的疼痛。更多船隻出現，帶來了水手，他們全都很想得到我們的歌聲所承諾的獎勵——美麗的女性和神祕的知識。但，其實根本沒有什麼美女和知識，只有他們的死亡和我們的絕望。

有一天，年紀最小的兩個妹妹問我：「為什麼我們要唱歌給水手聽，害死他們？」

我回答：「這就是我們的職責，我們的宿命。」

她們彼此對看，眼神出現一股決心。隔天早上，我們來到岩石上梳頭髮時，她們沒有現身。現在我們只剩兩個人。

海鳥飄洋過海將一場大戰的傳聞帶來東邊。嫉妒的國王、英俊的王子、被擄的美人；戰士、榮耀、欺詐——又是那類故事。但是，眾神似乎也有參與。於是我們坐在岩石上，一邊梳頭，一邊等著看是否會發生轉變。

一艘船出現在海平面上，其黑色的形體和藍色的船帆告訴我們那是一艘希臘船隻。他們更靠近時，我看見船員停止划槳。船長看起來是一個很偉大的戰士，他把某個我在遠處看不清楚是什麼的東西交給每位船員。水手把那東西放在手心揉一揉，接著塞進耳朵。接著，船長一邊指著我們，一邊對手下說話。他們好像很困惑。接著，其中兩人起身，用繩索將那個戰士綁在桅杆上。綁牢

之後，水手開始划向我們。我的妹妹唱起歌來：

靠近一點，大名鼎鼎的奧德修斯、希臘勇士，
將你的船停泊在我們的岩石旁，聽我們歌唱。
我們會分享眾神的智慧，你可以從我們身上學到很多。
來休息休息，恢復元氣，再繼續返家之旅，回到親愛的妻子等候的故
　鄉。來吧。

戰士奮力掙扎，想要擺脫束縛，皺起臉部和眉毛，懇求同伴放開他。他們大部分都低著頭，穩穩地划船，只有兩個人起來，用更多繩索把他們的船隻綁好。船慢慢通過了。水手不停划船，我的妹妹不停唱歌，戰士不停掙扎。船隻划向海平面，越變越小，最後消失了。白晝漸漸衰退。

夜幕降臨時，我的妹妹開始消散。她眼裡的光芒越來越黯淡，美麗的長髮凌亂無力地垂在她的臉龐。我瞥了海平面一眼，回頭看時她已經不見了。

太陽像一個橘紅的圓盤，溜進深藍的大海。海鳥尖聲怪叫，繞著這些孤單的岩石打轉，接著降落在牠們的晚間巢穴。沒有任何一艘船、任何一個水手，我的妹妹也全都不在了。我獨自一人。大海在等待。

反思

賽蓮海妖跟〈赫洛與勒安得耳〉和〈阿里翁與海豚〉這兩則故事一樣，同屬一個神話世界，許多互相交疊的故事和交織的人物都存在於這個複雜、精密、廣闊的結構之中。這個結構先後融入古羅馬、中世紀和近代的世界觀，對世界文化產生相當廣泛的影響。不管我們有沒有意識到，我們其實都被希臘神話的殘遺從四面八方包圍著：珍奇異獸、捉摸不定的神祇、英雄、習語和諺語。

這股影響力包含一個重要的元素，那就是海洋。這並不叫人意外，因為希臘本島的地理位置環海，且地中海東岸在基督教時代展開以前，一直都是希臘發揮影響力的主要舞台，長達千年之久。水神的數量這麼多（以波賽頓為首），顯示在這個文化裡，大海至關重要。

賽蓮海妖至今仍是這股影響力最容易辨識的角色之一，因此去思考其由來、外貌、位置、性別和作用長時間下來的演變，會十分有意思。賽蓮海妖不是一直都是美麗魅惑的人魚，坐在岩石上等著唱歌給水手，害死他們。曾幾何時，她們其實是空中的生物，會令人聯想到上方的天空，而非下面的海洋。她們的由來、數量和真實身分無法確定，因為不同的作家都有不同的說法，包括索福克里斯（Sophocles）和尤里比底斯（Euripides）。伊阿宋逃過一命的故事被收錄在西元前三世紀寫成的史詩《阿爾戈英雄傳》（Argonautica），作者是羅馬詩人羅德島的阿波羅尼奧斯（Apollonius Rhodius），至於那位勝過賽蓮海妖的音樂家則當然就是奧菲斯。跟波瑟芬妮和狄蜜特有關的內容，奧維德、希吉努斯（Hyginus）和大普林尼等羅馬推想作家的作品都有提到。

第一個寫到賽蓮海妖、而且寫得最令人難忘的作品是荷馬的《奧德賽》（Odyssey），在西元前六世紀左右寫成，但在那之前很可能已經以口述形式流傳兩百年。在這個極具影響力的故事中，奧德修斯在特洛伊圍城之後，航行地中海各處整整十年，期間經歷各種冒險事件，試圖想辦法返回家鄉伊薩卡。由於他的航線會經過塞雷努姆斯科普利這個地方，也就是卡普里島附近的一連串岩石，女巫瑟西警告奧德修斯那裡有一些神祕的生物，「會蠱惑所有接近她們的人」，方法是主動說要賜予跟這個世界有關的知識，往後的人生可能會派上用場——但問題是，被她們召喚的人就不會再有「往後的人生」了。瑟西建議，奧德修斯要指示水手用蜂蠟塞住耳朵，但是她還說，「如果你自己想聆聽她們的歌聲」：

> 讓他們把你的手腳綁起來，讓你站立在桅杆的台階，繩索的末端綁在桅杆上。這會讓你得以享受聆聽賽蓮海妖雙胞胎的歌聲。可是，要是你哀求手

下放開你，他們一定要在已經把你綁牢的繩索之上多加一些束縛。

奧德修斯跟伊阿宋一樣，用奸巧和狡詐的方式躲過賽蓮海妖的「水之歌」。不過，她們第一次在世界文學中現身後，有三個特性被保留下來：一、有一半的身體是動物型態；二、是女性；三、會運用音樂使追尋途中的英雄背離目標。第一個特質將賽蓮海妖放在傳說動物的世界，那裡還有許多奇妙的虛構怪獸，例如龍、雪人，還有我們的朋友尼斯湖水怪（請參見〈格洛斯特灣的海怪〉）等等。賽蓮海妖是動物寓言圖集（bestiary）這種中世紀文類的標配，這類書籍會從動物行為的許多例子衍生出道德教訓。此外，她們也跟人羊和人馬等無數奇獸一樣，被收錄在八世紀的《怪物之書》（Liber Monstrorum）。書中對賽蓮海妖的描述是：

> 海女，會用自己驚人的美貌和甜美的歌聲蒙騙水手，從頭到肚臍的部分像極了人類，擁有少女的身體，但是卻有長滿鱗片的魚尾，可以用來潛游於海中。

其實，這個傳說的早期是有男性的賽蓮海妖的，但在荷馬之後（很可能便是受到他的影響），賽蓮的性別固定為女性。久而

賽蓮海妖，取自《健康的花園》(Ortus Sanitatis)，1491 年，IB.344, f. 353

久之，這跟一個令人耳熟能詳的現代論述產生關聯，那就是某些女性就是徹頭徹尾的妖婦，所有的男人都會受到她們致命的吸引。從這方面來看，賽蓮海妖代表「女魔頭」的原型，跟古今中外的文化史的許多女性人物（包括夏娃、海倫、大利拉、莎樂美、抹大拉的馬利亞等）一樣，扮演使英雄在追尋途中分心、最終背離目標的敘事角色。

上面列出的最後一個特性講到了賽蓮海妖與音樂的連結。儘管她們比不過最強大的音樂家奧菲斯，她們仍提醒我們音樂在希臘文化中有多根本，是把希臘人的核心信念儀式化的方式（由音樂催生的戲劇也是）。就跟〈阿里翁與海豚〉的故事一樣，賽蓮海妖的歌聲非常令人折服地將音樂和海洋連結在一起，同時也在過去兩千五百年以來不斷啟發使用各種媒材創作的藝術家。近年來，賽蓮海妖的變化版本可在《哈利波特：火盃的考驗》（2000 年）和《波西傑克森：妖魔之海》（2006 年）等備受歡迎的青少年小說以及《霹靂高手》（2000 年）和《黑豹：瓦干達萬歲》（2022 年）等電影找到。

如果想知道賽蓮海妖的歌聲究竟有多麼令人難以抗拒，我推薦英國塵世樂隊（This Mortal Coil）在 1983 年演繹提姆·巴克利（Tim Buckley）〈賽蓮之歌〉的版本，主唱是伊莉莎白·福瑞澤（Elizabeth Fraser）。

漁夫與屍鬼

在遙遠的北方，一個名叫伊利亞斯的漁夫跟他的妻子凱倫和七個兒子住在一起。他們雖然窮，但還有辦法聘請一個名叫瑪莎的當地女孩幫忙家務，有時候她也會幫忙處理要拿去賣的漁獲。

伊利亞斯是個好漁夫，每年都努力存一點錢，希望能買更大更好的船。這樣一來，他就可以改善家裡的情況。

某天早晨，伊利亞斯在工作一整夜後準備返家，看見一隻巨大的海豹在海灘上的岩石後方曬太陽。伊利亞斯嚇了一跳，在還不知道自己在做什麼時便將魚矛擲出去，刺中海豹的脖子下方。那頭巨獸慢慢起身，用充滿惡意的兇狠灰色眼睛瞪著伊利亞斯。漁夫驚覺自己遇到了屍鬼（draug），也就是一種邪惡、聰明又很愛報復的魔鬼，喜歡化身為動物出沒在這些海邊。

海豹對伊利亞斯吼叫咧嘴，接著魚矛還插在脖子上就跳進海浪，大海被牠的血染紅了。

伊利亞斯慢慢走回家。他沒有告訴家人那件事。幾個月過去了，這一家人的生活一如往常地緩慢簡樸，但是伊利亞斯的心裡始終感到不安。他繼續在峽灣裡捕魚，也繼續存買新船的錢。有時，他覺得自己聽見風中隱約傳來一個聲音，很微弱但很兇惡，可是那聲音後來就融入海鷗的尖叫聲和海風吹過索具的呼嘯聲。

有一天，伊利亞斯發現自己終於存夠錢買新船了。他跟凱倫和七個男孩出發前往海邊那個著名的造船港口，把瑪莎留下來顧家。

《海怪》(The Sea Monster)，蒂奧多・吉特爾森（Theodor Kittelsen）所繪（1881年），挪威奧斯陸的國家美術館

蛇妖、賽蓮、漩渦

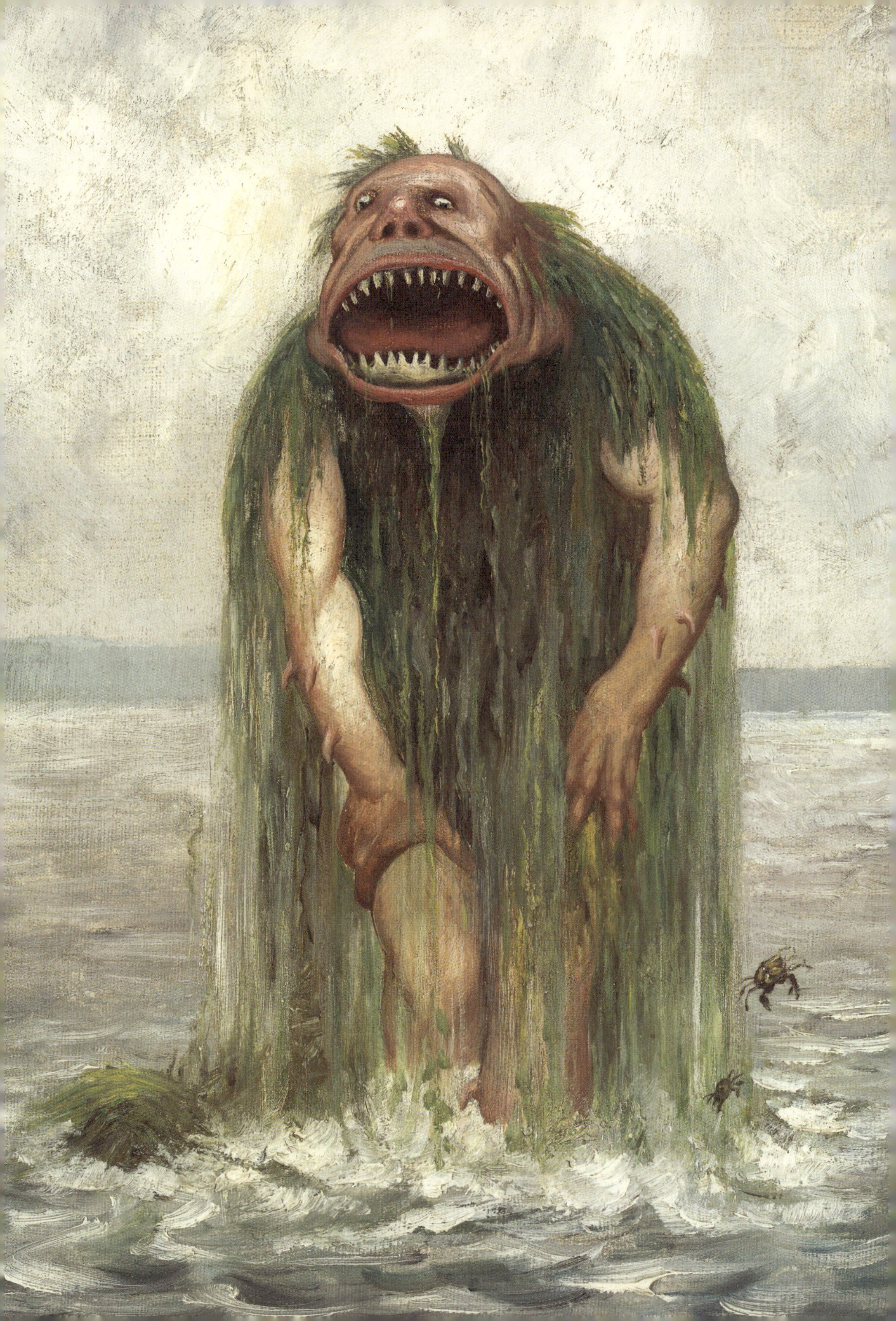

抵達後，伊利亞斯讓家人在鎮上逛逛，自己來到船廠。他看見許多艘差不多的船隻，但是沒有一艘吸引他，就像他認為一艘船應該會吸引駕駛她的人那樣。最後，當他準備放棄時，他撞見一個老船匠站在一艘美麗的船隻前面欣賞著她。老人看看伊利亞斯：

他說：「我剛完成她，你覺得如何？」

伊利亞斯充滿渴望地看著那艘船。

他說：「非常漂亮，有在賣嗎？」

老人回答：「你出個價吧。」

伊利亞斯開出一個遠遠不及那艘船價值的價錢，卻驚訝地發現老人伸出手，表示成交。他難掩興奮地帶著凱倫和兒子到海邊欣賞自己的新船。

一家人坐上船，啟程返回海邊小屋，瑪莎肯定會在那裡等著歡迎他們。這艘船很好操作，伊利亞斯坐在船尾自豪又愉悅地駕駛它。此時，大兒子伯恩特指向海岸。

他說：「爸爸你看，有一艘跟我們一樣的船在我們後面出發了，他們的乘客好像跟我們一樣多。」

伊利亞斯看向另一艘船，對方以同樣的速度跟在船尾。真奇怪，在港口時他並沒有注意到這艘船或有人準備出航。然而，沒多久，他就有別的事要擔心了。風變強了，因此海浪也開始變大。伊利亞斯緊握著船舵，年紀較長的男孩在調整船帆，而年紀較小的男孩則把潑進來的海水撈掉。

突然間，一道巨浪升起，掃過整艘船，以雪崩滾落山壁般的力量打在甲板上。就在那一刻，伊利亞斯感覺自己聽見後面那艘船傳來一聲可怕的喊叫，雖然也有可能是海風在呼嘯。凱倫尖叫一聲。

「孩子們，伊利亞斯！孩子們跑去哪了？」

原來，三個年紀最小的男孩被大浪打到洶湧的海水裡。可是，他們沒有時間暫停或搜索或哀傷，因為強風就像從地獄釋放出來的魔鬼那樣撼動著小船，四周的大海也非常兇猛。另一艘船現在更靠近了，但是好像也損失了一些乘客。

伯恩特在船首喊道：「爸爸，又有一道大浪要來了，就像一座山。」

伊利亞斯在咆哮的風聲中盡力大喊：「大家做好準備！」這次，海浪從很

高的地方落下，發出宛如轟雷的巨響和閃電的衝擊。小船東倒七歪，好不容易回正之後，卻只剩下伊利亞斯和伯恩特在船上，凱倫和另外三個男孩已不見蹤影。喧囂的海面和海風再次短暫歇息時，伊利亞斯聽見後方傳來一陣邪惡的笑聲。他繃緊肌肉，轉頭望向現在已經靠近許多的另一艘船，驚恐地發現掌舵的人脖子上突出一個矛頭。

伊利亞斯當下就知道自己死期已到，因為那附近的沿岸地區有一句俗語說，看見海上屍鬼的人注定會有厄運。他現在唯一的念頭就是要拯救伯恩特，因此他嚴肅地衡量自己的選擇。向岸上求救呢？港邊肯定有燈火吧？伊利亞斯和伯恩特用盡全力對著黑暗大喊，但是狂暴的天氣淹沒了他們的聲音。

接著，伊利亞斯聽見另一艘船傳來一個嘲弄的聲音；船現在已經靠在他們的旁邊。

「伊利亞斯，你的家人呢？你那漂亮的船呢？」

伊利亞斯放開船舵，跳上一路跟著他們的那艘船。伯恩特驚恐地看著父親

湯馬斯・莫蘭（Thomas Moran），《破浪》（*The Breaking Wave*），蝕刻版畫（1880年），紐約公共圖書館

海中奇獸

《海怪》(*The Sea Monster*),蒂奧多‧吉特爾森(Theodor Kittelsen)所繪(1887年),挪威奧斯陸的國家美術館

和屍鬼扭打成一團。接著,伊利亞斯將屍鬼脖子上的矛頭拔出來,刺進他的心臟,此時正好又有一道巨浪從高處打下來,打翻了兩艘船。

伯恩特奮力游出海面。他既驚懼又疲憊,但卻注意到天氣已然恢復平靜了。那艘新船龍骨朝上地浮在水面上,損壞到無法使用或修理。他的父親和屍鬼都無影無蹤了。

突然間,他聽見有人叫他的名字。是瑪莎划著一艘小船靠近。她原本獨自

一人在木屋裡，天將破曉時，她聽見微弱的喊叫聲，因此想出海看看能不能幫得上忙。

　　瑪莎將伯恩特拉到船上，划向岸邊。他發起高燒，躺在病榻上好幾個月。但，瑪莎從頭到尾都照料著他，於是他復原後，兩人便結了婚。他一有辦法，就將木屋賣掉，在離海邊很遠的地方買了一塊地，跟瑪莎努力耕作。他再也沒有靠近海。

海中奇獸

反思

這則怪異的故事最初是由十九世紀的挪威作家約納斯・李（Jonas Lie,）發表，他的作品充斥著斯堪地那維亞北部的民間傳說。李述說那個地區的海洋故事時，不僅內容很怪，使用的語言也很不自然。這可能是翻譯造成的，但我懷疑更有可能是他企圖在書寫版本中保留原本口述故事令人不舒服的特色。他的故事包含快速轉換的視角、細節和概貌之間的強烈對比，以及不少無關緊要的細節和模糊的用語。雖然這些都有可能疏離比較習慣聚焦型文學敘事（如短篇故事）的讀者，但是這比較貼近口述敘事的技巧和精神。

李的故事經常描繪人類被邪惡力量尾隨，有些是來自大自然（最堅持不懈的便是天氣和大海），有些則是超自然。他早期的一位編輯曾說：「出沒在這些沿岸地區的超自然生物……似乎痛恨人類。他們喜歡嘲弄人類的辛勞、取笑他們的絕望。」

屍鬼便是其中一個這樣的生物，總是潛行在挪威的海岸。在這則故事中，他化身為海豹，這種動物囊括了整條西歐海岸線豐富的民俗想像。英國作家大衛・湯姆森（David Thomson）在為他卓越的著作《海洋民族：海豹人的凱爾特傳說》（*The People of the Sea: Celtic Tales of the Seal-Folk*，1954年）到愛爾蘭和蘇格蘭進行田野調查時，便發現有十分大量且複雜的民俗傳說都跟一種相對常見但又怪異的動物有關。湯姆森認為這反映了我們人類對海豹長久的著迷；他說，很多動物都令我們深感興趣，但沒有任何動物像海豹那樣在我們的夢境中久久不散。

海豹的文化史地位並不明確。有些人認為海豹屬於自然界比較可愛的動物，因此很訝異牠有任何黑暗的意涵；有些人則認為，海豹最首要的永遠是牠的經濟價值，因此獵海豹活動在十九世紀變得工業化時，沒什麼人想到海豹傳統擁有的魔法光環，牠們就只是另一種可以剝削的自然資產，比捕鯨還不危險。

海洋民俗學者赫拉斯・貝克曾推測，大

西洋群島賦予海豹最常見的兩個特質——換皮和死亡——是怎麼來的。貝克推論，第一種特質的由來可能是維京人的偵察隊在攻擊濱海村莊之前進行勘察時，會披上海豹皮偽裝，而第二種特質的由來則是攻擊所帶來的結果。

一個傳統就這樣誕生了：清晨到海邊散步的村民看見一個人「變成」海豹，幾小時後，村莊就被冷血無情的北方人劫掠。結論很清楚，換皮的海豹是死亡的前兆。

會變形的屍鬼便是源自這種黑暗的北歐海豹傳統。屍鬼很強壯、樣貌可怖、發出惡臭，還可以隨心所欲改變外貌。然而，最主要的是，屍鬼痛恨人類，覬覦他們的財產、嫉妒他們的活力和複雜的情感生活。屍鬼「不死」的特質是他在當代恐怖脈絡中復甦的原因——在征服全球的《權力遊戲》系列中，「異鬼」這個生物某些方面似乎就是以屍鬼為參考依據。

伊利亞斯與屍鬼的故事提到了一些讀者現在應該已經相當熟悉的主題。這個魔鬼似乎能夠對天氣進行超自然的控制，召喚一些威脅（最後奪走）伊利亞斯一家人性命的天氣因子。我曾經在前面的章節說過，某些力量可以影響天氣的這個概念，很可能跟我們和大海的關係一樣歷史悠久——也就是極為原始。〈漁夫與屍鬼〉講述的是深植在人類心中認為大自然（包括跟我們一起住在這顆星球上的動物）對我們充滿惡意的那份恐懼。

同樣地，故事結尾伯恩特得到的「恐海症」，也是自從歷史有文字紀錄以來就一直存在於海洋傳說的元素。他拋下漁夫的天職，也就是他父親的天職，轉而去過另一種生活，遠離大海捉摸不定的情緒及其蘊含的各種危險。伯恩特和瑪莎展開旅程，前往內陸農地，其實是一個古老故事（事實上也是我們所擁有最古老的故事）的另一個章節，描述生命離開大海，到岸上尋找更適合生活的環境。

2 ½

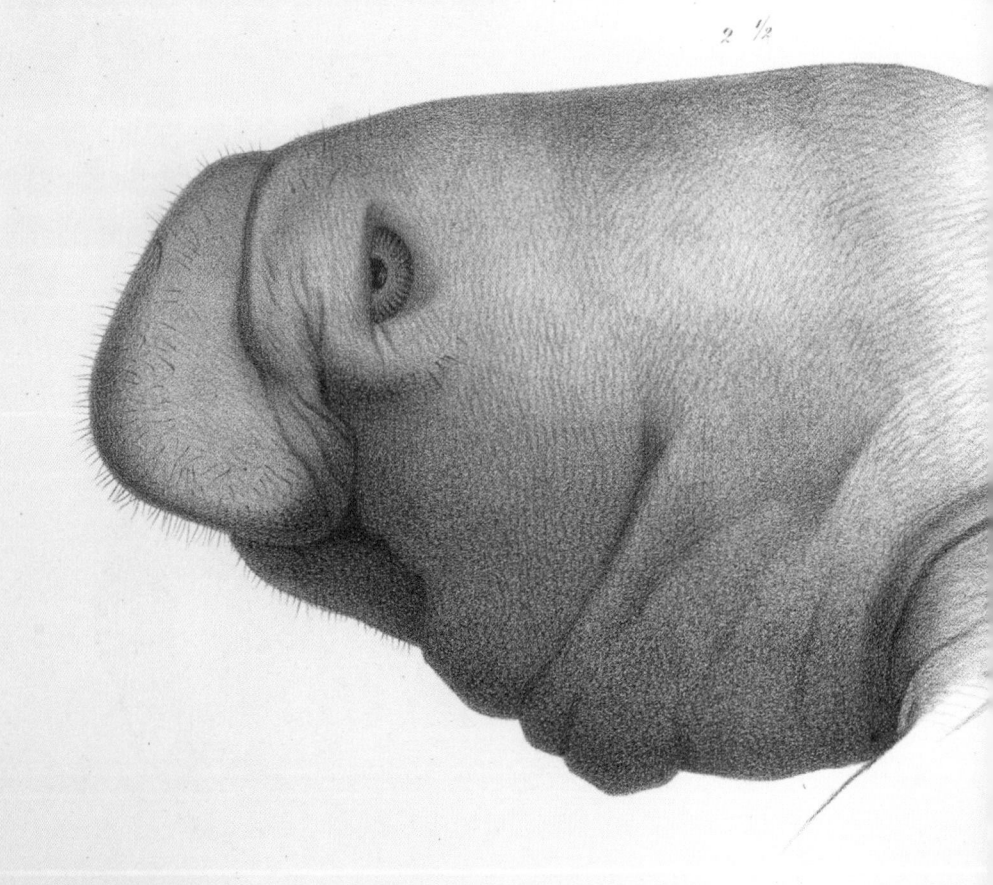

B.T. van Loo del.

1 ¼

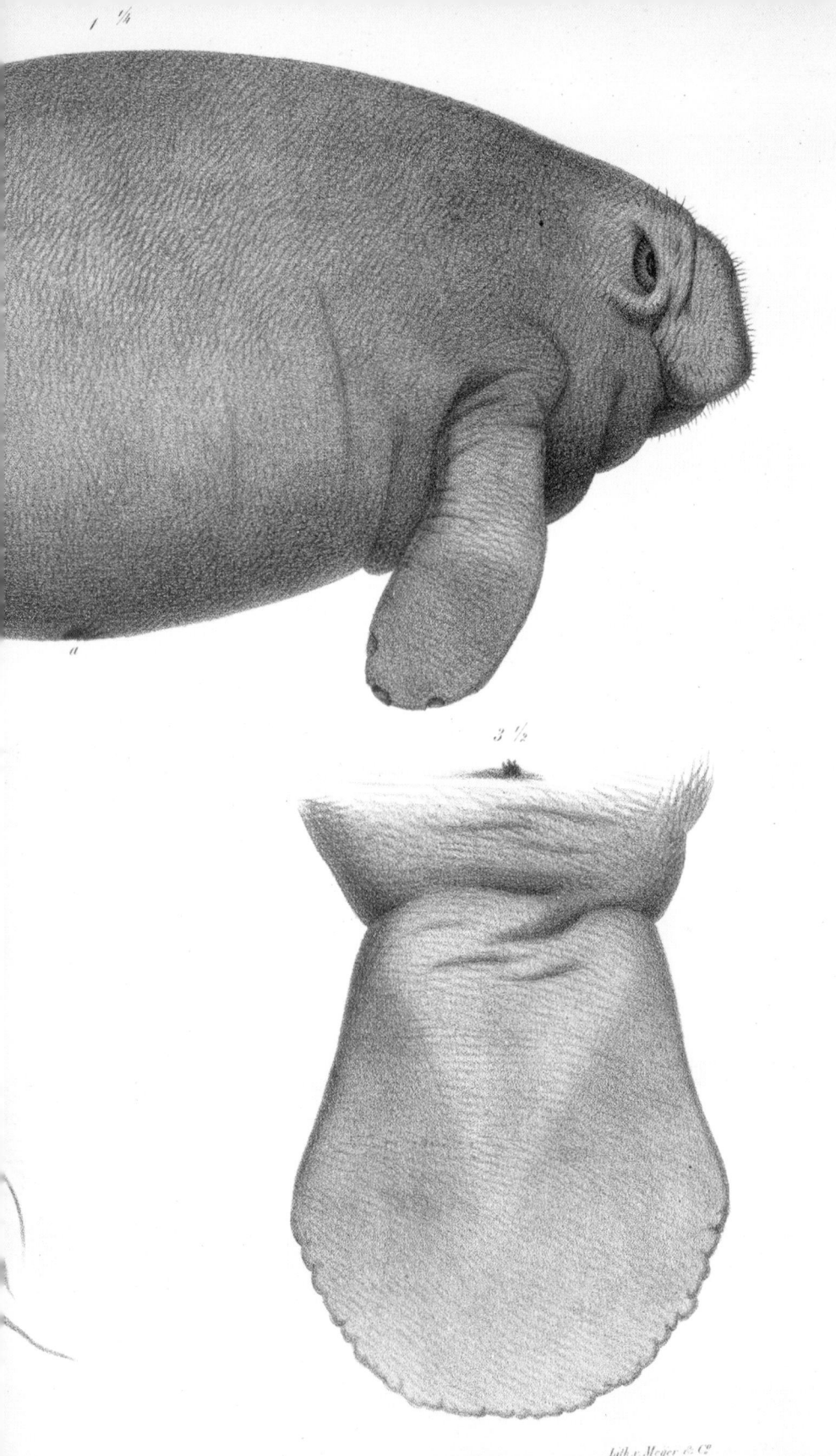

3 ½

Lith. v. Meyer & Cie

THE SEVEN SEAS
BY RUDYARD KIPLING
NEW YORK
D. APPLETON & Co. PUBLISHERS.
TH. J. TAYLOR COLL.

參考書目

Antony Alpers, *Maori Myths and Tribal Legends* (Auckland: Longman Paul, 1964)

Jorge Amado, *Sea of Death (Mar Morto)* (1936), trans. Gregory Rabassa (New York: Avon Books, 1984)

Rasmus B. Anderson and J. W. Buel (eds), *The Elder Eddas of Saemund Sigfusson and The Younger Eddas of Snorre Sturleson*, trans. Benjamin Thorpe and I. A. Blackwell (London/Stockholm: Norroena Society, 1906)

William H. Babcock, *Legendary Islands of the Atlantic: A Study in Medieval Geography* (New York: American Geographical Society, 1922)

W. R. J. Barron and Glyn S. Burgess (eds), *The Voyage of Saint Brendan: Representative Versions of the Legend in English Translation* (Exeter: University of Exeter Press, 2002)

Peter Clement Bartrum, *A Welsh Classical Dictionary: People in History and Legend Up to About ad 1000* (Aberystwyth: National Library of Wales, online)

Wilbur Bassett, *Wander Ships: Folk Stories of the Sea, with Notes upon Their Origin* (1917; Darke County, OH: Coachwhip Publications, 2013)

R. Pierce Beaver et al. (eds), *The World's Religions* (Tring: Lion Publishing, 1982)

Horace Beck, *Folklore and the Sea* (Middletown, CT: Wesleyan University Press, 1973)

Lloyd A. Brown, *The Story of Maps* (1949; New York: Dover, 1979)

Rachel Carson, *Under the Sea-Wind* (1941; London: Penguin, 2007)

―――, *The Sea Around Us* (1951: New York: Oxford University Press, 2018)

―――, *The Edge of the Sea* (1955; Edinburgh: Canongate, 2021)

Owen Chase, *The Wreck of the Whaleship Essex* (1821; New York: Harcourt, Brace & World, 1965)

Horatio Clare, *Down to the Sea in Ships: Of Ageless Oceans and Modern Men* (London: Vintage, 2014)

前頁滿版：儒艮，取自《對動物學的貢獻》(*Bijdragen tot de dierkunde*)的插圖，阿姆斯特丹（1848年）

對頁：魯德亞德・吉卜林（Rudyard Kipling）所著的《七海》(*The Seven Seas*)的書封，紐約公共圖書館

Joan Breton Connelly, *Portrait of a Priestess: Women and Ritual in Ancient Greece* (Princeton, NJ: Princeton University Press, 2007)

Joseph Conrad, *Children of the Sea: A Tale of the Forecastle* (1897; New York: Ward Ritchie Press, 1965)

_____, *Youth, Heart of Darkness and The End of the Tether* (New York: Dutton, 1974)

_____, *Lord Jim* (1900; New York: W. W. Norton, 1996))

_____, *Typhoon and Other Tales* (Oxford: Oxford World's Classics, 2008)

_____, *The Mirror of the Sea* (1906; Oxford: Oxford World's Classics, 1988)

Earl W. Count, 'The Earth-Diver and the Rival Twins: A Clue to Time Correlation in North-Eurasiatic and North American Mythology', in S. Tax (ed.), *Indian Tribes of Aboriginal America* (Chicago: University of Chicago Press, 1952)

Kevin Crossley-Holland (trans.), 'The Seafarer', in Raban (ed.), *The Oxford Book of the Sea*, pp. 37–8

Sioned Davies (trans. and ed.), *The Mabinogion* (Oxford: Oxford University Press, 2007)

Sidney I. Dobrin, *Blue Ecocriticism and the Oceanic Imperative* (New York: Routledge, 2021)

Daphne du Maurier, *The Birds and Other Stories* (1952; London: Virago, 2004)

Richard Ellis, *Encyclopedia of the Sea* (New York: Alfred A. Knopf, 2001)

Michel Foucault, 'Of Other Spaces' (1967), trans. Jay Miskowiec, https://foucault.info/documents/heterotopia/foucault.heteroTopia.en/

Neil Gaiman, *American Gods* (London: Headline, 2001)

Geoffrey of Monmouth, *The History of the Kings of Britain*, trans. and ed. Lewis Thorpe (London: Penguin, 1966)

Paul Gilroy, *The Black Atlantic: Modernity and Double Consciousness*

(London: Verso, 1993)

Susan Gubar, *Judas: A Biography* (New York: W. W. Norton, 2009)

Herodotus, *The Histories,* trans. Aubrey de Selincourt (Harmondsworth: Penguin, 1954)

Homer, *The Odyssey,* trans. E. V. Rieu (Harmondsworth: Penguin, 1946)

Eleanor Hull, 'Legends and Traditions of the Cailleach Bheara or Old Woman (Hag) of Beare', *Folklore*, 38.3 (30 September 1927), pp. 22–54

Tove Jansson, *The Summer Book* (1972), trans. Thomas Teal (London: Sort Of Books, 2003)

Peter D. Jeans, *Seafaring Lore and Legend: A Miscellany of Maritime Myth, Superstition, Fable, and Fact* (Camden, ME: International Marine/McGraw-Hill, 2004)

Mark Kurlansky, *Cod: A Biography of the Fish that Changed the World* (New York: Vintage, 1997)

Jonas Lie, *Weird Tales from Northern Seas: Norwegian Legends* (Iowa City, IA: Penfield Books, 1893)

Herman Melville, *Moby-Dick; or, The Whale* (1851; New York: Penguin, 2003)

Iris Murdoch, *The Sea, The Sea* (London: Chatto & Windus, 1978)

J. H. Parry, *The Discovery of the Sea* (Berkeley, CA: University of California Press, 1974)

Nathaniel Philbrick, *In the Heart of the Sea: The Tragedy of the Whaleship Essex* (2000; London: Penguin, 2005)

Jonathan Raban (ed.), *The Oxford Book of the Sea* (Oxford: Oxford University Press, 1992)

Angelo S. Rappoport, *The Sea: Myths and Legends* (1928; London: Senate, 1995)

Susan Scafidi, *Who Owns Culture? Appropriation and Authenticity in American Law* (New Brunswick, NJ: Rutgers University Press, 2005)

Julian Stockwin, *Stockwin's Maritime Miscellany: A Ditty Bag of Wonders from the Golden Age of Sail* (London: Ebury Press, 2009)

David Thomson, *The People of the Sea: Celtic Tales of the Seal-Folk* (1954; Edinburgh: Canongate Classics, 2000)

H. M. Tomlinson, *The Sea and the Jungle* (1912), excerpt in Raban, *The Oxford Book of the Sea*, pp. 343–7

H. Newall Wardle, 'The Sedna Cycle: A Study in Myth Evolution', *American Anthropologist* 2.3 (July/Sep. 1900), pp. 568–80

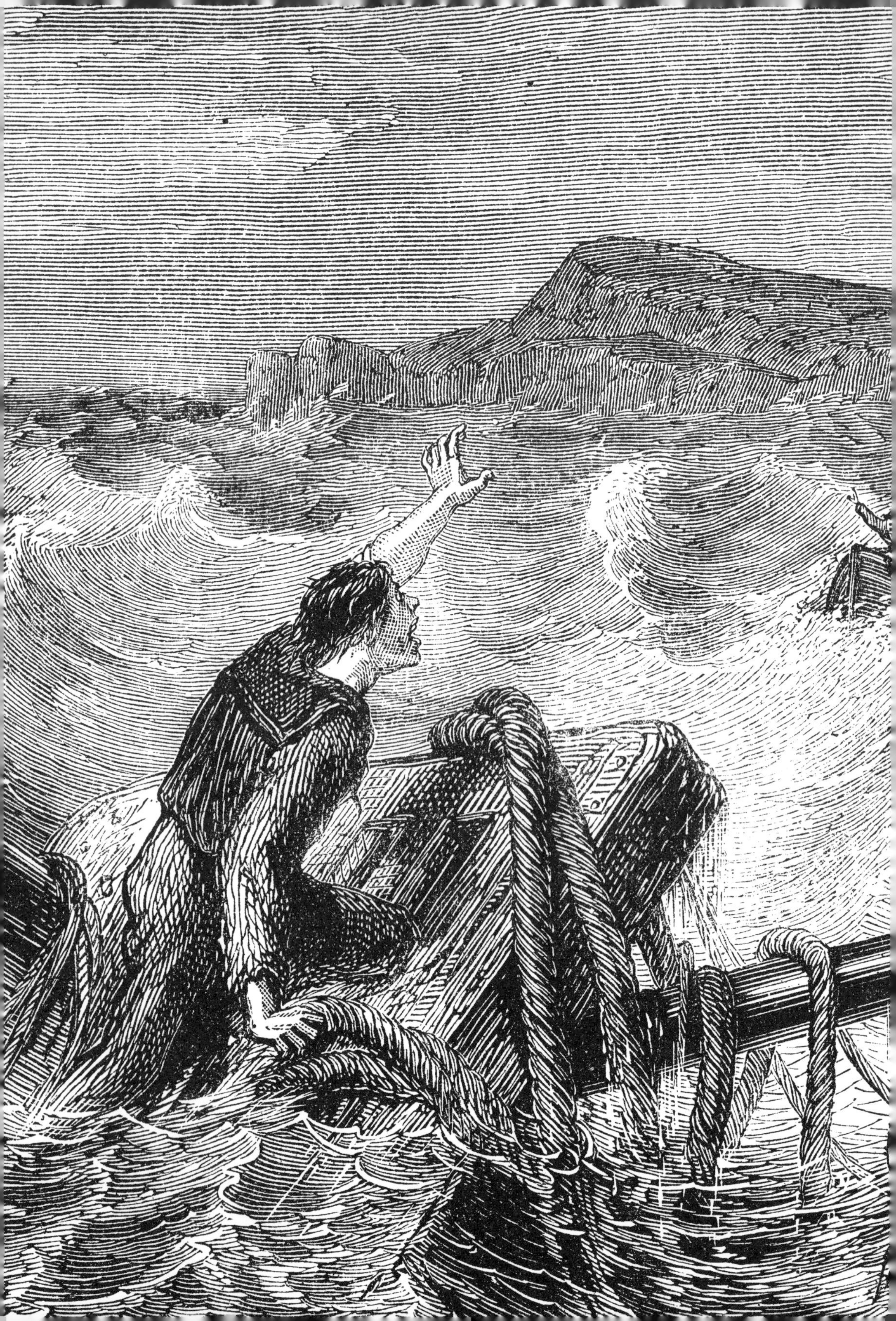

謝辭

我想要感謝以下提供許多不同的協助,讓這本書變成可能的所有人:大英圖書館的約翰・李(John Lee),是他想出這個點子,並相信我能做到;協助找來各種文獻史料的專家,包括羅伯特・戴維斯(Robert Davies)、艾莉森・摩斯(Alison Moss)、莎莉・尼可斯(Sally Nicholls)、妮可拉・貝利(Nicola Bailey);艾蜜莉・酷明(Emily Cuming),我差點跟她合寫一本完全不一樣的書《水手鎮》;山姆・格羅斯(Sam Grose)和瑞秋・安德魯斯(Rachel Andrews),他們閱讀了書中故事的早期稿件,並提供寶貴的意見;喬・莫蘭(Joe Moran),他替後期的一份稿件提供一些很棒的建議,而他的著作也一直帶給我很多啟發;利物浦約翰摩爾斯大學英語系所有的同事,他們持續打造一個支持的環境,讓我可以進行研究、教學和思考;大海泳者喬・克洛福特(Jo Croft)和水手歌謠歌手鮑伯・布蘭德(Bob Brand);我在「遠途聒噪人」(Long Haul Rattlers)、也就是「利物浦約翰摩爾斯大學吵鬧水手歌謠合唱團」(LJMU shouty-shanty choir)的好朋友和歌唱伙伴;我的孩子和孫子——伊莉莎白、艾絲特、荷莉和鄧肯;我在英格蘭和愛爾蘭的家人;霍雷肖・克萊爾和羅伯特・麥克法倫,他們允許我引用他們精采著作的內容;吉姆・馬歇爾(Jim Marshall),他把作者照拍得非常美。

對頁:圓材上的水手,取自《深海圖說編年史》
(*Pictorial Chronicles of the Mighty Deep*),1887 年,W46/5296

圖片來源

法國國家圖書館，巴黎 136；© 英國圖書館委員會 4–5、6、8、10、12–13、14、17、18、24–5、29、30、33、54-55、56、64、69、79、82、84–5、88、91、92–3、95、96、98–9、101、103、104、106–7、110、113、124、126、128、130、137、138、141、143、148、152、160–1、166、168–9、170、172、173、175,177、183、184–5、188–9、201、202、204、206–7、208、211、212、213、214–15、216、222、226、230–1、234、235、236、240、244、248–9、250、252、253、262、271、273、275、284-5、290；經多塞特美術許可轉載 48；國會圖書館，華盛頓特區 38、134–5、225；瑪麗埃文斯圖片庫 194–195, 242；大都會藝術博物館，紐約 258-9；明尼亞波利斯藝術學院 62-3；國家考古學博物館，那不勒斯 261；國家博物館，奧斯陸設計藝術建築公司 277, 280–1；國家美術館，華盛頓特區 258-9；國立博物館，華沙 58；紐約公共圖書館 23, 37、81、163、264、265、279、287、296；阿姆斯特丹國立博物館 61、72、75；懷帕帕會堂，奧克蘭大學，梅蘭妮．洛弗爾—史密斯照片 118-19；沃特斯藝術博物館，巴爾的摩 154；惠康收藏 70

對頁圖：「海邊的流浪兒」明信片（二十世紀初），紐約公共圖書館

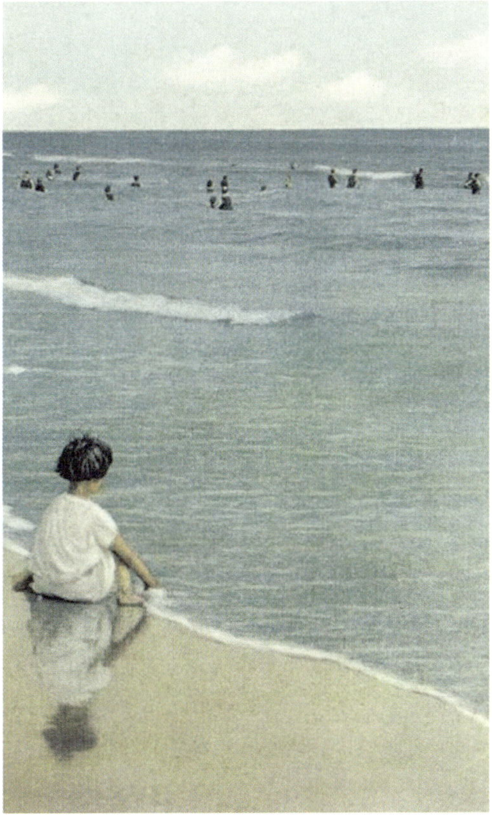

+ J. de Ficho
J: Bela groya
S. Julian
P. de S. Ioan
J. de Fogo
J. de Ayes
J. de Orques
J. de Frelins
C. de Bonavista
B. de S. Eiria
J. de S. Barbora
Ilha dos Bacalhaos
B da Conceicam
S. Ioan
C. de Spera
J. de Spera
Farilhon
Arenhosa
C. Raso
Ai Roca

C. Rey
As Virgines
Jubigo
C. de Bertan
J. de S. Paulo
Ilha Roxa
S. Lourenco
Colmet
C. de Pena
P. da Cruz
C. de S. Maria
S. Cruz
de Sablon
S. Brandan

Fagunda al: de
Jan Alvarez

5
47
46
45
44
43
42
41
40

54
53
52

rca J:del Corvo J:Graciosa
J:de Flores J:S.Geor- Tercera
gij.

蛇妖、賽蓮、漩渦：
來自海洋的冒險與神話

Serpent, Siren, Maelstrom & Myth: Sea Stories & Folktales from Around the World

作　　　者—格里・史密斯（Gerry Smyth）
翻　　　譯—羅亞琪
發　行　人—王春申
選書顧問—陳建守、黃國珍
總　編　輯—林碧琪
副總編輯—何珮琪
封面設計—Nicola Bailey、陳冠霖
內文編排—Nicola Bailey、薛美惠
業　　　務—王建棠
資訊行銷—劉艾琳、孫若屏
出版發行—臺灣商務印書館股份有限公司
　　　　　23141 新北市新店區民權路 108-3 號 5 樓（同門市地址）
　　　　　電話：（02）8667-3712
　　　　　傳真：（02）8667-3709
　　　　　讀者服務專線：0800-056193
　　　　　郵撥：0000165-1
　　　　　E-mail：ecptw@cptw.com.tw
　　　　　網路書店網址：www.cptw.com.tw
　　　　　Facebook：facebook.com.tw/ecptw

Serpent, Siren, Maelstrom & Myth: Sea Stories and Folktales from Around the World
First published 2023 by The British Library
Text copyright © Gerry Smyth 2023
Illustrations copyright © The British Library Board and other named copyright holders 2023
Published by arrangement with The British Library Board c/o Edwards Fuglewicz Literary Agency through Peony Literary Agency
Complex Chinese translation copyright © 2025
by The Commercial Press, Ltd.
ALL RIGHTS RESERVED

局版北市業字第 993 號
初版一刷—2025 年 1 月
印　刷　廠—中原造像股份有限公司
定　　　價—新台幣 680 元

法律顧問　何一芃律師事務所
有著作權・翻印必究
如有破損或裝訂錯誤，請寄回本公司更換

國家圖書館出版品預行編目(CIP)資料

蛇妖、賽蓮、漩渦：來自海洋的冒險與神話/格里.史密斯
(Gerry Smyth)作；羅亞琪翻譯. -- 初版. -- 新北市：臺灣商
務印書館股份有限公司, 2025.01
　　面；　公分. -- (人文)
譯自：Serpent, siren, maelstrom, and myth : sea stories and folktales from around the world.
ISBN　978-957-05-3601-0（平裝）
1.CST: 神話 2.CST: 海洋 3.CST: 世界地理
280　　　　　　　　　　　　　　　　　　113017917